创业基础

21世纪经济管理类精品教材

主 编◎于春杰

副主编◎马 蕾 高 佳 武兰玉

Foundation of Entrepreneurship

清華大学出版社
北京

内容简介

  本书根据创业过程的实践主线，按照创业思维、设计思维、商业模式三大模块进行编写，主要包括创业基础概述、创业思维、创业者、创业团队、创业机会、问题探索、创意方案、用户测试、商业模式、创业计划书和创业、就业与人生等内容。本书突出通识必修课的特点，面向全体学生，强调对学生创业思维和创业能力的培养。本书的编写借鉴了国内外创新创业领域最新的研究成果和实践经验，参照教育部大纲，将效果推理理论、设计思维、精益创业等内容有机地融于课程体系之中，注重思维和意识的培养以及创业能力的提升，使学生能够像创业者一样思考和行动，学会在实践中把握机会、创造价值。

  本书实践指导性强，注重培养学生发现问题和解决问题的能力，有助于学生转变观念，将所学知识与学习、就业相结合，培养创业意识和提高创业能力。本书可作为高校"创业基础"课程教材，也可供创业者和学习者借鉴与参考。

图书在版编目（CIP）数据

  创业基础 / 于春杰主编. —北京：清华大学出版社，2020.9（2023.8 重印）
  21 世纪经济管理类精品教材
  ISBN 978-7-302-56311-2

  Ⅰ.①创…   Ⅱ.①于…   Ⅲ.①大学生—创业—高等学校—教材   Ⅳ.①G647.38

  中国版本图书馆 CIP 数据核字（2020）第 156496 号

责任编辑：杜春杰
封面设计：刘　超
版式设计：文森时代
责任校对：马军令
责任印制：杨　艳

出版发行：清华大学出版社
  网　　　址：http://www.tup.com.cn，http://www.wqbook.com
  地　　　址：北京清华大学学研大厦A座   邮编：100084
  社 总 机：010-83470000   邮购：010-62786544
  投稿与读者服务：010-62776969，c-service@tup.tsinghua.edu.cn
  质量反馈：010-62772015，zhiliang@tup.tsinghua.edu.cn
印 装 者：小森印刷霸州有限公司
经　　销：全国新华书店
开　　本：185mm×260mm   印　张：13.75   字　数：318 千字
版　　次：2020 年 9 月第 1 版   印　次：2023 年 8 月第 5 次印刷
定　　价：42.00 元

产品编号：089031-01

前　言

　　"大众创业、万众创新"已成为我国全面深化改革，推动经济发展的国家战略，举国上下正掀起新一轮的创业浪潮。党的二十大报告明确指出："要坚持教育优先发展、科技自立自强、人才引领驱动，加快建设教育强国、科技强国、人才强国，坚持为党育人、为国育才，全面提高人才自主培养质量，着力造就拔尖创新人才，聚天下英才而用之。"深化高校创业教育改革是国家实施创新驱动发展战略、促进经济转型升级的重要举措。2012 年教育部下发了《普通本科学校创业教育教学基本要求（试行）》（以下简称《基本要求》），制定了创业基础教学大纲。2015 年国务院办公厅下发了《关于深化高等学校创新创业教育改革的实施意见》，要求各高校面向全体学生开发"创业基础"等必修课和选修课。

　　"创业基础"作为一门面向全体学生开设的通识必修课，不应该仅仅教授学生如何开公司，还应该让学生学会创业者思考和行动背后的逻辑，并形成自己的创业思维和创业能力，使有志创业者用自己的行动实现创业成功，也可以让就业者在工作岗位上能像创业者一样用自己的行动和智慧去发现问题和解决问题，提高个人的就业力，创造经济和社会价值，进而实现人生价值。我们组织教学团队，结合学生实际，在《基本要求》的基础上，广泛吸纳各方精华，深挖创业基础课程的本质，开展课程教学改革。经过多年的努力，我校的"创业基础"课程被认定为"国家级一流本科课程"。

　　基于效果推理理论的创业思维强调行动胜于一切，敢于从自己手中拥有的资源出发，敢闯敢创，但不蛮干；源自斯坦福大学的设计思维是以人为本的创新思维，提供了一整套的创新思想、流程和工具，能以用户为中心去创新性地发现问题和解决问题；来自硅谷的精益创业理论能够快速、低成本地试错，快速抓住商机；商业模式解决价值创造和价值传递的问题，能从商业角度考虑问题，通过商业模式画布可以方便快速地设计商业模式。本书在查阅了大量文献的基础上，借鉴深圳子谦国际创业教育学院等机构先进的知识体系和教学方法，以萨阿斯瓦斯的效果推理理论为理论基础，整合斯坦福大学的设计思维、硅谷的精益创业等创新创业的方法与工具，构建出一个理论体系完备、实践性强的课程体系。

　　本书根据创业过程的实践主线，按照创业思维、设计思维、商业模式三大模块进行编写，包含创业基础概述、创业思维、创业者、创业团队、创业机会、问题探索、创意方案、用户测试、商业模式、创业计划书和创业、就业与人生等 11 章内容。每章都提供了"复习思考题""案例练习""实践训练""复盘与反思""课外练习"，通过有效的实践训练和练习帮助学生将知识转化为能力和行动，做到知行合一。通过学习本书，不仅能帮助创业者创业成功，还可以让学生像创业者一样思考和行动，勇敢地面对不确定的未来。

　　本书是我校创业基础教学团队五年教学实践与研究的阶段性总结，在对相关创业研究文献梳理、分析的基础上，融入近年来创业实践领域最新的方法，围绕创业的本质构建体系，既体现了理论的严谨性，又突出了创业的实践性，体系科学，实践指导性强。在教学过程中，教师可以在课堂上安排实践训练活动，通过引导学生反思，增强教学效果；也可以使用项目式教学，在每章课程结束之后安排学生进行相应的训练，做到知行合一。本书可以作为高校"创业基础"课程教材，也可以供创业者和学习者借鉴与参考。

　　本书由于春杰担任主编，由马蕾、高佳、武兰玉担任副主编。其中，第 1、2、5、6、11 章由于春杰编写，第 3、10 章由马蕾编写，第 4、7 章由高佳编写，第 8、9 章由武兰玉编写。全书由于春杰负责修订并统稿。

　　本书的所有内容都是建立在前人的研究和实践基础上的，在编写的过程中，编者引用了许多学者的研究成果，在此向他们表示感谢！在教学改革的过程中，教学团队先后受到香港城市大学孙洪义博士、南开大学张玉利教授、深圳子谦国际创业教育学院朱燕空院长、南京大学创业学院前院长黎怡杭博士等专家的教诲，在此一并表示感谢。

　　创业是一门新兴学科，人们对它的认识还在不断深化之中，"创业基础"的课程体系和教学内容的完善还需要长期的努力。由于时间有限，编者自身理论功底和实践经验有限，认识也还有不到位的地方，书中难免会有一些错误和不足，期待各位专家和读者批评指正。

编　者

2020 年 3 月

目　录

第1章 创业基础概述

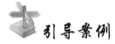

本章学习目标

▶ 了解创业的概念及其内涵；
▶ 了解创业对经济社会发展的作用；
▶ 了解创业教育理论的演变。

引导案例

任正非与华为的创业故事

任正非出生于贵州一个贫困的小村庄。儿时吃不饱，穿不暖，他最大的理想就是能吃一个白面馒头。他的父母对孩子的教育非常重视，坚持让孩子读书。苦难是人生最宝贵的财富。任正非说："如果没有经历童年的贫苦饥饿以及人生的挫折，就不可能取得今天的成就。如果不艰苦奋斗，就不可能有今天的华为。"

1983年，副团级的任正非从部队转业到深圳，担任南油集团一家电子公司的副总经理。任正非被人欺骗，导致公司200多万元货款收不回来，被南油集团"炒鱿鱼"。他失去了经济来源，妻子与他离婚。当时，任正非上有老下有小，还要兼顾6个弟弟妹妹的生活，他和父母租住在一个小房间里，阳台当成了厨房。生活的窘境，使任正非决定下海创业。

1987年，43岁的任正非找朋友凑了2.1万元在深圳注册了华为技术有限公司，从香港进口交换机到内地赚取差价。华为的寓意为"中华有为"，愿为中华的崛起而为之！创业初始，任正非仅仅是为了糊口、为了提高家人的生活品质。但在销售设备的过程中，任正非看到了电信行业对程控交换机的渴望，也看到了这些通信设备都依赖进口的境况。众多代理商的涌入使得市场竞争激烈，利润摊薄。一旦某个国内厂商获得技术突破，以低成本杀入，华为就危险了。军人出身的任正非认识到技术是企业的根本，于是决定自己做研发。

1991年9月，华为开始研制程控交换机。公司所有人吃住都在车间里，做得累了就睡一会儿，醒来再接着干。这种创业公司所常见的景象，成为了华为的传统，被称为"床垫文化"。为激励员工，也为坚定自己的决心，在动员大会上，任正非站在五楼会议室的窗外对全体员工说："这次研发成功，我们都有发展，如果研发失败了，我只有从楼上跳下去。"1992年，华为的交换机批量进入市场，当年产值即达1.2亿元，利润过千万元，员工只有 100 人。这样的成长速度，响应了"深圳速度"的口号。

任正非说："为了活下去，我们必须走出国门，主动进攻，在市场搏击中学习，熟悉市场，赢得市场。我们决不后退、低头，不能被那些实力雄厚的公司打倒。"华为从 1996 年开始进军国际市场，从发展中国家入手，躲过国际巨头的视线，为客户提供一应俱全的产品以及难以置信的低价，尽管"屡战屡败"，但仍坚持着"屡败屡战"。2000 年，华为开始全面拓展海外市场，在发展中国家的连战告捷，使华为信心倍增。华为开始在关注已久的发达国家市场上行动，成功进入德国、法国、西班牙、英国等发达国家。

即便受到美国政府的无理制裁，华为仍能在 2019 年世界五百强的排名中位列第 61 位，而阿里巴巴位列第 182 位，腾讯位列第 237 位。从两间简易房里走出来的华为，已经成长为中国最大的民营企业、全球最大的通信设备供应商、第一大智能手机厂商和世界百强企业，这不得不说是一个奇迹，一个关于中国制造的奇迹，也是中国科技企业 30 年发展的一个缩影。

资料来源：余胜海. 华为 30 岁了，任正非创立华为之初的创业故事[EB/OL]. （2017-09-16）[2019-10-08]. https://www.sohu.com/a/192402790_99970508.

党的二十大报告明确指出："我们所处的是一个充满挑战的时代，也是一个充满希望的时代。"改革开放四十余年来，创业不仅改变了创业者命运，也推动了经济与社会的发展。任正非带领华为在创业的征程上创造了一个中国制造的奇迹。为什么要学创业基础？创业的目的是什么？大学生们通过了解创业，了解创业家，同时从创业的角度了解自己，规划未来，不管创业还是就业，都要像创业者一样思考和行动，把握机会，创造自己美好的未来。

1.1 创业的本质内涵

1.1.1 企业家与创业

创业是长期存在的社会现象，随着经济的发展和社会的进步，人们开始关注创业，把从事创业的群体称为企业家。研究者们通过观察企业家的行为，逐渐加深了对创业活动的认识。企业家这个词源于法语"entreprendre"，最早是指参与军事征战的人们，含义是"承担"。1775 年，法国经济学家理查德·坎特隆首次将从事经济行为的人称为企业家，认为企业家需要面对不确定的市场并承担风险。19 世纪初，法国经济学家让·萨伊将具有判断力、忍耐力等特殊素质以及掌握了监督和管理才能的人称为企业家，进一步丰富了企业家的内涵。19 世纪中期，股份制公司开始形成，出现了现代意义上的企业家。著名经济学家约瑟夫·熊彼特深入研究了企业家的职能和作用，认为企业家是"工业社会的英雄""伟大的创新者"，企业家通过"创造性破坏"，实现生产要素创新组合，建立新的企业生产函数，从而导致社会经济的连续变化，推动社会经济的发展。

20 世纪 80 年代之后，随着信息技术的普遍应用、全球化进程的加快，创业活动越来越活跃，不断涌现出新的商业模式，技术、产品、管理创新层出不穷，机会和创造成为商业活动的核心内涵，人们对创业的理解也更加概括和具有普遍意义。霍华德·史蒂文森将创业定义为"在不拘泥于资源约束的前提下，追逐机会并创造价值的过程"。创业意味着新的经济活动，能够带来市场的变革。马克·卡森提出企业家是市场的创造者，擅长对稀缺资源协调利用并做出明智决断。

近年来，人们开始从经济与社会发展的高度理解创业，认为创业是通过向顾客提供利益来创造价值，是提升社会价值的重要途径。创业活动能够提供就业机会，推动创新，促进经济发展和社会安定，也是个体或者组织取得竞争优势的重要手段。

1.1.2　创业的定义

在很多人的观念里，创业就是创办一家新的企业。但是创业真的只是创办新企业吗？不同的创业研究者从自己的角度对创业给出了不同的定义。1994 年，美国学者莫瑞斯对创业文献中关于创业定义的关键词进行统计，发现出现频率最多的依次是"启动、创建、创造""新事业、新企业""创新、新产品、新市场""追逐机会""风险承担、风险管理、不确定性"等，如表 1-1 所示。

表 1-1　创业定义中包含的关键词

序号	对创业定义不同的理解	频数	序号	对创业定义不同的理解	频数
1	开始、创建、创造	41	10	价值创造	13
2	新事业、新企业	40	11	追求成长	12
3	创新、新产品、新市场	39	12	活动过程	12
4	追逐机会	31	13	已有企业	12
5	风险承担、风险管理、不确定性	25	14	首创活动、做事情、超前认知与行动	12
6	追逐利润、个人获利	25	15	创造变革	9
7	资源或生产方式的新组合	22	16	所有权	9
8	管理	22	17	责任、权威之源	8
9	统帅资源	18	18	战略形成	6

资料来源：Morris M H, Lewis P S, Sexton D L. Reconceptualizing entrepreneurship: an input-output perspective[J]. SAM Advanced Management Journal, Winter 1994(1): 21-31.

根据学者们给出的定义，创业的定义可以分为狭义的定义和广义的定义。狭义的创业是指创办新的企业，在英文中常用"startup"表示。当前所说的创业很多指的就是狭义的创业，即创办一家新企业。创业是谋划、创建和运行企业的过程。

广义的创业是指开创新的事业，在英文中常用"entrepreneurship"表示。在广义的创业定义中，除了强调创业行为外，更强调在创业行为中所体现的创新创业的精神对于创业行为的重要性。相比狭义的创业，广义的创业涵盖的范围和深度都有所扩展。创业是一个寻找机会、开发产品、利用资源、制订计划和实施计划的不断试验和往复循环的过程；这个过程包含很多通用的思考和推理的行动和方法。这个定义不仅意味着创办新企业，还意味着孕育人类的创新精神和改善人类的生活。

创业基础是一门面向全体学生的通识必修课，这里所指的创业就是广义的创业。创业活动普遍存在于各种组织和个人活动中，哈佛大学史蒂文森教授认为"创业是不拘泥于当前资源条件的限制下对机会的追寻，将不同的资源组合以利用和开发机会并创造价值的过程"。

随着经济与科技的快速发展，我们面对着一个充满不确定性的世界。美国百森商学院的海迪·内克这样描述创业："创业无处不在，每个人都有能力创造性地思考和行动，把机会转化成现实，创造社会和经济价值。"所以在某种意义上讲，创业就是把有价值的想法变成现实，开创属于自己的事业。创办新的企业只是创业的一种形式，面对充满高度不确定性的未来，大学生不一定都去开公司，但要学会像创业者一样去思考和行动。大学生可以在各自的工作岗位上把机会变为现实，创造经济与社会价值。

1.1.3 创业的基本要素

创业教育先驱杰弗里·蒂蒙斯简洁明了地提炼出了创业的三大关键要素：创业机会、创业资源和创业团队，构建了创业要素模型（又被称为蒂蒙斯模型），如图 1-1 所示。

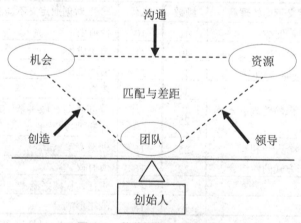

图 1-1 蒂蒙斯创业要素模型

资料来源：杰弗里·蒂蒙斯，小斯蒂芬·斯皮内利. 创业学[M]. 周伟民，吕长春，译. 6 版. 北京：人民邮电出版社，2005：31.

1. 创业机会

创业者发现或创造可以利用的商业机会，开展创业活动。所以，创业机会是创业的始点，创业者围绕创业机会开展机会的识别和开发，利用创业机会完成创业活动。创业机会源于市场的需求和变化，当某种创意能将这种潜在的需求转化为现实的价值时，这种有价值的创意就转变为创业机会。因此，机会是创业过程的核心驱动力。

　2. 创业团队

在知识经济的时代，创业活动对人们的要求越来越高。单凭一个创业者的单打独斗无法完成整个创业过程，他必须吸引一群才能互补、责任共担、愿为共同的创业目标而奋斗的人，让他们加入创业项目中，通过团结协作、优势互补、成果共享、责任共担，发挥团队的优势，从而获得创业的成功。所以，创业团队在创业过程中起着非常重要的作用，是创业过程的主导者。

　3. 创业资源

创业活动需要利用相关资源才能更好地开展活动，不同的创业活动需要不同的资源。创业资源包括有形资产和无形资产，这些资源是企业创立和运营的必要条件。创业者在创业之初拥有的资源是有限的，不能完全满足创业活动的需要，必须通过创造性地整合内外部资源才能获得创业的成功。

创业机会、团队和资源构成了创业的三个关键要素，在创业过程中，这三者缺一不可。创业过程的核心是创业机会的识别和评价，创业过程始于创业机会，创业者针对创业机会采取行动，根据创业机会的需求组建团队，进行资源整合和开发。创业过程中最为重要的是在面对不确定环境时，取得创业机会、创业团队和资源三者间的平衡。

1.2　创业与经济发展

1.2.1　创业与经济发展概述

创新是社会进步之魂，创业是就业富民之源。创业是一个国家经济活力的象征，一个国家的经济越繁荣，它的创业活动就越活跃。西方发达国家的经济发展史伴随着一轮又一轮的创业史。我国改革开放四十多年来，经济发展取得了举世瞩目的成就，其中各种创业活动做出了巨大的贡献。进入 21 世纪以来，全球创业活动更加活跃，各个国家和地区之间更加关注创业的水平和创业的成果。创业已经成为科学技术转化为现实生产力的桥梁，成为经济发展和社会进步的重要推动力。

创业是实现经济发展和就业增长的核心动力，对于经济发展、就业机会创造和国家竞争力都有着重要和深远的影响。近年来，中国正处在从劳动密集型产业经济向知识经济和信息经济转型的过程中，创新和创业在中国经济的升级转型过程中将会占据越来越重要的地位，并帮助中国企业实现长期的、可持续的发展。

（1）创业是经济增长的推动力。无论是在发达国家，还是发展中国家，创业成为一个国家经济发展中最具活力的部分，是经济发展的原动力。创业者创造了全新的成长型企业，对经济发展产生了巨大的影响。在过去的 30 年里，高新技术与创业精神相结合的创业浪潮是美国保持世界经济"火车头"地位的"秘密武器"。改革开放四十多年来，我国先后掀起了 5 次创业浪潮，民营经济获得了大发展，贡献了 50%以上的税收，60%以上的国内生产总值，70%以上的技术创新成果，80%以上的城镇劳动就业，90%以上的企业数量。创业使得经济迸发出无穷的活力和创造力，推动了我国经济的长期快速发展。

（2）创业创造了大批新的企业家和大量的就业机会。微软公司的比尔·盖茨、特斯拉的埃隆·马斯克、阿里巴巴的马云、腾讯的马化腾等成功的创业者是潜在创业者的偶像，他们以创新、责任、影响力、推动力改变着商业世界。大众创业、万众创新极大激发了全社会的创新创业热情，各类市场主体蓬勃发展。2018 年，我国日均新设企业 1.8 万户，加上个体工商户等各类市场主体，日均新增 5.9 万户。截至 2018 年年底，全国各类市场主体已达 1.1 亿户，越来越多的创客、爱好者以及普通民众参与到创业创新的大潮中来。

在成熟产业中，大企业吸纳劳动力的能力在下降。新创企业茁壮成长，成为吸收就业的生力军。清华大学中国创业研究中心的调查数据表明，每增加一个创业者，当年带动的平均就业数量为 2.77 人，未来 5 年带动平均就业数量为 5.99 人。第四次全国经济普查的数据显示，我国有中小微企业 1 807 万家，占全部规模企业的 99.8%。2018 年年末，中小微企业吸纳就业人员 2.3 亿人，占全部企业就业人员的 79%，拥有资产占全部企业资产总计的 77%；全年营业收入占全部企业全年营业收入的 68%。

（3）创业是科技创新的加速器。党的二十大报告明确指出："教育、科技、人才是全面建设社会主义现代化国家的基础性、战略性支撑。必须坚持科技是第一生产力、人才是第一资源、创新是第一动力，深入实施科教兴国战略、人才强国战略、创新驱动发展战略，开辟发展新领域新赛道，不断塑造发展新动能新优势。"创业是科学技术和市场的纽带，创业与创新相互促进。在我国，由于技术发明人不了解市场，发明家和企业家缺乏沟通的渠道等原因，目前企业和科研院所的技术发明 60%～70% 处于闲置状态或在专利人手中未转化为产品或商业上的应用，没有创造新的价值。企业家的出现可以弥补技术和市场之间的差距，他们知道该如何去将技术转化为市场需要的产品，如何去和风险资本家、银行家、供应商、分销商、广告代理商以及顾客打交道。企业家通过创业活动将技术和市场有效地联系起来。

创业可以实现先进技术的转化，推动新发明、新产品不断涌现，创造出新的市场需求，进一步推动科技创新。我国的创业孵化事业发展迅速，科技企业孵化器成为培育科技型中小企业的重要载体。全国科技企业孵化器年累计毕业企业数从 2017 年的 11 万增加到 2018 年的 14 万，研发投入不断加大，创新能力进一步提高。科技创新动力持续增强，科技成果转移、转化成效明显提升。

（4）创业催生出新行业。创业者们不仅创建了杰出的公司，还创建并领导了全新的行业，这些新行业改变了传统的经济模式。马云创立的阿里巴巴集团改变了传统的商业模式，让消费者足不出户就可以购买全球各地的商品，促使传统金融业发生改变，促使传统产业中的企业利用互联网改变传统的商业模式；马化腾创立的腾讯改变了人们的社交和沟通方式；程维创立的滴滴、胡玮炜等开创的共享单车行业改变了人们的出行习惯；王兴创立的美团和张旭豪创立的饿了么改变了人们的饮食习惯；张一鸣创立的今日头条改变了人们的阅读习惯……新行业的出现促使传统产业转型升级，促进新旧动能的转换，保证经济稳定发展。

（5）创业是社会进步的推进器。创业者可以主宰自己，发挥自己的才干。创业者可以通过创业实现自己的梦想，实现个人财富的积累，让贫穷变富有，改变自己的社会地位。新企业的建立可以弥补原有经济的不足，丰富人们的生活，提高生活质量，创造更多社会价值。创业可以创造富有而充满活力的创业社会，激发整个社会的创新意识和创新精神，有利于社会文化、观念的改变，推动社会进步与发展。

1.2.2　我国改革开放后的五次创业浪潮

我国的创业活动起步比较晚。1978 年，在国民生产总值中，国有经济占 56%，集体所有制经济占 43%，非公有制经济占 1%；在工业总产值中，国有工业占 77.6%，集体所有制工业占 22.4%，非公有制经济为零。我国在改革开放后至少经历了五次创业大潮，每一次大潮都有一个从上而下的过程，离不开政府和政策的引导，与中国经济的发展息息相关。

1. 第一次创业浪潮

改革开放后的第一次创业浪潮始于 1978 年。中国共产党在 1978 年召开的第十一届三中全会上确定了改革开放的经济发展战略。1978—1984 年是我国改革开放的起步阶段，农村改革是焦点和重点：家庭联产承包责任制的推广，极大地调动了广大农民的生产积极性，促进了农村商品的生产和交换，同时，大量乡镇企业的出现推动了农村经济的发展，掀起了第一次自主创业高潮。当时，中国主要的商业进步发生在农村地区和非常偏远的四、五线城市，农村、农业和农民是最先进入市场的区域、产业和经济主体。在改革开放初期，创业者以无业人员为主，他们成了改革开放的第一批创业领头人。

十一届三中全会后，农村改革释放了农村中一部分有创业热情和能力的农民的能量，乡镇企业、联户企业开始出现；同时，城镇中的返城知识青年、无业市民，抓住商机，创办小企业、小商店。傻子瓜子的创始人年广久、横店集团的徐文荣、裁缝出身的改革家步鑫生、希望集团的刘氏四兄弟都是这一阶段涌现出的创业家。创业型就业如雨后春笋般涌现，第一代创业家开启了我国的创业历程，有效缓解了当时沉重的就业压力。

被邓小平点名的"傻子"年广久

年广久号称"中国第一个个体户"，开设了改革开放后"中国第一个私营公司"。年广久随父逃荒要饭到芜湖定居，9 岁起就跟随父亲经营水果摊，后从事炒瓜子的业务。年广久做生意遵循"利轻业重，事在人和"的父训，每次客户走时，他都会多抓一把瓜子送上。因他是淮北人，人们都管他叫"侉子"，时间一长，便叫成了傻子，"傻子瓜子"由此得名。

十一届三中全会之后，年广久将他的小作坊发展到 100 多人的"大工厂"，成为当时的一个异类，风言风语纷至沓来。于是"年广久是资本家复辟、是剥削"的说法开始传播开来。最后，安徽省委派专人到芜湖调查年广久，并写了一个报告，上报中央。小小的"傻子瓜子"惊动了邓小平。1983 年和 1984 年，邓小平先后两次直接点名，以年广久和他的傻子瓜子为例，明确表示中国政府鼓励发展私营经济。

资料来源：姜英爽，贾云. 改革开放印迹：三次被小平点名的"傻子"年广久[EB/OL]. （2008-03-24）[2019-12-08]. http://finance.ce.cn/macro/gdxw/200803/24/t20080324_12889580.shtml.

2. 第二次创业浪潮

1984 年春天，邓小平同志南巡视察深圳、珠海等特区。在年底召开的十二届三中全会上通过了《关于经济体制改革的决定》，确定了中国由计划经济体制向市场经济体制的转型。这次改革的主题是城市体制改革，把农村进行的承包制的成功经验引进城市。1984 年是城市体制改革和工业改革的元年，掀起了我国第二次创业浪潮。一大批有文凭、有稳定工作的人走上自主创业之路，"下海"成为当时的热点。就在这一年，柳传志创办了联想，张瑞敏成了厂长，王石开始了创业。柳传志曾这么评价那个时代："下海确实很被人看不起，这是那些勇敢者做的事情，这些勇敢者在过去就是在社会上没有地位的人。"

在制度的变革中，创业者们遭遇了很多我们无法想象的困难，他们只能摸着石头过河。比如，当时生产计算机需要国家许可证，柳传志连在中国内地生产计算机的资格都没有，不得已只好跑到香港创办联想，利用外资企业的身份绕过政策障碍。当时，江浙一带的企业家也遭遇了类似的困难。他们创办的乡镇企业没有技术储备，业务无法开展，而邻近的大都市上海倒是有技术人才，可这些技术人才都有自己的工作单位，不可能放弃铁饭碗加盟他们的私营企业。于是，江浙一带的企业家们就创造了"星期天工程师"：请技术专家星期天到企业上一天班，为工厂提供技术指导。这样，技术专家既能在工作之余获得报酬，企业也解决了技术难题。这些创造性解决问题的方法推动了中国改革开放的前进。

3. 第三次创业浪潮

第三次创业浪潮起源于 1992 年。1992 年春天，88 岁的邓小平同志视察了南方的武昌、深圳等地，发表了著名的南方谈话，呼吁要加快改革开放的步伐。当年，党的十四大通过了关于建设社会主义市场经济体制改革的决定，国家经济体制改革委员会出台了《有限责任公司规范意见》和《股份有限公司规范意见》两个重要文件，第一次允许个人通过投资入股的方式创办企业成为股东。国务院修改和废止了 400 多份约束经商的文件，《人民日报》甚至还发表了《要发财，忙起来》的文章鼓励人们下海经商。在此大气候下，全国兴起了办公司热。

这次的创业潮更像是一个社会精英的掘金潮，创业者以官员、知识分子居多，政府机关、事业单位的"下海"人员猛增，当年全国至少有 10 万名党政干部主动下海经商。1992 年，马云与同事一起凑钱创办了海博翻译社，开始了他的第一次兼职创业。这年的创业者被冠以"92 派"之称，代表人物有陈东升、郭广昌、冯仑、潘石屹等。这一批人是中国现代企业制度的试水者，他们普遍具有企业现代管理意识，具有较强的资源整合能力，尤其懂得资本运作，对宏观环境变化有灵敏的嗅觉。从这个时期开始，新创立的企业不再仅仅集中在劳动密集型的产业，一大批高新技术新创企业诞生并迅速在行业内取得优势地位，成为我国技术创新的重要力量。

4. 第四次创业浪潮

第四次创业浪潮发生在 20 世纪 90 年代后期。信息技术的发展催生了一大批高科技的互联网公司，形成了一股互联网创业浪潮。大批留美学生把美国市场的成功业务移植到国内。模仿硅谷的创业项目加上来自硅谷的早期资本的支持，成了这一轮海归创业潮最鲜明的特征。以亚信的丁健、搜狐的张朝阳、百度的李彦宏等为代表，这些在互联网领域创业的海归留学生，在创业成功后被称为互联网时代的英雄。在海归群体的示范下，中国本土培养的大学生也加入创业的行列。新浪的王志东、网易的丁磊、腾讯的马化腾都是本土成长起来的技术人才。无论是门户网站还是腾讯 QQ，都是把在国际市场上流行的产品以中国用户接受的方式移植到中国，依托中国庞大的人口基数成就了一番事业。

这一波创业浪潮带入了一些新的东西。首先，境外风险投资大量进入中国，使得创业企业的资金来源更加多样化。汪潮涌、王冉这些跨国投行的高管也加入创业大潮中，创立精品投行，主要服务于创业群体。其次，创业企业上市通道不仅包括沪深股市，甚至能到境外交易所上市，开拓了中国企业奔赴纳斯达克 IPO 的时代。他们在纳斯达克的成功上市又激励了更多的"海归+风投资本"的组合式创业。在财富的效应下，潜藏在人们内心的创业激情迸发出来。再次，国外创业企业的先进管理方式进入国内，带来了宝贵的经验。此外，随着企业上市，创业者的社会地位和影响力发生了非常大的改变。社会上出现了对创业者尊重、敬佩甚至是敬仰的思潮。创业教育也开始逐步在高校萌芽。

5. 第五次创业浪潮

第五次创业浪潮起始于 2008 年。2008 年的全球经济危机，使得新一轮海归创业潮和全民创业潮出现了叠加。这两股潮流也成为中国经济转型和升级的发动机，其主题词是创新、创意。创业范围不再以互联网为主，而是涵盖新能源、新材料、生物医药、汽车制造、文化创意等多领域。全民创业潮的新推动者则包括各级地方政府，他们倡导"回乡创业"和"大学生创业"，并出台了一系列扶持政策。教育部等相关部委陆续出台了一系列文件推进高校加强创业教育，支持和鼓励大学生创业。

2014 年李克强总理提出了"大众创业、万众创新"，强调要借改革创新的"东风"，掀起"大众创业""草根创业"的浪潮，形成"万众创新""人人创新"的新态势。2015 年的政府工作报告提出，要把"大众创业、万众创新"打造成推动中国经济继续前行的"双引擎"之一，以推动发展调速不减势、量增质更优，实现中国经济提质增效升级。创业成为了国家战略。各级政府部门相继出台一系列鼓励创业的政策，比如：改变工商登记制度，理论上 1 元钱就能开办公司；税收、金融、担保等各项政策都有相应的改变；各地开办创业孵化器，为新创企业提供较低的场租、法律登记服务、培训指导等。全国各地的创业园区、创业孵化器、众创空间如雨后春笋般涌现，大量在世界范围内有影响力的新兴科技公司成批涌现，与历次创业浪潮相比，这次的创业浪潮无论在规模、数量还是政府的推进力度上都是空前的。

随着本土风投的壮大和国内创业板、新三版的开通，创业者获得资本和整合各项资源变得更加容易。由中外风投做推手的创业潮开始从海归人员向本土创业者扩展，创业的领域也从互联网向生物医药、太阳能、清洁技术、教育、消费等诸多领域扩张，出现了大规模的全民创业潮。创业老将雷军创立小米公司，开创了新的创业传奇；出生于 1983 年的张一鸣在 2012 年开始了自己的第五次创业，成立字节跳动（Byte Dance）公司，开发出今日头条、抖音等手机应用，以 162 亿美元财富排名 2019 年福布斯全球亿万富豪榜第 70 位；同为"80 后"的黄峥，2015 年创立拼多多，打造电商新平台，以 135 亿美元财富排名 2019 年福布斯全球亿万富豪榜第 94 位。

在第一、二次创业浪潮之后，我国建立了一套工业生产制造体系，解决了市场物资短缺的问题，我们可以叫它"制造中国"；第三次创业浪潮之后，我国建立了基于股份制条件下的公司架构，有了一大批下海办公司的人，形成了"公司中国"；第四次创业浪潮将互联网技术、人才、风险投资等引入中国，形成了"互联网中国"；第五次创业浪潮将新型技术通过创业渗透到人们生产、生活的各个方面，形成了大众创业、万众创新的"创业中国"。党的二十大报告明确指出："广大青年要坚定不移听党话、跟党走，怀抱梦想又脚踏实地，敢想敢为又善作善成，立志做有理想、敢担当、能吃苦、肯奋斗的新时代好青年，让青春在全面建设社会主义现代化国家的火热实践中绽放绚丽之花。"处于经济转型期的中国，需要更多的创业英雄，需要越来越多的创业型组织，推动经济的可持续发展。大学生应该去了解创业，将其视为一种职业、一种生活方式的选择，在时代的创业大潮中寻找自己的位置，实现自己的人生　　价值。

1.3　创业教育理论的演变：从特质到方法

创业在人类经济社会生活中所起的作用越来越大，创业活动日益活跃，人们对创业问题开始关注，开展了大量的研究，试图寻找创业成功的奥秘。研究者们做出了多种多样的解释，并形成了不同的观点。按时间顺序，可以把对创业的认识分成三类：特质观、过程观和认知观。与之相对应，创业教育理论也在发生演变，从早期的强调特质转向认知和方法。

1.3.1　创业的特质观

早期的创业研究是从创业者开始的，研究者从"特质论"出发，试图寻找一组稳定个体特征，将创业者与非创业者区分开来，从创业者的人格、态度与人口统计学特征等来考察创业者与非创业者特质的差异，并用以解释创业行为和创业过程。

在很多创业教材中都可以看到创业者特质的早期研究成果，它们开篇便讨论"谁是创业者"以及"他"拥有何种个性特征。但是，这种特质观在解释创业行为和过程时获得的结论有其局限性，难以做出普遍意义上的解释。

随着研究的深入，研究者发现创业者的特质研究存在以下缺陷：① 并不是所有的创业者都具备那些特质，许多人不是创业者但也具备其中的大部分特质；② 对一个创业者应该具备多大程度的特质特征，没有做出解释；③ 现有研究对哪些是创业者特质并未取得一致的共识，创业者特质同实际的创业情况的关系也不一致。

1.3.2 创业的过程观

新企业生成过程中存在多种力量的交互作用，创业者只是其中一环。研究者们认为应该考察创业者在创建情境下开展的活动，即关注创业者做了哪些活动。关注创业者的活动可以比关注创业者的特质更好地理解创业的本质。创业过程包含的活动和行为较多，从阶段性活动来看，可分为机会识别和机会开发两大阶段，细分为六个方面：① 产生创业动机；② 识别创业机会；③ 整合资源；④ 创建新企业或新事业；⑤ 实现机会价值；⑥ 收获回报。

虽然创业的过程观被大多数人认可并成为主流，但进一步的研究发现，创业者之间的行为极不相同，创业过程观的内容更像是管理的过程，与新生创业者的实际创业行为差别很大。

1.3.3 创业的认知观

在认识到过程观的局限性之后，研究者开始从认知视角研究创业，试图去揭示创业者的思维模式。创业认知是指人们用来做出有关机会识别、机会评价、新企业创建以及企业成长的评估、判断或决策的知识结构。认知结构被认为是区别创业者和非创业者以及导致创业者行为差异的关键，而认知过程则被认为是知识接受和应用的方式。创业者的认知结构不是静止不变的，它受与外界环境的影响，具有时间阶段性。认知过程随时间而发展。

研究者们探讨了创业者做出创业行动决策的原因，并将这种决策与认知结构关联起来，认为创业行为反映了认知的过程。创业过程本身充满大量不确定性与复杂性，创业者由于时间、成本等因素的制约，无法做到完全理性。认知风格的变化和培养过程，反映了个体认知的发展，与认知的内容和结构变化有关。创业者认知发展是一种有意识的心理活动过程，这个过程伴随着学习的过程，学习风格体现了个体识别新知识、吸收新知识并把新知识运用于创新和创业过程的能力。从认知视角探讨创业，关注的是创业者如何才能变得富有创业精神、创造机会并针对机会开展行动。

1.3.4 创业教育理论的演变：从特质到方法

随着对创业认识的深入和演化，人们对创业教育的认识也发生了变化。美国百森商学院的海迪教授把创业教育分成四类：特质论（谁是创业者）、流程论（创业者做什么）、认知论（创业者如何思考）和方法论（创业者如何行动）。

1. **第一类创业教育：特质论**

这类创业教育的重点在于"描述"成功创业者的特质与习惯。比如，追求成功、自律、喜欢冒险、接受模糊与不确定、喜爱发问、细心观察等。目的在于让学习者有一个学习的目标。因此，这类教学首先注重个人的性格测试，通过这些测试来判断一个人是否具有创业者的特质或创业基因，然后加强、加深行为和习惯的养成。

2. 第二类创业教育：流程论

这类模式遵循科学管理的思维，从管理流程的角度出发，认为必须从科学的方法着手，如从"商机"开始直到将产品推上市场的整个流程。因此，商机分析、市场调研、案例分析、商业计划书等成为这种思维下创业教学的基本内容。追求做事的效率化是这种思维的特点。但是，当需求或目标不是很明确时，这种效率化流程的思维便有了局限性。

3. 第三类创业教育：认知论

创业教育的研究者基于认知科学研究的成果，对创业者的"特质"展开更深层次的探讨。比如，在同样的外在环境下，成功创业者是如何地看待商机的？他们又是如何做决策的？他们的价值观是如何建立与演进的？他们关注多次成功的专家型创业者的思维模式，专家型创业者与一般人在思维与学习上有什么显著的差别？这类创业教育的重点在于孕育学生创业能力的建立以及教学环境的塑造。他们强调的是创业思维模式的扩展，而不是知识的累积，因此，在教学方法与环境上也提出了许多改进。比如，"反思"（reflection）的训练、翻转式的教学，等等。

4. 第四类创业教育：方法论

过去 10 年以来，学者们对创业的本质和思维进行反思，逐渐形成了新的思维与方法论，代表性的有：硅谷的精益创业、美国百森商学院的创业思维与行动、美国斯坦福大学的设计思维，以及萨阿斯瓦斯的效果推理理论等。这些方法论都在关注创业者在创业初期所面临的两大课题：价值与成长。新产品的价值和市场接受度都存在极大的不确定性、不可预测性及不可知性。许多创业失败的主要原因就在于商品价值的定位或商品与市场的不匹配。这类方法论皆具有如下共同点。

（1）每个方法论都有流程图，每个流程图都展示其快速迭代与非线性的思维。从小处着眼，快速迭代：行动、学习、创造，以行动带动思维与策略。

（2）每个方法论都提供了适当的工具，以提高学习的效率与应用。

（3）强调沟通与价值的共创，尤其是与客户、用户之间。

创业初期是个验证学习的阶段，目的在于了解顾客与市场。这类方法论强调创业初期对价值与成长的验证。

上述四类创业教育理论的比较如表 1-2 所示。

表 1-2　四类创业教育理论的比较

类　　型	特　质　论	流　程　论	认　知　论	方　法　论
主要内容	英雄、神话、人格剖析	计划、预测	思维和行动	价值创造
分析焦点	特质，天生还是后天培养	新企业创建	从事创业活动的决策	实践创业的技术组合
分析层面	创业者	企业	创业者和创业团队	创业者、创业团队和企业

续表

类　型	特　质　论	流　程　论	认　知　论	方　法　论
主要教育形式	商业基础知识、讲座、考试、评估	案例、商业计划、商业模型	案例、模拟、脚本	严肃游戏、观察、练习、反思、合作、设计
主要用语	内部控制点、风险承担倾向、成就需要、容忍模糊度	资本市场、成长、资源分配、绩效、机会发展	专家脚本、直观推断、决策、心智模式、知识结构	实践、自我认知、适应、行动、干中学、共同创造、创造机会、期待并拥抱失败
教学应用	描述	预测	决策	行动

资料来源: NECK H, GREENE P. Entrepreneurship Education: Known Worlds and New Frontiers[J]. Journal of Small Business Management,2011,49(1):55-70.

　　第四类创业教育的思维与方法论是当今创业教育的发展方向, 全球前沿的高校及创新热点都在积极推动与开展这一思维与方法论。它能协助创业者在 VUCA[①]的世界里, 开创与实现个人的梦想。这一思维与方法论也适用于每个企业及个人所面对的挑战。国内高校在推动创业基础教育时, 目的不应该在于把每位学生都培养成能创办公司的创业者, 而应基于第四类创业教育的思维与方法论, 培养与提升学生面对高度不确定、不可预测、不可知及复杂的环境时, 如何独立地与他人合作并共同提供有效解决方案的能力。在这个过程里, 创业仅是孕育学生能力的工具, 而不是目标。

　　创业基础作为面向全体学生开设的通识必修课, 要以人的全面发展为目标, 以创业精神和创业意识为核心, 以创新、创造、创意能力为基础, 以创业实践活动能力为载体。创业的魅力在于结果的不确定性, 最终的结果和最初的想法总是相差很远。因此, 学习的重点应该放在创业者如何思考和行动上。我们不一定会成为乔布斯、马化腾等专家型的创业者, 但是我们可以学习他们思考问题的方式和解决问题的方法, 创造性地把握机会, 创造价值。

　　创业是一项实践性很强的活动, 不仅要给学生传授创业的相关理论和知识, 还要注重学生创业思维的训练和创业能力的培养。我们根据教育部《普通本科学校创业教育教学基本要求（试行）》（教高厅〔2012〕4 号）, 整合了创业研究领域的最新进展和创业企业的最新实践, 借鉴了多家创业教育机构的研究成果, 引入了效果推理理论、设计思维、精益创业等内容, 构建了本书的知识体系, 主要包括创业基础概述、创业思维、创业者、创业团队、创业机会、问题探索、创意方案、用户测试、商业模式、创业计划书等模块。学生不仅能学到创业的思维与理念, 把握创业的实质, 还能学到相关的流程、方法和工具, 开展创业的实践。学生既可以进行创业实战, 也可以在日常工作、学习和生活中, 像创业者一样思考和行动, 敏锐地发现机会, 创造经济和社会价值, 从而实现个人价值。

---

① VUCA, 即 volatility（易变性）、uncertainty（不确定性）、complexity（复杂性）、ambiguity（模糊性）的缩写。

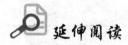 **延伸阅读**

[1] 杰弗里·蒂蒙斯，小斯蒂芬·斯皮内利. 创业学[M]. 周伟民，吕长春，译. 6版. 北京：人民邮电出版社，2005.

[2] 吴晓波. 激荡三十年：中国企业 1978—2008[M]. 北京：中信出版社，2014.

[3] 吴晓波. 激荡十年，水大鱼大：中国企业 2008—2018[M]. 北京：中信出版社，2017.

 **复习思考题**

1. 谈一下你对创业概念的理解。
2. 创业基础主要学习什么？
3. 创业对经济发展的作用主要体现在哪些方面？
4. 我国改革开放后的五次创业浪潮带给你哪些启示？
5. 通过学习创业教育理论的演变，你有哪些收获？
6. 你是如何看待创业基础这门课程的？
7. 你愿意创业吗？你希望从这门课程上学到哪些内容？为什么？

 **案例练习**

创业与脱贫

临沂作为与井冈山、延安等齐名的革命老区，在革命战争年代积极支前，为革命的胜利做出了贡献。历史上，临沂是四塞之固，舟车不通，外货不入，土货不出，人口稠密，资源匮乏，交通闭塞。改革开放前，这里工业落后，三分之二的群众处在贫困线之下，是当时中国最为贫穷落后的地区之一。

1979 年，十一届三中全会之后临沂开始恢复和发展农村集贸市场。1981 年，建成第一家工业品专业零售市场和在临沂市场发展史上具有划时代意义的西郊小商品市场。其后，福建、浙江、江苏等地的商人纷至沓来，市场进入快速发展期。1985 年，开始筹建山东省第一个专业批发市场——临沂纺织品批发市场。在这个阶段，临沂市场建设起步早、发展快、效益高、人气旺，集贸市场建设初具规模。随后，临沂批发市场进入快速发展的阶段，掀起了民间办市场的高潮，各种批发市场雨后春笋般地建了起来，形成了专业批发市场集群，被称为临沂批发城。临沂批发城形成了生活类商品批发、零售的巨大网络，市场能辐射大半个中国，号称"买全国，卖全国"。1995年，在国家统计局对全国市场的综合考评中，临沂批发城获全国百强（第三名）集贸市场证书。"南有义乌，北有临沂"，临沂成为全国知名的商贸名城、物流之都。

　　繁荣的专业批发市场蕴藏着各种各样的创业机会，各类创业者在这里起家。创业者的创业行为促进了专业市场的发展，带动了区域经济的发展，对当地经济发展的作用不可估量。昔日以奉献、荣誉为国人敬仰的沂蒙老区，依靠专业市场的巨大带动力量，已经成为鲁、苏、皖、豫地区重要的人流、物流、资金流和信息流中心以及最大的商品集散地。1995 年，临沂市在全国 18 个重点连片贫困地区中率先实现整体脱贫，成为背着荣誉远行的革命老区勇闯市场的新典范。《人民日报》在头版头条以《临沂依托市场经济走向共同富裕》为题做了专门的报道。

资料来源：王泽远，谢华东. 临沂商城创业发展历程（上卷）[M]. 北京：经济日报出版社，2009：2-10.

　　思考题：
　　1. 到网上查询临沂经济、社会发展的情况，感受创业给地区经济、社会发展带来的好处。
　　2. 临沂依靠市场整体脱贫的故事带给你什么启发？

实践训练

实践训练 1-1　给创业下定义

　　与小组成员分享你身边的创业行为，每位同学根据自己的理解写下描述创业的三个关键词，小组讨论后提炼出描述创业的三个关键词，将其串成一句话来给创业下定义。

实践训练 1-2　创业调查

　　对你认识的大学生做一个创业调查，调查他们对创业的认识，有没有创业的意愿，并分析原因。

实践训练 1-3　数据分析

　　去搜寻最近一个年度的全球创业观察（Global Entrepreneurship Monitor，GEM）的报告，在报告中寻找你感兴趣的内容，并和你身边的同学分享你的感受。

复盘与反思

　　回顾本章内容，请写出：
　　1. 学到了什么（三个最有启发的知识点）。
　　2. 有什么感悟（两个最深的感悟）。
　　3. 计划怎么去行动（一个行动计划）。

第2章 创业思维

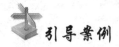

本章学习目标

- ➤ 了解创业思维的含义；
- ➤ 了解管理思维和创业思维的区别；
- ➤ 掌握创业思维的五大原则；
- ➤ 学会运用创业思维。

引导案例

"非典"与淘宝的诞生

2003 年 5 月，阿里巴巴一名员工感染"非典"，导致全公司五百多人在家隔离。那时公司处在高速发展时期，如果要全员隔离，对公司是巨大的灾难。在隔离之前，阿里巴巴做了一系列准备：同事家里都能联网，可以接入公司系统，更改业务工作与汇报流程。于是阿里巴巴开始了全员在家办公。那段时间，阿里巴巴的员工把公司业务电话都转接到家里，员工们自觉地每天 8 点多开始工作，中午吃点饭，1 点多又坐到电脑旁，晚上八九点，大家在网上一起聊天、玩游戏，甚至还举办了几次网络卡拉OK 大赛。最终，阿里巴巴的服务没有一天中断，很多客户甚至都不知道阿里巴巴出现了疫情。

另一方面，"非典"也给阿里巴巴的业务带来了巨额的增长。受"非典"影响，很多外商由于无法来华，选择了在网上交易。结果，阿里巴巴的业务以 50%以上的速度增长。与此同时，阿里巴巴的电子商务模式也迅速在中国和全球为人熟知。此前，阿里巴巴的人去推销业务，要花费很大的工夫介绍公司和解释什么是电子商务。自从"非典"以后，只要说一声阿里巴巴，客户马上就明白他们是干什么的，前期沟通成本大大减少，成交率大幅提升。

"非典"时期，阿里巴巴最大的动作是推出了淘宝。当时，阿里巴巴的业务主要是B to B，没有面向个人的零售。"非典"发生以后，马云敏锐地觉察到网络零售将成为人们的刚需，阿里巴巴有必要推出零售业务。但是他的想法遭到了公司高管们的激烈反对。高管们倒不是不看好中国零售电商的发展，而是觉得阿里巴巴竞争不过当时全球排名第一的电商巨头——eBay。没有人认为中国的公司能在互联网领域打败美国，电商领域也不例外。但是马云坚持不为所动。5 月 10 日，淘宝上线，页面上醒目地写着："纪念在'非典'时期辛勤工作的人们。"

"非典"对阿里巴巴的影响不仅在于加速推进电子商务，更在于让阿里巴巴获得了内部凝聚力，阿里巴巴借此完成了从优秀到卓越的转变。为了纪念"非典"时期公司的不屈奋斗，马云把 5 月 10 日定为"阿里日"，他写道："但凡一个个人乃至一个公司，要成就其非凡的伟大，必经受并战胜非常的困难和挑战。"

与很多人说"'非典'既是挑战又是机遇"不同，马云有更高明的阐述。他说："'非典'时期，谁都不应该想到这是一个机会，而应该想到，大家碰到什么麻烦，我们能够怎么帮助到大家。"

资料来源：何加盐. 17 年前阿里全员隔离，马云是怎么熬过"非典"的[EB/OL].（2020-01-30）[2020-02-08]. http://finance.sina.com.cn/chanjing/gsnews/2020-01-30/doc-iimxxste7712410.shtml.

当年"非典"疫情使处于初创期的阿里巴巴和京东同时面临生死抉择，面对困境，他们迎难而上，大胆拥抱不确定性，将意外转变为机会，为企业找到了更大的发展空间。成功的创业者针对同一问题所采取的行动方案有时也大相径庭，这使得潜在的创业者非常困惑，搞不清楚到底什么样的行动更可取。研究者们经过长期研究发现：尽管成功创业者的行动存在差异，但在思维方式上却具有显著的一致性，这是一种截然不同于一般管理思维的思维方式。创业思维是面对不确定的未来时应采取的方法，行动胜于一切。

2.1　不确定性与创业思维

2.1.1　创业活动的特殊性

创业包含两个词语属性：一个是动词；一个是名词。作为动词的创业是指创业的活动，创业者及其团队为创建新企业或新事业而采取的行动；作为名词的创业是指创业精神，也被称为企业家精神，是创业者及其团队在创业活动中所表现出来的抱负、执着、坚韧不拔、创新等品质以及一些相对独特的技能。

创业活动是一种普遍存在的社会现象，也是一种商业活动，不过和一般的商业活动相比，创业具有较强的特殊性。

1. 创业者在高度的资源约束下开展创业活动

创业经常是变不可能为可能，大家都认为不可能，自然也就不愿意提供资源给创业者，因此个人和单一的组织所拥有的资源总是有限的，创业者在创业初期所能筹措到的资源也是有限的，不得不白手起家。在改革开放初期，创业活动活跃的地区往往不是资源丰富、交通便捷的地区，比如浙江温州，资源贫瘠、交通不便。穷则思变，资源的约束激励了创业者去以全新甚至激进的方式去思考问题。创业者为了摆脱资源约束的困境，积极寻求资源获取渠道和整合手段的创新，探索出创造性整合资源的新机制，去创新和创造。资源的约束也是相对的，即便看上去拥有很多资源，但是与创业者的计划相比，资源也是相对贫乏的。创业者经常从手头拥有的资源出发去开展创业活动。如果一个人拥有丰富的资源，反而不一定成功。著名的创业者尼尔斯·邦杰甚至说："过多的资金是一剂毒药。"

Webvan 与亚马逊的生鲜创业

　　Webvan 成立于 1996 年 12 月，是美国一家概念非常超前的生鲜电商公司。当时它就拥有非常超前的商业模型：线上负责订单、线下负责仓储和配送，可以将 300 种蔬菜、350 种奶酪和 70 种葡萄酒直接配送至用户家中。成立 2 个月之后，Webvan 就获得了风险投资投入的第一笔钱。1999 年 8 月份的 IPO，这家公司备受追捧，在最高点时市值达到了 80 亿美元。这家公司第一季度的大仓产能利用率低于 20%，第二季度低于 25%，第三季度全力开工，产能利用率还是低于 30%，Webvan 每天都巨额亏损。在巨额资本不断涌入的情况下，Webvan 迅速将旧金山的大仓模式在全美 26 个城市复制。在苦撑 2 年后公司不得不宣告破产，烧掉了投资人的 12 亿美元，平均一个订单亏损 130 美元。7 年后，亚马逊进入在线生鲜行业。它吸取了 Webvan 的教训，没有投入大量的资源进行盲目地扩张，先从西雅图的几个高端小区开始，一步步地扩张，最终取得成功。

　　资料来源：龚焱. 精益创业方法论：新创企业的成长模式[M]. 北京：机械工业出版社，2015：24-42.

2. 创业活动面对着高度不确定的环境

　　创业最突出的特点是高度的不确定性。传统的企业可以基于长期的、稳定的运营历史和相对静止的环境进行计划和预测，而新创企业却不具备这些条件。对初创企业而言，未来很多情形都不可知，即使有过创业经历的创业者，也不可能直接将过往的经验简单复制到新的环境之中。新创企业面临颠覆性、创造性和混乱的状况难以计划和预测；传统企业所面临的环境也是不确定的，但由于它拥有相对稳定的客户群体、成熟的商业模式，因此它应对不确定性的能力会更强。新创企业自身规模小，拥有的资源和客户有限，尤其当很多创业活动在挑战现行的经营模式、开展突破性创新、开拓全新市场时，新创企业面临的不确定性更强。

　　著名管理学家彼得·德鲁克强调企业存在的唯一目的就是"创造顾客"。新创企业在开辟新的市场或者挑战原有市场的企业时，只有借助向顾客提供利益来创造价值，并获得竞争优势。面对充满不确定性的市场，谁是顾客、顾客认为什么有价值等都是未知数，而且顾客对自己需要什么也不是很清晰。市场充满模糊性，且快速变化。今天并不是昨天的延续，昨天成功的经验放到今天可能已不再适用。创业活动的结果充满不确定性。创业决策时无法按照传统的管理思维做出科学的决策。

　　不确定性是客观存在的，有时也和创业者的主观认识有关。在同样的市场环境中，有经验的创业者会认为市场是相对稳定的，能从容应对；而刚进入市场的创业者，可能会觉得市场变化莫测，无所适从。面对充满不确定性的创业环境，有经验的创业者通常会积极地去应对风险而不是回避它，他们会利用这些意外事件，快速行动，加紧学习、生成团队和联盟，将不确定性转化为积极的机会。大公司通常会考虑5年甚至5年以上的长期目标，而创业者在充满不确定性的环境中，考虑1年的目标可能就是很大的战略了。

2.1.2　风险与不确定性

创业的过程充满不确定性。风险和不确定性有什么样的区别呢？我们可以通过一个例子来了解风险和不确定性，并学会如何看待它们。

1961 年，艾斯伯格做了一个实验。他将三个装着球的瓶子摆放在实验者面前。对于第一个瓶子，实验者知道红球和绿球各装一半；对于第二个瓶子，实验者只知道装有球，红球的数量是未知的；而对于第三个瓶子，实验者连装着什么都不知道。如果实验者挑出一个红球，他就赢了，那么实验者将如何选择呢？

在实验中，艾斯伯格发现大部分人都选择了红绿球各占一半的瓶子，而不是选择装了什么都不知道的第三个瓶子。对一般人来讲这很正常。创业者会选择哪个瓶子呢？研究者认为创业者是冒险家，于是推测创业者会选择概率分布未知的第二个瓶子。但是，奈特认为创业者是在不确定的情况下创业的人，他们会选择第三个瓶子。创业中涉及的问题很多，而且每个问题还可能变化无穷，这导致预测问题变得不可能。奈特认为创业者的利润源于他们对不确定性的管理。如果你能理解创业者选择了第三个瓶子（不确定的），就会很容易理解他们在创业时为什么会采用一系列完全不同的规则来学习如何进行决策。

我们看一下上述三种不同的情况所对应的现实商业情境。第一个瓶子所代表的商业情境很少出现，因为没有任何事情是绝对可知的。在传统学者眼中，第二个瓶子和大多数的商业情境一样，存在风险。商学院里教的预测分析工具可以用来有效地确定第二个瓶子中红、绿球的分布形态。对于第三个瓶子，里面有多少红球或绿球，到底有没有红球和绿球，其结果无法由预测的事件组成，完全未知且不确定，它和创业面临的商业环境是相同的。

可以用预测、风险、不确定性三个词用来界定三个瓶子所代表的问题类型。预测、风险和不确定性之间的区别如表 2-1 所示。如果用一张地图来形容这三种状态，那么预测相当于一张静态的地图，风险相当于一张动态的地图，不确定性则是一张空白的地图。因为概念不同，处理问题的方式也不同，正确理解这三个概念的差异就显得非常重要。当未来可以预测时（知道瓶子里红、绿球的分布），我们可以用已有的知识来预测未来可能发生的情况。当未来充满风险时（瓶子里红、绿球的分布未知），我们仍然可以运用现有知识及对未来的直觉进行判断，但是要摸着石头过河，学习新的模式并找到各种可能适用于新模式的方式，同时，也要尽可能地为自己留条退路。

表 2-1　预测、风险和不确定性之间的区别

类　型	预测（已知的）	风险（未知的）	不确定性（不可知的）
关键因素	数据、经验	方差和可能性	专业知识、影响力和控制
前进方式	提炼以前的努力，力争制订完美的商业计划	稳定性，预案——基于情境的计划	共同创造，可承担的损失
意外情况应对	质量检查（一定是自己的错）	预测风暴，努力按原计划进行	拥抱意外事件并重新思考；它提供了新的机会
成功标准	对比现实状况和计划，执行	对比现实状况和计划，接近愿景，把风险控制在一定范围内	看重新奇和原创；我们是否在别的地方更有潜力

资料来源：斯图尔特·瑞德，萨阿斯·萨阿斯瓦斯，尼克·德鲁，等. 卓有成效的创业[M]. 新华都商学院，译. 北京：北京师范大学出版社，2015：41.

　　创业者面对的是不确定性，而非风险。萨阿斯·萨阿斯瓦斯（Saras Sarasvathy）的研究发现，创业专家、新手和经验丰富的经理们的最大区别在于制定决策的基础。创业新手和经验丰富的经理们非常喜欢去预测，而创业专家不会尝试去预测。他们会想出一套可行的、甚至制胜的策略，来应对不确定性。创业家们要么从第三个瓶子中所获得的最初的稍许经验出发，忽略瓶子里剩下的东西，或者向瓶子里增加红球，以增加赢的可能，或者在已有资源的基础上，重建这个瓶子，并说服其他人一起来玩一个不同的游戏。有经验的创业专家有一套办法让他们能在一个无法预测的环境中进行决策，我们把这一决策行为的专家模式称为效果推理（effectuation）。

2.1.3　创业思维与效果逻辑

　　因为创业活动有其特殊性，并面临充满不确定性的环境，主流的管理研究和创业研究所秉持的经济学、社会学基础假设不能完全适用它。这就要求创业研究针对创业活动的特殊性提出新的研究视角和解释逻辑，以此来揭示创业者思考和行动背后的思维逻辑。

　　效果推理理论是创业研究领域基础性的重要理论突破。效果推理理论源于萨阿斯·萨阿斯瓦斯教授对创业专家（entrepreneurial expert）[①]的观察和研究。萨阿斯瓦斯师从著名的诺贝尔经济学奖得主赫伯特·西蒙，于 1998 年获得博士学位。他历经 4 年时间，从 1960—1985 年美国最成功的 100 个创业者名单以及 1960—1996 年美国国家年度创业者名单中选取了跨行业、跨国家、跨年代的 45 位创业专家作为研究对象，采用口头报告分析法分别对这些创业专家进行深度访谈和实验。

　　对收集到的数据进行分析后，萨阿斯瓦斯发现这些创业专家的一些行为和逻辑与教科书中的标准模式有所不同。此外，虽然创业专家创立的企业绩效不一定比新手创业更好，甚至有时也不一定成功，但他们总能迅速抓住机会，从手边最容易得到的资

---

① 也有学者将其翻译为专家创业者，指那些花费至少 10 年时间专职于创业，并创建了一家或多家上市公司的创业者（可以是个人，也可以是团队或者团队成员）。

源开始，在没有详细计划的情形下展开行动。萨阿斯瓦斯在上述研究的基础上完成了博士论文，于 2001 年在《美国管理学会评论》（AMR）杂志上发表了《目标导向与行动导向：从经济学理论的必然性到创业活动理论的权变性》一文，这标志着效果推理理论正式产生。

在上述的观察与研究中，萨阿斯瓦斯总结出有助于创业专家取得成功的因素，并根据这些因素构建了效果推理逻辑决策的理论框架，然后用一种内在的逻辑把它们连在一起，我们称为创业思维。萨阿斯瓦斯的主要研究发现如下。

（1）创业者决策基于手段驱动，而不是目标导向。

（2）评估机会时，依据"可承受的损失"，而不是预期收益。

（3）创业者不会回避意外，而是设法利用意外。

（4）成功的创业者会召集一些愿意加入自己团队的人。

萨阿斯瓦斯在此基础上提炼出了基于效果逻辑的五项行动原则：手中鸟原则、可承受损失原则、柠檬原则、疯狂被子原则和飞行员原则。其背后的逻辑被称为效果（推理）逻辑，也被称为非预测逻辑，它极度依靠利益相关者，并且是手段导向的。

创业经常面临高度不确定性的情境，如新兴行业中的创业企业可能连市场在哪里都不知道。创业思维是一种先行动，后计划（从拥有的资源出发，在行动中学习和创造）的思维方式。在创业的情境中，创业者只能利用创业思维采取快速行动来探知现实情况，然后观察并分析他们行动的结果。学习创业，不代表一定要去开公司，但在不确定的时代一定要理解创业活动背后的逻辑，把创业精神和技能运用到自己的工作中，形成自己的创业思维。

2.2　创业思维与管理思维的区别

2.2.1　管理思维与因果逻辑

传统的管理理论产生于稳定的市场环境，认为未来是可以被预测的，过去的经验、模式、方法能帮助解决未来的问题。传统的管理理论遵循经典经济学和社会学的基础假设，符合因果理性。如果管理者在某种程度上能够预测未来，就能够在此基础上开发出一系列的模型和工具用于决策。随着竞争环境的快速变化，具有创业导向的公司更容易获得成长。管理者通过开发新的产品、进入新的细分市场、从事多元化经营等方式实现公司的成长。虽然战略管理也开始关注变化的市场，关注竞争的动态性和互动性，强调战略柔性、速度和创新，但其基本逻辑依然是遵循因果理性：企业的决策和行动建立在公司目标以及预测的基础上。此时，企业的目标是明确的，管理者只需要从几种可能的方法中选出最优的一种，使企业获得最大利益即可。我们把这种思维称为管理思维，它背后的逻辑是因果逻辑。

因为强调必须依靠精确的预测和清晰的目标来进行决策，因果逻辑也被称为预测逻辑。传统管理学教材一直强调因果逻辑，它认为创业者要先有明确的目标，按照计划—组织—领导—控制的逻辑开展工作。

2.2.2 效果逻辑与因果逻辑

与因果逻辑相对的是效果逻辑。因果逻辑和效果逻辑都要求创业者理解基本的商业技能，如合理的会计实践、企业运营环境的合法性问题以及财务和人员管理的日常机制。同时，两者还都要求创业团队按照其向新创企业做出的承诺有效地执行。

不论是在学术界还是实践领域，人们都习惯于运用传统的、适用于大型制造企业的管理模式分析、指导中小企业和新创企业的经营管理实践。绝大部分教材都建议人们采用因果逻辑开展创业活动：首先要开展市场研究和竞争分析，找到目标细分市场；然后制定营销战略，制定财务规划；最终撰写商业计划，整合资源，组建团队并创建新企业。而效果逻辑支持的做法则是：首先从你是谁、你知道什么以及你认识谁开始，尽可能利用手头拥有的少量资源开始做可以做的事情；然后要与大量潜在利益相关者进行沟通并谈判实际的投入，根据实际投入重塑创业的具体目标；重复上述过程，直到利益相关者和资源投入链条收敛到一个可行的新创企业为止。因果逻辑和效果逻辑主要驱动力比较如表 2-2 所示。

表 2-2 创业活动的两种逻辑

类　　别	因果逻辑	效果逻辑
对未来的认识	**预测**：把未来看成过去的延续，可以进行有效的预测	**创造**：未来是人们主动行动的某种偶然结果，预测不重要，人们要做的是如何去创造未来
行为的原因	**应该**：以利益最大化为标准，通过分析决定应该做什么	**能够**：做你能够做的，而不是根据预测的结果去做你应该做的
采取行动的出发点	**目标**：从总目标开始，总目标决定了子目标，子目标决定了要采取哪些行动	**手段**：从现有手段开始，设想能够利用这些手段采取什么行动，实现什么目标；这些子目标最终结合起来构成总目标
行动路径的选择	**既定承诺**：根据对既定目标的承诺来选择行动的路径	**偶然性**：选择现在的路径是为了使以后能出现更多更好的途径，因此路径可能随时变换
对风险的态度	**预期的回报**：更关心预期回报的大小，寻求能使利益最大化的机会，而不是降低风险	**可承受的损失**：在可承受的范围内采取行动，不去冒超出自己承受能力的风险
对其他公司的态度	**竞争**：强调竞争关系，根据需要对顾客和供应商承担有限的责任	**伙伴**：强调合作，与顾客、供应商甚至潜在的竞争者共同创造未来的市场

资料来源：READ S, SARASVATHY S. Knowing what to do and doing what you know: effectuation as a form of entrepreneurial expertise[J]. Journal of Private Equity, 2005, 9(1): 45-62.

2.2.3 创业思维与管理思维的区别

创业者和管理者最重要的区别在于：创业者从事开拓性的工作，通过他们的创业活动，实现了从 0 到 1 的变化；管理者在成熟企业从事相对稳定的经营性活动，将 1 变成 10，将 10 变成 100。创业者发现机会，创造新事物，而管理者在维持现状的基础上，进行复制和优化，保持事物的持续和演进。创业者和管理者的思维方式也是不同的，前者是创业思维，而后者是管理思维。创业思维是指利用不确定的环境，创造商机的思考方式；而管理思维则更强调在相对稳定的环境中进行复制和优化。

管理思维倾向于预测。即使管理者认为自己有能力影响事态发展，但如果觉得还没完全拥有实现目标所需的手段或者资源，他们就不会采取行动。在"要是……就好了"的思想影响下，他们会想：要是我有足够的钱就好了，要是我能掌握某些技术就好了，等等。他们容易坐等，直到资源都满足才行动。创业思维倾向于从手中拥有的资源出发，寻求利益相关者形成团队，采取行动。两种方式最终都会采取行动，如果采用管理思维，有可能得到预测的结果；然而，如果采用效果推理，则更可能取得意外收获。

由图 2-1 可以看出，基于预测的管理思维根据制定的目标采取行动；基于效果的创业思维首先考虑的是目前拥有的资源和能力能够达到的目标，然后开始行动。创业思维在行动过程中随着创业者能力和掌握资源的变化，不断的调整目标，这种思维方式具有灵活、多变、可实现的特点。基于效果的创业思维最终实现的目标可能会与最初设定的目标相差较大。

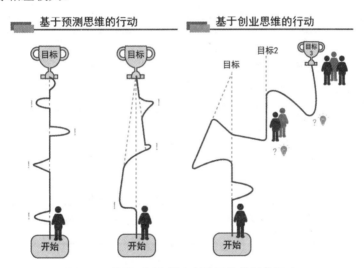

图 2-1　基于预测思维和创业思维的创业行动

资料来源：孙洪义. 创新创业基础[M]. 北京：机械工业出版社，2016：18.

基于两种不同思维的行动带来的最终效果也不一样，如图 2-2 所示。基于预测思维的行动，最初的目标是设定好的，所有的行动都是为了这个目标服务的，一旦目标在实现过程中出现障碍，原本的目标就很难达成，行动就失败了。

但是基于效果的创业思维行动，在行动初始阶段是没有目标的。创业者根据自身能力和资源不断调整目标，在行动过程中一旦遇到障碍，可以快速调整，绕过障碍继续前进，不断完善和提高自己的目标，在自身能力和资源允许的状态下努力达到最好的创业结果。

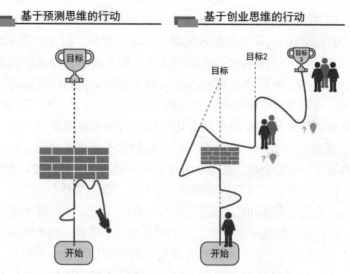

图 2-2　基于预测思维和创业思维的创业行动效果

资料来源：孙洪义. 创新创业基础[M]. 北京：机械工业出版社，2016：19.

创业思维与管理思维的区别如表 2-3 所示。

表 2-3　创业思维与管理思维的区别

指　标	创业思维（创造未来）	管理思维（预测未来）
前提	只有某些资源是给定的	目标是事先设定的
未知的本质	专注于不确定未来环境中可控制的一面	专注于不确定未来环境中可预测的一面
决策标准	从现有资源出发，设想能够利用这些资源达成什么样的目标；在可承受范围内采取行动，不冒超过自己承受能力的风险	根据给定的目标与资源采取行动；资源的选择由预期回报确定
经营环境	在动态的、非线性的、不断演化的环境中更加适用	在稳定的、线性的、独立的环境中更加适用
过程视角	从 0 到 1	从 1 到 N
资源视角	从拥有的资源开始行动（不等）	直到拥有资源才开始行动（坐等）
结果视角	创造多种可能性	复制或优化

2.3　创业思维（效果推理）的五大原则

2.3.1　手中鸟原则：从拥有的资源①出发

手中鸟原则是创业思维（效果推理）的第一个原则，它强调从创业者拥有的资源出发。西方有一句谚语：一鸟在手胜过两鸟在林。它告诉我们一个道理：不要盲目追求你没有的资源，要专心于你所拥有的资源，自己能控制的资源才是真正的资源。人

---

① 萨阿斯使用的是 means，不同的学者有不同的翻译，我们根据使用的场景不同，分别把它译作资源、工具或手段。

们在进行创业时往往过于关注是否能够取得成功，而忽略了使用拥有的资源来完成其他事情的能力。采用因果逻辑的创业者由目标出发，与此相反，创业专家采用效果推理的逻辑：从如何高效利用自己拥有的手段开始。从利用"手段"开始，可以帮助你学会利用手中已有的资源（甚至包括你并没有意识到的闲置资源）。

创业者可利用的手段包括三种：我是谁，我知道什么，我认识谁。"我是谁"是指创业者拥有的在创业时可以利用的特质、能力和爱好；"我知道什么"包括创业者的教育背景、培训经历、经验和专业知识；"我认识谁"是指创业者的社会人际网络，在他的个人、社会及专业网络中，哪些人可以来帮助你把创意付诸行动。一个人的资源总和（即我所拥有的一切）等于上述三种方式的综合。

因果逻辑是目标驱动的，它的目标已经确定。不管这些目标是强制性的还是自愿的，目标都是在做出决策之前就已经确定的。于是，决策就变成了：需要什么样的资源或手段去逐步达成目标？通常，这个问题会变成如何建立一种愿景，吸引利益相关者加入进来，以达到获取资源的目的。资源的累积成为企业建立的主导目标，股东们更多地被视作资源供应者。管理者倾向于等所有的资源都准备好后再开始按计划行动。

一直以来，人们错误地认为创业者都是典型的目标驱动者。不是说采用效果推理的创业者就没有目标，他们的目标通常以层级关系的形式存在，级别不同目标不同。级别较高的目标不会告诉你创业的第一步应该做什么。选定一个特定的具体目标，会把你的创业行为限制在寻求目前实现这个目标所缺少的资源上，不能马上行动，甚至会错失商机。在事态严重的紧急关头，需要根据所拥有的手段还是根据某些较低级别的目标进行决策？有经验的创业老手更倾向于采取手段驱动的方式，从手头拥有的资源出发，改变目标以追求最优效果。对于创业者而言，基于效果推理的手段驱动往往是最有效的方法：根据实际拥有的、可利用的所有手段进行创业。这样，你立刻就可以开始创业行动，在行动中获得新的知识，同时又不会放弃更高目标和长期目标。

因果推理与效果推理的对比如图 2-3 所示。

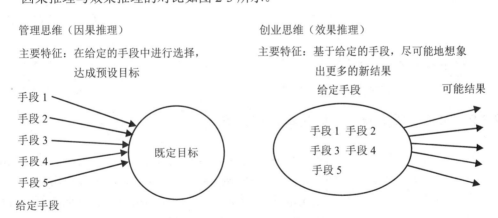

图 2-3　因果推理 VS 效果推理

资料来源：斯图尔特·瑞德，萨阿斯·萨阿斯瓦斯，尼克·德鲁，等. 卓有成效的创业[M]. 新华都商学院，译. 北京：北京师范大学出版社，2015：117.

从拥有的资源出发开展创业活动具有以下优势。

（1）不必急于寻求投资者。

（2）不必等待最佳机遇或最佳资源。

（3）利用自己的长处，而不必以克服自身短处为前提。

（4）优秀的利益相关者希望能塑造目标，而并不仅限于提供资源。

（5）自愿与你合作的利益相关者会越来越多。

（6）创新的可能性会大大提升。

（7）寻找到或创造出适合自身的良机的可能性增加。

（8）从失败中吸取经验的可能性大大增加，遭遇失败时能够更迅速地恢复，在下一次尝试时将先前学到的教训作为可依靠的经验。

（9）会强迫创业者创造性地利用贫乏的资源，包括闲置资源，甚至是废弃的"垃圾"。

> ### 三张充气床垫起家的爱彼迎
>
> 切斯基和基比亚在创业初期连房租都付不起，两个人不得不合租。2008 年，美国工业设计师协会在旧金山召开会议。由于参会者众多，酒店客满。切斯基突发奇想，如果能给前来参会的设计师提供床位住宿和早餐，一定能大赚一笔。他兴奋地将想法告诉室友基比亚。基比亚也觉得这是一个不错的主意，因为他们急需一些零花钱来维持日常生活。
>
> 可是，在他们租来的房屋里，连一件像样的家具都没有，也没有空置的床位。切斯基想起来衣橱里还有三张充气床垫。他们决定出租床垫。切斯基在最短的时间内将出租充气床垫的信息发布在网上。虽然环境简陋，但由于酒店爆满，很快就有三个人前来入住。人数虽少，但切斯基他们还是非常高兴，至少他们通过这种方式赚到了交房租的钱。
>
> 如今，切斯基与其朋友创办的爱彼迎（Airbnb）网站在经历了 10 年的"蜕变"后，已从最初的 3 张床垫和 3 个租客成长为市值超过 300 亿美元的短期租赁互联网巨头。
>
> 资料来源：王维. 硅谷创业思维：创新创业的 22 个实战标杆[M]. 北京：人民邮电出版社，2016：87-88.

2.3.2 可承受损失原则：低成本，小失败

创业思维（效果推理）的第二个原则是可承受损失原则。可承受的损失是指当准备进行一个需要投入大量时间、资金或其他资产的创业行动时，你需要思考自己将要承担的风险的潜在负面结果。动用的投入必须小于当行动的结果未达到期望值时可承受的损失。创业过程中充满风险，但创业专家们并不是冒险家，他们拥有绝佳的方法来控制创业的潜在损失。他们不喜欢风险，只是接受风险，并且通过行动努力把风险降到最低。成功的连续创业家们面对充满不确定性的创业机会时，遵守这样的风险管理原则：① 不要下超过你预期回报的赌注；② 不要下超过你可承受的损失的赌注。他们在创业之初，就知道自己准备承受多大的损失，想尽一切办法来确保自己不会超

过那个损失。

　　预测思维在未来可预测时是一种十分有效的方法。在可预测的情境中，可以估算创业的预期收益，并采取行动。但在充满不确定性的创业过程中，预测变得毫无用武之地。情境越是不确定，应用数学方法就越不明智，对未知情境进行精确预测几乎没有什么价值。对于充满不确定性的创业而言，收益是无法被精确地预测的，但创业者却很容易评估出失败后可能的损失是多少。老到的创业专家不会根据预期收益采取行动，而是通过计算可承受损失的方法来决定是否进行这个创业项目。

　　创业者在采取创业行动前先评估自己可承受的损失以及愿意承担的损失有多大，然后再决定投入相应的资源，通过创造性的前进来增加收益。可承受的损失是基于创业者已知和能够控制的情况。在采取每步行动之前，创业者只付出自己能够承担并且愿意负担的投入。在考虑投入时，创业者会综合权衡金钱、时间、心理成本、机会成本等各种成本。

　　信奉效果推理理论的创业者在创业之初根据自己内心的愿望采取行动。愿望是他内心想要做的事情，他渴望成功，但也明确自己可承受的损失。在评估身边的资源和可承受的损失之后，他会马上开始行动。可承受的损失因人而异，也与创业者所处的年龄段息息相关。如果创意对你来说很重要，你有强烈的愿望去实现它，或许只要不亏钱你就可以接受，甚至愿意承受一些损失。所以，"可承受的损失"一词指的是"不要让损失超出你能接受的范围"，它取决于你用来计算的方法。

　　人们在进行经济价值评价时，内心有两个账户：经济学账户和心理账户。在经济学账户里，每一元钱都是相同的，每一元钱都是可以替代的；在心理账户里，并不是对每一元钱都一视同仁，而是视来处和去处的不同而采取不同的态度。心理账户影响我们对可承受损失的评价。

心理账户：音乐会门票的故事

　　如果你打算今晚去听一场音乐会，票价是 200 元。在你要出门时，突然发现价值 200 元的电话卡丢了。你是否还会去听这场音乐会？实验表明，大部分回答者仍旧去听。如果情况变一下，假设你已经花了 200 元买了音乐会的门票。在你要出发时，发现门票丢了。如果想听音乐会，就必须再花 200 元买门票，这时你还会去听音乐会吗？实验结果显示，大部分人回答不去了。

　　为什么上面这两个回答完全不同？电话卡和音乐会门票价值一样，都是丢失了价值 200 元的东西，从损失的金钱（经济账户）上看，并没有区别。之所以出现上面两种不同的结果，就是大多数人的心理账户问题。人们在脑海中，把电话卡和音乐会门票归到了不同的账户，丢失了电话卡不会影响音乐会所在账户的预算和支出，大部分人仍旧选择去听音乐会。但是丢了的音乐会门票和后来需要再买的门票都被归入了同一个账户，所以看上去就好像要花 400 元听一场音乐会。人们就觉得这样不划算了。

　　资料来源：薛梅. 解码心理账户[N]. 中国保险报，2019-08-01（5）.

在评估可承受的损失时，很多创业者会使用"心理账户"对各种资源进行分类。例如，人们对时间和金钱的解读不同，有些创业者喜欢尽量多付出时间，而不是投入更多的资金。同样，对于有些资源是不可以用来冒险的，心理账户会将它们排除在风险之外，把它们看作风险的"禁区"。

对于心理账户的内容，每个人的理解有所不同。在创业时创业者要了解能承受什么损失，就必须知道你有什么资源，知道哪些资源是可以用来冒险的，哪些是不可以用来冒险的，对自己能承受的损失有一个清醒的认识。一个理性的创业者是不会拿对自己真正重要的东西去冒险的。

创业者需要考虑的几种心理账户

时间。人们为创业投入的时间通常被认为是"汗水资本"，绝大多数创业者为创业辛苦工作。这对他们来说合乎情理，因为时间是不同于金钱的另外一种"货币"。在创业中，损失时间比损失金钱更能让人接受。

意外之财。在弗里德·史密斯计划创业时，他的父亲去世了，他的创业资金就来自他继承的 800 万美元的遗产。史密斯的可承受损失由于遗产的出现而瞬间发生很大改变。人们将遗产和自己赚来的钱放入了不同的心理账户，因此在使用这两种钱创业时，对风险的感觉也有所不同。意外之财还包括彩票中奖和股票价格的大幅上涨。

长期积蓄。一些研究表明，多数人的经验法则都是预支或者花掉他们心理账户中自己生活的其他方面的资源，例如，为自己退休或者为家属（孩子和父母）攒的钱。

家庭住宅/房屋净值。用房屋抵押贷款创业的大有人在，但也有很多人不愿意用自己的房子冒险。这说明，在不同的国家，人们将房子放在了不同的心理账户。

信用卡账户。有好几个创业者用信用卡创业的著名例子。美国电子数据系统公司（EDS）就是由罗斯·佩罗利用信用卡创办的。有证据表明，人们对于信用卡消费和其他消费的心理账户是不同的，因为使用信用卡时开销和支付的联系没有那么明显。

向亲友借钱。在家族企业中，亲戚的钱被称为"耐心资本"。这些资金似乎比那些严格要求还款日期的资金更能用得起、输得起。

资料来源：斯图尔特·瑞德，萨阿斯·萨阿斯瓦斯，尼克·德鲁，等. 卓有成效的创业[M]. 新华都商学院，译. 北京：北京师范大学出版社，2015：159-161.

决定了能够承担的损失之后，就要考虑你愿意为创业承受什么样的损失。这主要取决于你的创业动机及其强烈程度，它决定了你愿意损失的程度。此外，你设定的心理门槛的高低决定了你的接受程度。无论创业损失低于还是高于这个预设门槛，都会对你的行动产生决定性的影响。最后，创业者还要问一下自己："是不是就算投资尽失我也要创业？"

不管创业者的创业动机是不是主要在于金钱，用可承受损失的方法做出决定能从以下几方面坚定你的创业信心。

（1）财务风险是不可避免的，但利用可承受损失的方法能够降低这一风险，将创业成本最小化可以减少你的创业障碍。

（2）可承受损失原则能够让你将精力集中于你能掌控的事情（潜在风险）上，即便最终的结果在意料之外也能继续下去，这会增加你的创业信心。

（3）可承受损失原则明确了公司的潜在收益主要取决于你和其他利益相关者的行动，这就提升了你对公司的可控性，从而更加吸引你创业。

（4）可承受损失原则能够让你选择一个对你来说不仅仅是经济上受益的创业。把财务之外的因素考虑进去，能够做出更加现实的决定，也符合多数人做重大决定的方式。

总之，用可承受的损失原则考虑问题能让你找到更多支持创业的理由，也更难找到让你放弃的理由。

2.3.3　柠檬原则：大胆拥抱不确定性

创业思维（效果推理）的第三个原则是柠檬原则。西方有一句谚语："如果上帝给了你柠檬，就把它榨成柠檬汁吧。"这就要求创业者以积极的心态主动接纳和巧妙利用各种意外事件和偶发事件，而不是消极地规避或应付。创业过程充满了不确定性，意外事件是不可避免的，创业者要用积极的心态看待意外事件，把意外事件转化成新的机会。乐观主义者与悲观主义者从不同的视角看世界，乐观主义者发明了飞机，悲观主义者发明了降落伞。丘吉尔曾经说过："悲观主义者在每个机会中看到困难，而乐观主义者在每个困难中发现机会。"意外事件即使是消极的，创业者也能够以积极的方式充分加以利用。这个观点在我们的工作与生活之中同样适用。

在创业过程中，创业者采取的行动很可能不会带来所期望的结果。很多时候，意外同时意味着新的机会。与其将意外事件看成是一个难题，不如将它看成是创业的资源。创业者在创业之初拥有一些基础性资源，而另一些资源则是在创业过程中逐渐获得的，还有一些资源只有当创业者开始创业之后，才可能明白。对经验丰富的创业专家而言，意外事件的出现并不意味着对情形失去了控制，他们将意外事件当作创建新企业的基础材料加以利用。他们将意外事件当作一种机会，控制正在出现的新状况。

柠檬原则是创业家必须具备的一项技能。创业专家没有把意外事件看作新企业的成本、代价，相反，认为它是一种资源。这种资源在创业者手中能化腐朽为神奇。意外事件可能或多或少，或好或坏，或来之匆忙，或姗姗来迟。然而，不论它们以何种方式出现、何时出现，以及以多么频繁的方式出现，都能够被当作新企业的输入资源而使用。尽管创业者不能够预测意外事件，也不能设计意外事件，但是，他们能够尝试利用它们。

总体上说，意外事件是非必然的事件，可能发生也可能不发生，仅仅被看作是一种可能性。它们的发生并没有逻辑上的必然性，而是纯属巧合，或者说，它们属于随机事件，是没有特殊原因而发生的事件，又或者说是偶然事件。意外事件会以各式各样的形式出现，具体来讲可分为以下三类。

（1）未预料的会面。意外事件的第一类是偶然与他人的会面。20世纪30年代初，IBM设计出了银行专用的电动机械记账机。当时正处在经济大萧条时期，银行不想添置任何新设备，IBM面临着生存危机。IBM的创始人老托马斯·沃森参了一个晚宴，"碰巧"坐在一位女士的旁边。这位女士是纽约公共图书馆馆长。正是这次偶遇使IBM进入了拥有数目相当可观的政府拨款图书馆市场，并促使IBM立即做出反应，调整产品设计方向，最终在很短的时间占据了计算机市场领导者地位。

（2）未预料的事件。未预料的事件往往会给企业带来意外的冲击。2003年"非典"期间，阿里巴巴由于一名员工参加广交会而感染非典，公司500多名员工需要居家隔离。面对突如其来的大变故，阿里巴巴没有放弃，而是让员工在家办公，公司业务不仅没有减少，反而大幅度的增加。在疫情中，阿里巴巴看到了个人消费者网上购物的潜力，推出了淘宝，掀开了中国互联网电子商务的新篇章。同样是面对"非典"疫情，刘强东也将业务转移到网上，开始了京东的电子商务业务。

（3）未预料的信息。意外事件的第三类是未预料的新信息。新信息可能会以不同的方式呈现，会产生不同的效果。20世纪60年代，当本田汽车公司刚进入美国摩托车市场时，他们认为应该向美国消费者销售大型摩托车。但不幸的是，一直未能打开美国市场。本田公司的销售人员骑着机动脚踏车在洛杉矶穿梭时，被西尔斯百货的销售代表看见了。那个销售代表打电话给本田公司，希望在美国销售机动脚踏车。本田公司利用了这个偶然得来的信息，为公司赢得了一个举足轻重的机遇。

意外事件通常会改变创业者的创业手段（自我、所知及社会关系）：遇到一些新的人会改变你的"社会关系"，新的事件或信息会改变你的"所知"或"自我"。事实上，每个人都能被看作是由众多意外事件塑造而成的，最终，这些点滴的意外事件塑造了我们的个性、知识结构及人际关系网。当意外事件发生时，创业者会考虑如何改变他们的创业手段，充分利用好意外事件。人们常常习惯于所处的环境，在这个舒适区里，一切都习以为常，很难发现机会。当我们感觉有些现象不同于之前、有些人与众不同、所处环境不再舒服时，其实就是新的机会出现的时候。创业者能够利用好这些意外事件，而普通人往往不能。

创业者如何利用意外事件是创业行为的核心。创业者很擅长抓住意外事件所呈现的令人惊讶之处，并且想出策略，创造性地利用它们，最终创造出新的奇迹。因此，意外事件不仅是企业创新的机遇，同时还需要对其有所创新。创业者要想出尽可能多的方案去应对遇到的意外事件，以创新的方式改变问题描述和界定的方式。对于创业者来说，典型的方法是改变意外事件呈现的方式，不把意外事件看成是问题，而是换个角度将它们看成是机遇。它会迫使创业者反思，就公司目前的业务范围而言，有哪些基本变化最适合它。如果能够正视这些问题，那么意外事件就很有可能成为回报最高、风险最小的机遇。

人们在处理意外事件时，常见的应对方式有以下三种。

（1）适应式回应，指改变自己去适应意外事件。当意外事件发生时，企业如同变色龙一样，会根据环境的变化，改变身体的颜色，从而达到掩饰和保护自己的目的。

企业被动地去适应意外，根据市场不同的变化，随时改变自身策略，这是一种常见的生存之道，但它始终受到风向的控制，被动生存，没有自己的目标。

（2）英雄式回应，指按照自己的偏好来克服意外事件。采用这种回应方式的创业者将自己视为英勇的水手，在朝着目标前行的过程中，当出现各种复杂危险的情况时，可以凭借其出色的航海经验和技术应对变化莫测的环境，跨越各种困难。这种回应将意外视为障碍和对立物。英雄毕竟是少数的，成功者更少。

（3）创业式回应，将意外事件看作资源。当遇到意外事件时，不是简单适应或克服它，而是意识到这些意外事件既然已经无法改变，那就不如利用好它，在其中发现新的机会，让它成为创新的源头。如果说适应式回应对应的是"格子内思维"（常规思维），那么英雄式回应就是"格子外思考"（创新性思维），而创业式回应则是某种更微妙的方式，它能意识到"格子"已经发生了变化，只需要从新的角度利用这个格子，就会产生完全不同的结果。例如，遇到了风浪，将意外事件看作资源的创业者会思考，船只能在海上行驶吗？于是诞生了海陆两用的飞机。

有时，意外事件是显而易见的积极事件。对于这类事件，创业者需要利用好这个机会。然而，更多的时候意外事件都是不幸或消极的，创业者需要采取创业式的回应，以一种积极的方式去应对意外事件，将消极的意外转换为积极的机会。事实上，在很多成功的创业故事中，创业者们都是将消极的意外事件转变为积极事件并获得成功的。

可以通过以下三种方式，提高利用意外事件的可能性。

（1）编织人际关系网。通过编织人际关系网参加社交活动可以帮助你获取相关信息。有经验的创业者往往拥有更丰富的社会网络，可以接触到更多的信息，增加遇到意外事件的可能性。

（2）对经验的开放性。对经验开放性强的人一般有较强的求知欲，并且倾向于体验新事物，他们更容易接受并且欢迎意外事件与新的信息，将这些事件看成行动的机遇。创业者要有意识地培养对新事物的兴趣。创业心理学的研究表明，在对经验的开放性上创业者比经理人得分更高。

（3）机遇框定。相关研究显示，在特定情境中创业者更关注机遇而不是潜在的威胁。这与经理人截然相反。经理人员关注威胁远多于机遇。这种不同的反应方式可能与创业者建构情境的不同方式有关，影响到他们在特定情境中所关注的信息。造成这种现象的原因可能是因为人们的世界观及人生观各不相同。经理人往往认为世界非常难以改变，将意外事件视为威胁并且让自己适应它们。相反的，创业者将世界看成是可以改变的，将意外事件看成一种可以做出改变的暗示与契机。对机遇的框定不同，对世界的认识也不同。

培养自己的自我效能感，可以让创业者对自己的能力保持信心，能更好地应对意外事件。创业者大多经历过一些不幸的意外事件。曾经很好地利用过意外事件的经历会让创业者对自己的能力更有自信，忧虑更少，从而成功面对未预料到的事情。成功利用意外事件的经验会让创业者对自己应对意外事件充满自信。

2.3.4 疯狂被子原则：建立合作伙伴关系

创业思维（效果推理）的第四个原则是疯狂被子原则，即在行动中不断吸引更多的人加入进来，生成团队。大多数人的欲望远大于手中所拥有的资源，很少的人可以在一开始就拥有创造新事物所需的所有资金和能力。吸引利益相关者参与就是在整合利用其他资源，他们拥有的网络和资源可以成为你的资源，可以快速地寻找和拥有相关的资源。寻找愿意为创业项目实际投入资源的利益相关者，通过谈判、磋商来缔结创业联盟，建立一个利益相关者网络，生成创业团队。团队的构成决定创业目标，随着创业团队的扩大，创业目标也会不断发生变化。

在投资人眼中，团队要比创意重要得多。创业初期的投资者对团队质量的关注程度远胜过一个假设是好想法的创意。这背后的原因也很简单，创意在创业过程中常常被改变。投资人宁肯要一流的团队、三流的项目，也不想要三流的团队、一流的项目。与大多数人的想法不同，许多大公司创立时是先有一个伟大的团队而不是先有一个特别的想法。现实中也有些创业者选择独自创业，但他们大多会在早期吸引他人加入，生成自己的创业团队。只有极少数的创业是一人独自完成的。

创业者在创业前要对自我认知进行评估，根据自己所拥有的创业手段的清单，清楚自己是谁，了解什么，认识谁，决定自己能做什么，然后在自己的能力范围内行动，并寻找他人加入，一起创业。创业老手们常常在吸引尽可能多愿意承诺加入自己团队的行动上下更多的工夫。初次创业的创业者们也应该这么做。吸引自愿和全身心投入的利益相关者加入，是分散风险、获得更多资源的一种有效方法。不同专业背景的人士在做同一种创业项目时，他们的行动在很大程度上取决于他们通过自己独特的能力、知识储备和人脉资源，能创造或改变什么。连续创业家们告诉萨阿斯瓦斯，他们相信约束自己公司未来增长潜力的，不是他们能够融到多少资金，而是能够吸引到多少合作伙伴。

做出承诺的利益相关者加入团队的时间越早，就越有机会帮助创业者改变最初的想法。这些做出承诺的利益相关者不仅仅提供建议和观点，还投入金钱和其他资源，他们可能不再是合作者，而变成新创企业的股东，成了名副其实的共同创造者。他们加入公司之后，创业者要接受他们的投入和建议，而不是顾及那些还不确定是否加入的利益相关者的看法。这些正在创业的人们决定了创业的进程，初始的愿景开始分享，然后扩散，最终成了"我们的"而不再是创业者个人的愿景。随着公司规模的扩大，在与新进员工进行沟通和交易的过程中，创业家会吸纳新员工聪明的新点子，创业家最初的点子慢慢被大家新的点子所替代，由早期创业者的想法变成大家的想法。

创业初期，没人知道创业项目究竟能做成什么样子，利益相关者不会把预期收益作为选择投资的直接标准，他们会暗自估算自己是否可以承受投资创业可能出现的损失。利益相关者以承诺和投入的方式，使创业成为可能。有经验的创业家努力去吸引那些具有相同价值观、愿意协作共建、能够帮助他完善愿景并敢于承诺的利益相关者。直观地说，吸引他人和你一起行动的独特优势在于以下四个方面。

（1）获得更多的行动资源。团队成员的加入不仅仅是工作的人变多了，更重要的是他们带来了更多对创业有益的资源。创业团队拥有的资源增加，可以采取更大的行动。

（2）分散风险。有了其他人的加入，风险由创业者单独一个人承担，变成整个团队承担，创业者的风险被分散。创业者不一定能单独承担得起创业可能出现的损失，团体分担后，他会发现自己可承受的风险降低了，从而增强创业的动力。

（3）更多的创造性。当遇到问题和挑战时，可以团队合作，汇聚众人的智慧，得到更有创造力的方案。

（4）做事的信心更足。利益相关者在对这个想法表示赞同，并愿意加入，从另一个侧面证实了创业行动的正确性。这将提升创业者的自信心和与他人交往时的可信度。形成团队以后，创业者依托于团队，形成集体智慧，做事的信心也更足了。

效果推理强调利益相关者的事先承诺，它可以帮助减少甚至消除环境中的不确定因素，扩大创业者思路，从而创造出意想不到的事物。运用效果推理的创业者不是基于预定的商业模式或目标来选择利益相关者；相反，他们让利益相关者做出实际承诺，主动参与创业。合作伙伴可以来自四面八方，各有所长，重要的是他们要找到自己笃定的一点并做出承诺，同时影响和劝服其他人接受自己设想的企业模式。合伙关系是否有效在于双方能否从中受益。两个创业者看上去似乎没有什么合作的可能，但如果有绝好的创意能够为双方提供新东西，对双方均有益处，并且这是任何一方都无法单枪匹马创造出来的，这时合作就会发生。

由于卓有成效的关系网络涵盖越来越多的外部因素，因此效果推理中灵活变通的成分变得越来越少，慢慢就形成了一个明确的新市场。当两名利益相关者做出了承诺，他们就可以把已有的事物转变为新的。也就是说，创新是不同利益相关者之间互动的结果。新市场的建立不是任何一个人事先设计出来的，而是在创业过程中每名成员及其他利益相关者之间互动的结果。创业环境中的任何变化都会给创业者带来新的手段，重新激活该循环。

寻找有足够兴趣的利益相关者，通过与他们合作获取相关的资源，能够快速开展创业活动，迅速把握住稍纵即逝的商机。利益相关者需要做出自己的承诺，这也是最困难的一个环节。通过对话，形成共识，达成承诺。市场就是合作伙伴之间不断互动的结果。在创业之初，由于任何一方都不知道最终产品会是什么样子的，因此市场不是发现的而是逐步转化而来的，最终创造出某种新的事物。最早的利益相关者之间的承诺促成了最初的人脉网络，最终将一个萌发的点子转化为新市场。最开始的时候，任何一方都不能确认创业项目会不会有所回报，更不知道它是否会跟自己所料想的一致。创业活动的整个环节都是由双方的不断互动促成的——利益相关者们根据自己的预期来协商未来企业的存在和具体模式。

2.3.5 飞行员原则：采用非预测性控制

创业思维（效果推理）的第五个原则是飞行员原则，方向盘掌握在你的手中，未来由你创造。人们自出生以来就试图掌控自己的命运,尤其是对控制环境的渴望。如果知道自己有能力控制生活,大多数人的积极性会倍增,人们渴望在较大程度上掌控自己的人生。无论过去现在、不分文化习俗,渴望控制并为之奋斗是人类的一大特点,贯穿于人类历史的长河之中。

控制力在创业中是一个非常重要的因素。创业家关注那些影响结果的事件,他们为实现控制而采用相应的决策方法。效果推理理论强调创业成功的关键因素在于专注于那些个人行为能够产生良好结果的行动。控制一切可控制之物,影响你能影响的,在五大原则中飞行员原则是统领性原则,主要体现在以下方面。

- 采取行动时,要基于已经拥有的资源,而不是你所欠缺的。因为已经拥有所需资源,这样的行动可控性更强。
- 评估行动时,要依据其失败风险是否在可承受范围内,而不是它能否带来最大利润,这样做有利于控制预设的风险。
- 与那些愿意做出承诺的伙伴合作,而不是依据间接的市场调研来预测未来,这能帮助你更好地控制事态发展。
- 灵活应对创业过程中出现的意外情况,而不是尽力遵循预设的计划,只有这样才能在不确定的环境中有更强的控制力。

1. 控制:人类的天性

创业者更喜欢自我控制,喜欢当自己的老板。通过自我控制,实现自己的事情自己做主。创业者专注于那些他们认为有意义、有兴趣、有动力去做的事情,决定自己的日程安排和工作节奏。经营一家属于自己、由自己掌控的公司与替别人打工相比,前者给创业者带来的感觉是不一样的。不管创业成功还是失败,为了自己的明天而去努力控制事态发展的感觉很美妙。虽然人人都渴望控制,但渴望程度各不相同,极度渴望控制能激励一个人去创业。自己做老板的经历又进一步强化了这种激励,让他最终走上创业之路。

人类渴望控制,但是"渴望控制"与"感知到的控制"是不一样的。感知到的控制是指人们知道其行为在一定程度上能够改变事态的发展。感知到的控制对理解任何行为都很重要。人们参与某一行动的积极性有多高,取决于他们认为自己对这一行动的控制力有多强。人们相信所做之事会有结果,才会有动力完成这件事。如果认定可控制性近乎为零,他们就会毫无动力。

2. 控制与预测

控制是指个体试图去影响那些存在阻力的事情。假若某事在执行时没有任何阻力,也就没有了去控制的必要。只有当一件事不仅受创业者影响,同时也受其他人影响时,才需要去控制它。学习辨别哪些是可控性更强的因素,哪些是可控性稍弱的因素,以及如何最大限度地利用这些因素,对学习如何成功创业很重要。预测和控制在创业的不同阶段扮演不同的角色,有些因素企业可直接控制或管理,有些因素企业可以施加影响,而有些因素则完全不受企业的控制。

创业者需要思考哪些因素可以控制,哪些因素的确无法控制,并积极看待预测和控制之间的关系。倾向于施加控制的人可以通过施加控制等办法改变这一概率,而不是认定无法控制它。倾向于施加控制的人认为概率是机会，人们可以据此介入某事件，进而产生一定影响。倾向于预测的人也认为概率是机会，人们可以依据概率行动，但他们假定没有任何人可以成功地改变概率，而创业者则假定其他创业者正努力改变概率，以引领企业走向成功。

哪些是你应该努力去控制的事物？这取决于你对其可控性程度的了解。你既要知道哪些事物是可以控制或影响的，也要了解哪些是你无能为力的，据此调整策略，以适应眼前情况。控制你能控制的，影响你能影响的；预测你能预测的，特别是当预测比控制更有效时。尽最大可能利用那些可控/可影响的因素，以提高局面的可控性。这能降低你对预测的依赖，让你拥有一个看上去更加坚固的根基。

如果一个人认为投入和结果都不可预测，也不受个人控制，他就会陷入"习得性无助"的状态。运用因果推理的创业者，认为环境在很大程度上是可预测的，不受任何人或企业的行为影响，在行动前会制订详尽的计划，并在缜密思量后下赌注。在不确定的环境中，预测经常会出错，他们会觉得事态发展已失去控制，会渐渐不敢采取行动。当期望一次次落空时，习得性无助就会出现。奉行效果推理的创业者则不同，即使不清楚能在多大程度上影响结果，他们也倾向于做可控之事。他们会迅速评估可用手段或资源，评估可承受损失，并基于拥有的手段采取行动。

总之，关注控制策略能促使人们采取行动，无论是基于因果推理还是效果推理。不过，与因果推理相比，效果推理对控制的影响更多样、更直接。而采用因果推理，做计划时需要预测未来，需要前期投入，还要寻找实施计划所需的资源。创业者展现了在各领域中对过程及结果的控制能力。奉行效果推理的人不把自己看作无视概率的冒险者，他们将自己看作直接参与世界运转的创业者。只有采取行动，创业者才能控制那些无法预测的事情。

3. 高自我效能感与自我控制

自我效能感是指人们相信能够通过相应的行为去影响那些与自己的生活休戚相关的事件，它决定了人们的情绪、思想、动机和行为，主要通过认知、动机、情感、选择四种主要过程来发挥作用。在很多重要方面，自我效能感是习得性无助的对立面。选择创业的人和已成功创业的人自我效能感都比较高。

高自我效能感能增强人们的成就感和幸福感。如果有信心完成某项高难度任务，高自我效能感的人会把它看成是需要应对的挑战，而不会躲避可能带来的威胁。高自我效能感能激发人们的内在兴趣，帮助人们集中注意力，为自己设立高目标，并为达成这一目标而坚持不懈。即便失败，他们也不会被打垮，反而越挫越勇。遇到挫折后，他们能迅速恢复并重新获得自我效能感。他们会把失败归咎于自己不够努力或缺乏必要的知识或技巧，从而更加努力地去改进。当遇到困难时，他们会自我安慰，告诉自己现状是可控的。高自我效能感能增强个人成就感，减轻压力。

当已经没有任何其他选择时，人们会感到失去了控制，无法选择走哪条路。而创业者常常提醒自己：完成一件事的方法绝对不止一个。经验丰富的创业家会从另一个角度思考：觉得没有办法时，往往意味着对于"还能怎样做"这个问题思考得不够深入、全面。他们会充分利用创新思维，想出新点子。这样做可以让人觉得可以更好地控制手头的工作。无论何时，都要记住：你的感知可能是错的，你能掌控的做事方法很可能比你先前想象的要多。即使你的感知并不完全准确，只要从你认为可控的事情着手，就能帮助你快速行动，大步迈进。

2.4　如何培养创业思维

2.4.1　创业思维与管理思维的适用场景

创业者在创业过程中并非一直采用一种固定不变的决策方式。随着企业的成长和新市场的打开，创业专家会改变早期采用的效果逻辑决策方式，转而更多地采用因果逻辑决策方式。创业专家凭借丰富的创业经验来判断转折点何时出现。

创业思维和管理思维不是严格割裂开的。创业专家高度倾向于遵循效果逻辑。创业者在企业初创阶段，运用更多的是创业思维；而在企业运行阶段，对于职业经理人来讲，运用更多的是管理思维。无论是在企业初创阶段还是运行阶段，只有灵活地将两种思维方式进行融合，才能使企业更具生命力，并在竞争中立于不败之地。创业者和职业经理人承担的责任和思维方式不同，其在企业经营的不同阶段也表现出不同的管理方式。在企业发展中，初期主要是基于创业思维的初创企业管理，后期主要是基于管理思维的一般企业管理。

创业思维并不一定比管理思维更优秀，它们应用于不同的情境之中。大多数人都习惯并受管理思维的影响。由于我们处于一个变化的环境中，所以我们更强调创业思维。创业思维的起点是行动，但不是盲目的行动。在行动前需要设计与假设，这些假设正是来源于过去的经验以及对未来的判断。管理思维强调计划与执行，如果未来可以被确定地预期或出现与过去相似的情况，那么管理思维依然是个好方法；如果在行动计划或执行过程中遇到各种变化，这时就需要运用创业思维。

2.4.2　创业思维的培养

（1）进行创业实践。创业既不是科学，也不是艺术，其本质是一种实践。只有进行创业相关的实践活动，才能形成创业思维。创业实践是一个很宽泛的概念，一切将想法变成现实的过程都属于创业实践。在某种程度上，任何一个发现问题、给出可行性解决方案并创造价值的活动都属于创业实践。

（2）学习与反思。快速行动的过程也是一个快速试错的过程，唯有在失败中进行深度反思，才能在失败中快速学习。反思是一种深度学习，包括回顾自己所做的事情、通过行动所悟到的事情，以及下一步的行动计划。

（3）思维转换。不同情境需要不同的思维方式，两种思维同样重要，只是适用的情境不同。创业过程也需要管理思维，同样，管理过程也需要创业思维。总之，情境确定时，使用管理思维效率更高，效果更好；当情境不确定时，就需要迅速切换到创业思维。创业者要更具情境的变化，在两种思维中灵活切换，才能更有效地解决问题。

2.4.3　应用创业思维将想法付诸行动

在开始创业之前，你可能存在下面四个疑问。

（1）这个想法是否可行？也就是说，它是否可以成为现实？

（2）我能否胜任这份工作？也就是说，对我来说是否可行？

（3）是否值得尝试？我想要销售的东西是否存在市场？能否盈利？人们是否赞赏我将要做的事情？换言之，所有这些努力是否有意义？（注意：这三个问题都和预测有关。它强调了一个事实，即创造性行动和预测性行动可以很好地被同时采用。）

（4）我真的想要这么做吗？

最后这个问题是最关键的：你是否真的想要创立一家新的企业？为什么这个问题如此重要？要么创业是你想要的，要么创业可以让你获得你想要的东西。如果这两个理由都不是，那你就没有必要行动或回答前面的三个问题。

现在，如果你想要创造它，那么，在可知的（预测思维为基础的）世界里，把时间和精力放在问题 1、2、3 上是合理的。但在无法预测未来的不可知世界里，前三个问题的答案是相同的——无可奉告。除非采取实际行动，否则你不可能知道答案。你可以进行任何你想要的市场研究，向人们请教对你创意的想法，或研精苦思。但"纸上得来终觉浅，绝知此事要躬行"。没有行动，你将一无所知。但这些都无关紧要，直到或除非你回答了第 4 个问题：我真的想要这么做吗？如果不是全身心或至少在某种程度上爱上它，你是不会把自己的所有努力都投在创业上的。

你可能会面临一个机会，但没有愿望去实现它。由于未来充满了不确定性和未知，因此你并不着急做任何事情。你会不断地思考自己可能遇到哪些困难，并收集更多的信息，仔细研究，从而确保行动需要的所有情况都被考虑到。一旦做不到这些，人们一般就会说："你还没有想清楚。"你往往会把这件事情搁置在待办事项的最后，从不采取任何真正的行动，并希望你的上司不再过问此事，尽管机会也许真的就在那里。

然而，当你面临一个想实现愿望的机会时，因为想做这件事情，你极有可能先采取一小步明智的行动来应对挑战，想创造一些新东西的激情将让你更容易找到投资者或员工和你一起行动。如果没有看到你创业的愿望、你对自己想法的信心，以及要把想法付诸实践的决心，其他人是不会承诺与你一起行动的。

愿望是创业者创业时最关键的资源，它可以激励你行动，让你坚持到底，让你更有创造性（尤其是遇到障碍时）。但是愿望自身还不足以让人们开始行动。很多人的确想实现自己的想法，就像那些有一个更好的创意的人，常常宣称他们想把想法变成现实一样。但是，他们为什么不行动？什么时候愿望可以强大到让你开始行动？答案可以总结为：当你想要某些东西，手中有方法来获取它，并且下一步行动在你可承受的损失范围之内时，那么最重要的事情就是开始行动。实际上，这时不行动才是反常的。

一旦你想做些事情，一切都将改变。源于情境未知的负面情绪会开始减少。虽然现实并没有发生任何变化，你也依然不了解那些未知的世界，但因为关心自己正在努力做的事情，你终将找到一种解决问题的方法。

创业思维不仅可以用在创业之中，在日常生活中，我们也可以应用创业思维去解决一些一直想做而未做的事情。利用创业思维行动的模型如图 2-4 所示。

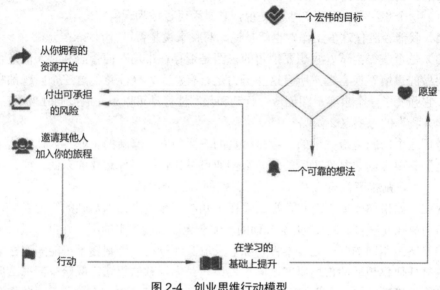

图 2-4　创业思维行动模型

资料来源：王艳茹. 创业基础如何教：原理方法与技巧[M]. 北京：清华大学出版社，2017：27.

具体行动步骤如下。

（1）明确你的愿望。每个人可能都有一个一直想做却从来没有做的事情，倾听你内心的声音，找出梦想或对未来的期待。

（2）从拥有的资源开始。评估一下你所拥有的资源：你有什么、你会什么、你认识谁等，利用手边的资源快速行动。如果没有愿望，在面对不确定性时，人们将不可避免地去思考、研究和预测。除非你想要，否则没人愿意踏足不可知的世界。愿望是让你采取行动的动力。

（3）评估可承担的风险。创造价值的同时也会存在风险，你要考虑最坏的结果是什么，一旦发生，你是否可以承担，如果可以就大胆行动。能够应用的资源可能是固定的，但你愿意投入的资源是可变的，它是由愿望决定的。如果你受限于固定的资源，愿望会让你在寻找资源的新来源时更具创造性。

（4）大胆拥抱不确定性。愿望让你勇往直前，否则，遇到障碍时，人们就容易止步。愿望不仅可以激励你继续前进，而且可以促使你找到解决问题的方法。它不会保证你的成功，但至少可以让你尽自己所能。

（5）组建团队。和他人分享你的想法，影响别人对你的看法，找到价值观和想法相同的人加入你的团队。除非你做出承诺，否则没有人会参与。正是愿望让你承诺。

（6）采取小行动。认清大概方向后，控制你能控制的，通过小行动验证方向，快速迭代。

（7）在行动中学习与提升。创业是实验的过程，通过快速尝试，在失败中反思学习。

延伸阅读

[1] 斯图尔特·瑞德，萨阿斯·萨阿斯瓦斯，尼克·德鲁，等. 卓有成效的创业[M]. 新华都商学院，译. 北京：北京师范大学出版社，2015.

[2] 伦纳德·A.施莱辛格，查尔斯·F.基弗，保罗·B.布朗. 创业：行动胜于一切[M]. 郭霖，译. 北京：北京大学出版社，2017.

复习思考题

1. 你是如何理解风险和不确定性的？
2. 管理思维和创业思维有哪些区别？你更喜欢哪一个？为什么？
3. 谈一下你对手中鸟原则的理解。
4. 可承受损失原则给你哪些启示？
5. 如何理解柠檬原则？
6. 疯狂被子原则主要体现了哪些思想？
7. 你是怎么看飞行员原则的？
8. 你打算如何在学习、生活中运用创业思维的五大原则？
9. 如何培养创业思维？

案例练习

家电产品热销带来的意外商机

20 世纪 50 年代，家电产品开始热销。美国最大的百货公司梅西百货公司发现了家电商品的快速增长，他们的董事长向管理大师德鲁克咨询。董事长告诉德鲁克："我们不知道如何才能使家电的销售增长势头停下来。"

"你为什么要让这种势头停下来呢？"德鲁克疑惑地问，"难道你们这方面的生意赔钱了吗？"

"正好相反，"这位董事长说道，"家电的利润额高于时装，没有人退货，而且根本没有出现顺手牵羊的现象。"

"是不是这些购买家电的顾客挤走了时装顾客呢？"德鲁克问道。

"哦，不是，"他答道，"以前，我们主要向进来买时装的顾客推销家电产品，现在我们反而向进来买家电产品的顾客推销时装。但是，像我们这种商店，时装的销售额应达到 70%才算正常和健康。现在，家电产品增长的速度过快，已经占到销售总额的

3/5，这太反常了。我们已经尝试过我们所知道的一切方法，让时装销售恢复到正常的比例，但是却没有任何效果。目前唯一的办法就是抑制家电产品的销售，让它回到自己应有的销售水平。"

在其后的近二十年时间里，梅西百货每况愈下，直到1970年，新的管理层改变经营重点，重视家电产品的销售以后，梅西百货又焕发了生机。

在梅西百货拒绝意外的同时，排行第四的布鲁明戴尔公司却利用这个意外获得了成功，成为纽约市场的第二名。布鲁明戴尔公司是一家以销售时装为主的公司，当家电产品的销售开始攀升时，它意识到某种意料之外的事件正在发生，并对它加以分析。布鲁明戴尔公司抓住了这个机会。它再造了自己的家电部，重新进行市场定位，重新调整了时装、服饰的销售重点。尽管在纽约市场的销量上，梅西百货仍然处于第一位，但是布鲁明戴尔公司已经成为"纽约最时髦的商店"。许多商店由于没有利用好这个意外事件已消失得无影无踪。

资料来源：彼得·德鲁克. 创新与企业家精神[M]. 蔡文燕，译. 北京：机械工业出版社，2007：33-34.

思考题：
1. 意外事件一定是坏事情吗？应该如何利用意外事件？
2. 这个案例给你什么启发？

 **实践训练**

实践训练 2-1　跟团游和自助游比较分析

以跟团游和自助游为例，结合管理思维和创业思维的知识点，进行比较分析。

实践训练 2-2　拼图和叠被子游戏

到网上寻找百森商学院的体验式练习——"拼图和做被子"的做法，和同学一起按照操作步骤做练习，体验管理思维与创业思维之间的差异，深入理解不确定环境下的思维和行动方式。

实践训练 2-3　未来教室

在班级中选出 4～6 人，每人两张 A4 纸，用 3 分钟叠出自己想象中的 10 年后的教室，每个人有 1 分钟的时间演讲，吸引其他同学（每人有一张 A4 纸）加入自己的团队，共同叠出教室，体验和理解创业思维。

实践训练 2-4　评估你能承受的损失

当你考虑在创业时个人能够承受多少风险，也就是可承受的损失时，问自己以下这些问题：

1．我有哪些资产？
2．什么是我能够承受的损失？
3．在最悲惨的情况下，我愿意损失什么？

复盘与反思

回顾本章内容，请写出：
1．学到了什么（三个最有启发的知识点）。
2．有什么感悟（两个最深的感悟）。
3．计划怎么去行动（一个行动计划）。

课外练习

1．培养你的创业思维，并向你身边的人分享创业思维的五大原则。
2．写出你一直想做而未做的一件事，尝试利用创业思维去实现它。

第3章 创业者

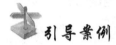

本章学习目标

▶▶ 了解创业者的内涵、特质；

▶▶ 了解创业者的能力与培养；

▶▶ 了解创业的自我认知；

▶▶ 了解创业者的社会责任与创业伦理。

引导案例

产品艺术家张小龙

孤独是所有艺术家的天性和宿命，他们只擅长通过作品来与世界和用户沟通。张小龙，微信的缔造者，在多数时候扮演着一名艺术家的角色，将产品视为自己所创作的艺术品，持续地进行着自我迭代与升级。

求学期间，张小龙的爱好十分广泛，围棋、桌球、网球、保龄球、电脑游戏，无论玩什么，总能达到业余高手水平。除了玩之外，他的专业课成绩也十分优异。研究生毕业后，他放弃电信部门的铁饭碗，一个人做出了 Foxmail。当年的张小龙给人留下的印象是一名优秀而落魄的技术人员，外在开朗，内心保守。

Foxmail 用户达到 200 万时，腾讯不过 10 万用户，多数人认为邮箱是比社交更大的一个领域。Foxmail 给张小龙带来的是巨大的声望，并未带来对等的收益。周鸿祎建议加广告获得盈利。张小龙说为什么非要这样呢？只要有用户，有情怀就好了。每一次争论，都是张小龙以长时间的沉默结束。

2000 年，张小龙将 Foxmail 出售给了博大。他写下了一封伤感的信，将 Foxmail 比喻为他精心雕塑的艺术品。"从灵魂到外表，我能数出它每一个细节，每一个典故。在我的心中，它是有灵魂的，因为它的每一段代码，都有我那一刻塑造它时的意识。我突然有了一种想反悔的冲动。"

2005 年，张小龙和 Foxmail 被打包出售给了腾讯，担任广州研发部总经理。2012 年开发微信时，包括张小龙在内的所有人都不知道要把微信做成什么样，当他提出微信是一种生活方式时，所有人都在笑，觉得他是马云附体了。在很多时代，有力量的都是商人，多数艺术家都无法摆脱被商人供养而无法自主的命运。商人或职业经理人往往会选择做那些对自己最有利的事情，艺术家只愿意做他认为对的事情，并且不知道妥协。这种坚持让微信赢得了用户，也赢得了移动互联网的胜利。

正如巨大的财富会改变一个人，巨大的用户量也可以让一名产品经理发生变化。Foxmail 时代，用户是张小龙最大的包袱，他不敢向他们收费，为了逃避用户，他甚至想跑去美国。现在他可以掌控的东西越多，也就变得愈发的强大和自信。而通过微信，从"摇一摇"开始，他开始尝试主宰用户，制定规则，让用户在他的规则之下喜怒哀乐。他穿着短裤在办公室里走来走去，确保团队开发出的每一行代码和每一个产品细节都灌注了他的情感。

在这个高度商业化的世界中，所有人都或主动或被胁迫着向前走。艺术家们可以选择让商人站在背后，替自己掌控产品的命运，也可以选择让自己学会像商人一样思考。过去，张小龙习惯站在商人后面，而现在他站到了第一线。面对商业化，张小龙经历了一个从逃避到试探，到主导，再到适应的过程。他对内把握商业化的控制权；对外，他试图建立一整套新的体系来处理好艺术和商业的关系。

身为腾讯高级副总裁的张小龙每周要去深圳参加例会，他总是以"起不来"为借口不去，马化腾说："以后让我的秘书叫你起来。"后来张小龙又说"路上太堵，怕赶不上。"于是马化腾每星期都派车来接张小龙，直到他再也找不出任何借口。张小龙就这样有些不情愿地，半推半就地走出了他的世界。

资料来源：宋炜. 张小龙：走出孤独[J]. 中国品牌，2014（10）：52-54.

成为创业者的条件是什么？具备了什么资源或人格特征才能去创业？创业者与一般管理者有什么区别？张小龙，一个内心保守的不善沟通者，始终在坚持自己对产品的执着，像一个艺术家一样对自己的产品倾注着感情。这种性格的人能否成为合格的创业者？从一个创业者到腾讯的高管，再到微信的缔造者，他用自己的蜕变讲述了一个创业者的成长历程。

3.1　创业者的特质

3.1.1　创业者的概念

创业者（entrepreneur）一词来源于法语词汇"entre"（中间）与"perndre"（承担），最初用来描述买卖中承担风险的人，或承担创建新企业风险的人。管理大师彼得·德鲁克认为，创业者是赋予资源以生产财富的人。在英语中，创业者有两个基本含义：① 企业家，即我们日常理解的在一个成熟的企业中负责经营和决策的领导人，准确地说，应该是那些具有创业特征，如创新、承担风险、超前行动、积极参与竞争的领导人；② 企业创办人，即创办企业的创始人，在日本他们被形象地称为"起业家"。

企业创办人是创业者。我们把现有企业中具有创新精神和创业行为的经营者也称为企业家，从本质上讲，这些企业家也是创业者。在创业研究中，当着重研究新创企业或新业务的发动者时，常使用"创业者"这一术语；当泛指具有创新精神和创业行为的商业行为的人时，一般使用"企业家"这一术语。对于新创企业，随着企业的成长，创业者逐步成长为企业家。当企业达到成熟期时，为了让企业保持持久的竞争力，企业家仍然需要保持旺盛的创业精神。

3.1.2 创业者的天赋

创业成功取决于什么因素？学术界和实践界对这个问题有不同的解读。早期的创业研究聚焦于对创业者特质的研究，研究人员试图找出将创业者与非创业者区分开来的一系列特质。创业者特质，也被称为创业者天赋，是指创业者相比其他人所具有的独特的性格特征或行为意识。早期特质学派研究者认为，成功的创业者有着与普通人不同的天赋，创业者的天赋是他们创业成功的重要因素，创业成功与否取决于创业者的个性特质甚至天赋。

特质学派过于重视挖掘创业者特质，而忽略了创业者的行为与活动规律，在对创业活动潜在规律的探索与认知方面有很强的局限性。不过，特质学派充分肯定了创业主体在创业活动中的作用，其观点对创业者或潜在创业者的创业精神和创业技能的培养、素质的塑造有着积极的作用和意义。

研究者们从不同的角度提出了各种各样的创业者特质，但是从未形成统一的共识，甚至对创业者特质这一概念的表述也各不相同。学术界对创业者特质的表述同样各有不同，常用的表述有天赋、特质、特征、特性、个性、能力等词汇。斯蒂芬·斯皮内利和罗伯特·亚当斯对 2001 年以前关于创业者特质的研究进行了汇总，如表 3-1 所示。

表 3-1　创业者特质汇总表

时　间	作　者	创业者特质
1848 年	Mill	风险承担
1917 年	Weber	权力需求
1934 年	Schumpeter	创新、主动
1954 年	Sutton	责任感
1959 年	Hartman	权力需求
1961 年	McClelland	风险承担、成就需求
1963 年	Davids	抱负、独立意识、责任感、自信
1964 年	Pickle	自我驱动、人际关系、沟通能力、专业知识
1971 年	Palmer	风险评估
1971 年	Hornaday & Abound	成就需求、自主性、进攻性、影响力、识别能力、创新性、独立性
1973 年	Winter	影响力需求
1974 年	Borland	内部权力需求
1982 年	Casson	风险承担、创新、影响力、权力需求
1985 年	Gartner	改变和权力
1987 年	Begley & Boyd	风险承担、对不确定性的容忍度

时　间	作　者	创业者特质
1988 年	Caird	自我驱动
1998 年	Roper	影响力和权力需求
2000 年	Thomas & Mueller	风险承担、影响力、内部控制、创新
2001 年	Lee & Tsang	内部控制

资料来源：SPINELLI S，ADAMS R. New Venture Creation: Entrepreneurship for the 21st Century[M]. 10th ed. New York: Irwin McGraw-Hill, 2012.

针对创业者特质的研究没有普遍认可的、统一的分类，美国西北大学劳埃德·谢夫斯基教授在对世界各国的二百多位最具成就的创业者进行采访后，指出所有的人天生就具备创业素质，甚至连婴儿也有创业素质。"如果你见过婴儿爬到不该爬的地方，你就会知道他们是毫不畏惧的"。谢夫斯基举例对那些偏见和误区给予反驳。例如，人们都认为"创业者天生拥有预见性的眼光"，即便是天才的乔布斯也不是在创业之前就想到要开发微型计算机。不是所有的创业者天生都具有预见性的眼光，很多创业者是在实践中慢慢形成这种洞察力的。

创业者特质是人的一种心理和性格体现，可以天生具有，也可以后天培养。它存在于人的潜意识中，可以通过教育、引导来逐渐激发和发掘。同学们可以在学习的过程中通过对创业者和成功企业家的观察和了解，总结出自己认为的成功创业者必须具备的特质。通过学习，同学们将会对创业者特质形成独特的理解和更加深刻的认识，发现自己具备哪些特质，还欠缺哪些特质，以便于在今后的学习和实践中着重塑造。

3.1.3　创业者区别于一般人的特征

现有研究发现创业者的心理特征比天生特质重要得多。特质是天生的，而心理特征或素质是可以在一定程度上进行培养和改变的。创业者与一般人区别的特征主要表现在以下六个方面。

（1）创新。创新是创业精神的本质，创业者都具有创新精神，他们通过创新去迎接不同的挑战。

（2）成就导向。创业者基本都是目标导向型的，他们设定个人目标并且确保实现这些目标。

（3）独立。创业者一般都具有独立自主的精神，大多高度地自我依赖，擅长于独立工作来完成目标。

（4）掌控命运的意识。创业者善于自己掌控命运，他们常常把消极的环境看作是机会而不是威胁。

（5）低风险厌恶。没有足够的证据证明创业者会为了风险带来的利益而去主动冒风险，但是有证据表明创业者对风险更有包容性，会创造性地采取行动以减轻风险。

（6）对不确定性的包容。创业者对不确定性有更强的包容，比其他人更加适应动态变化且不是特别明确的情况。

创业者的神话与现实

人们普遍对创业者持有一些固定的观点，但是，现实中的创业者却不是这样的。下面是几个被人们奉行的创业者神话以及经过研究、总结的现实情况。

1. 创业者神话：创业者是天生的，并非后天培养

创业者现实：大量有关创业者心理和社会构成要素研究得出的一致结论是，创业者在遗传上并非异于其他人。没有人天生是创业者，每个人都有成为创业者的潜力。某个人是否成为创业者，是环境、生活经历和个人选择的结果。即使创业者天生就具备了特定的才智、创造力和充沛的精力，这些品质本身也不过是未被塑形的泥巴和未经涂抹的画布。创业者是通过多年积累相关技术、技能、经历和关系网才被塑造出来的，这当中包含着许多自我发展历程。

2. 创业者神话：创业者是赌徒

创业者现实：其实创业者和大多数人一样，通常是适度风险承担者。成功的创业者会精确计算自己的预期风险。在有选择的情况下，他们通过让别人一起分担风险、规避风险或将风险最小化来影响成功的概率。他们不会故意承担更多的风险，不会承担不必要的风险，当风险不可避免时，也不会胆小地退缩。

3. 创业者神话：创业者主要受金钱激励

创业者现实：虽然认为创业者不寻求财务回报的想法是天真的，但是，金钱却很少是创业者创建新企业的根本原因。有些创业者甚至警告说，追求金钱可能会令人精神涣散。传媒业巨子泰德·特纳说："如果你认为金钱是真正重要的事情……你将因过于害怕失去金钱而难以得到它。"

4. 创业者神话：创业者喜欢单枪匹马

创业者现实：事实表明，如果哪个创业者想完全拥有整个企业的所有权和控制权，那么他只会限制企业的成长。单个创业者通常最多只能维持企业的生存，单枪匹马地发展一家高潜力的企业是极其困难的。聪明的创业者会组建起自己的团队。

5. 创业者神话：创业者喜欢公众的注意

创业者现实：虽然有些创业者很喜欢炫耀，但绝大多数创业者避免公众的关注。大多数人会提到微软的比尔·盖茨等人，不管他们是否寻求公众注意，这些人常出现在新闻中。但我们很少有人能叫出谷歌或诺基亚公司创建者的姓名，尽管我们经常使用这些企业的产品和服务。这些创业者如大多数人一样，或避开公众注意，或被大众传媒所忽略。

6. 创业者神话：创业者承受巨大的压力，付出高昂代价

创业者现实：做一个创业者是有压力的、是辛苦的，这一点毫无疑问。但是没有证据表明，创业者比其他无数高要求的专业职位承受更大的压力，而且创业者往往对他们的工作很满意。他们有很高的成就感，据说认为自己"永远也不想退休"的创业者其人数是公司中持有同样观点的职业经理人数的三倍。

7. 创业者神话：钱是创立企业最重要的要素

创业者现实：如果有了其他的资源和才能，钱自然而来，但是如果创业者有了足够的钱，成功却不一定会随之而来。钱是新企业成功因素中最不重要的一项。钱对于创业者而言就像是颜料和画笔对画家那样，它是没有生命的工具，只有被适当的手所掌握，才能创造奇迹。

资料来源：杰弗里·蒂蒙斯，小斯蒂芬·斯皮内利. 创业学[M]. 周伟民，吕长春，译. 北京：人民邮电出版社，2005：155-173.

3.2 创业者的能力与培养

3.2.1 创业者的创业动机

如今，全球创业活动比以往任何时候都更加活跃。创业不是天才的独创，普通人也能实现，它已经成为每个社会成员改变命运、追求卓越的一种途径。人们为什么要创办企业？创业者与非创业者（或创业失败的人）有什么不同？这与创业者的动机密不可分。动机，在心理学上是指由特定需要引起的，欲满足个体需要的特殊心理状态和意愿。动机是激发和维持个体的行动，并将行动导向某一目标，以满足个体某种需要的心理倾向或内在动力。

创业动机是引发和维持个体从事创业活动，并使活动朝向创业目标，激励和引导个体为实现创业成功而行动的内在动力。人们选择创业的动机各有不同，创业者最基本的创业动机有以下三个。

（1）自己当老板。这是创业者创业最常见的动机，其本质是追求自由。有的创业者自己当老板是因为有一个拥有自己公司的梦想；有的是因为对工作不满意，愿意去做新的尝试；有的是想自己控制自己的时间。自己当老板可以不再受别人掌控，实现自己的自由。

（2）追求自己的创意。当创业者认识到新产品或新服务的创意时，渴望实现这些创意，把创意变为现实的产品或服务。但是，他们的公司却不想这样做。对创意充满激情的员工会离职创办自己的公司来实现这些创意。有些创业者通过爱好、休闲活动或日常生活，发现市场中有未被满足的需求，从而产生创意，如果这些创意可行且能够支撑一个企业，他们就会开办一家兼职或全职经营的企业实现创意。比如，马云在1992 年发现市场中有大量翻译的需求，他和同事们一起兼职创办了海博翻译社，迈出了创业的第一步。

（3）获得财务回报。虽然有很多人认为创业者创业的主要动机是获得财务回报。

但实际上，获得财务回报与前面两种动机相比是次要的，也常常不能达到所宣称的目的。研究显示：平均来看，创业者赚取的金钱并没有传统职业中承担同样责任的人赚得多。创业在财务方面的优势在于它的上升潜力。像阿里巴巴的马云、腾讯的马化腾等人，他们从创业中获得了数百亿的收入。但他们坚持认为，金钱并非他们创业的主要动机。

创业者的需求层次不同，产生的创业动机也不同。创业者不同的需求层次决定了不同的创业动机，进而影响了他们的创业行为过程与行为结果。创业者的需求层次还受很多宏观因素的影响，如社会保障、收入水平、社会文化、创业环境等。在大众创业、万众创新的大潮中，创业环境得到不断改善，越来越多的年轻人投入创业中，形成了新的创业浪潮。

3.2.2 创业者的能力与素质要求

创业是一项具有挑战性的商业活动，对创业者综合能力有较高的要求。创业者能力可以通过教育、培训或在实践工作中通过工作经验的积累而获得，是实施创业和决定创业能否成功的关键因素。与对创业者特质的研究一样，不同学者对创业者应该具备哪些能力提出了不同的观点。

德鲁克（2002）认为创业者应该具备以下八种能力。

（1）开创企业的能力。

（2）运行企业的能力。

（3）及时识别和评价创业机会的能力。

（4）积累和运营知识及技能的能力。

（5）整合资源的能力。

（6）评估和防范风险的能力。

（7）创新能力。

（8）团结和鼓励团队成员的能力。

张玉利等认为创业者需要具备以下五个方面的能力。

（1）控制内心冲突的能力。

（2）发现因果关系的能力。

（3）应变能力。

（4）洞察力。

（5）销售技巧。

《全球创业观察（GEM）》报告将创业能力归纳为创办企业的经验、对机会的捕捉能力，以及整合资源的能力。

孙洪义等将创业者能力整理为与个人心理特性相关的个人内在能力（第 1～3项），以及与企业创建和运营相关的实践能力（第4～12项），如表3-2所示。

表 3-2　创业者能力及其表现

创业者能力	创业者能力表现
1. 责任感和领导力	具有主人翁意识，愿意承担企业管理重任，具有牺牲精神，对企业、员工和利益相关者负责，具有领导者魅力和威信，诚实、可靠、令人信服，快速学习，积极主动，不怕失败
2. 分析决策能力	能够系统分析，归纳总结，注重细节，果断决策
3. 人际交往能力	善于交际和公关，能够妥善处理好企业与各利益相关者（员工、合作伙伴、股东、用户、供应商、政府部门、竞争对手等）之间的关系
4. 对市场的洞察力	善于观察，对市场和环境变化敏感，善于发现问题和用户需求，能快速捕捉到市场机会和威胁
5. 评价创业机会能力	能够理性地评价商业机会，决定是否进入或退出
6. 创造性解决问题能力	思维开放，水平思考，不受固有模式和习惯束缚，敢于突破创新，主动解决问题，提出创造性解决方案
7. 建立企业发展愿景	能够制定企业发展规划，确定企业发展目标，让员工和合伙人明确企业愿景并为之付出努力
8. 应对模糊、不确定性的能力	能够容忍初创企业的组织结构缺陷，灵活应对环境、市场、人员及竞争对手的变化，灵活快速调整解决方案
9. 评估、防范和治理创业风险能力	能够预计创业可能发生的风险，对风险进行评估，寻求风险分摊方案，使风险最小化，承担可能发生的风险
10. 团队合作和管理能力	组建初始创业团队，合理分工，鼓舞他人，分享责任和财富
11. 营销和销售创意的能力	具有营销能力、销售技巧，能够吸引潜在用户和投资者
12. 资源整合能力	具有综合协调能力、整合能力、引进人才和资金等资源的能力

资料来源：孙洪义. 创新创业基础[M]. 北京：机械工业出版社，2016：17.

3.2.3　创业者能力的训练与培养

现有研究表明创业者具有天生的素质，并可以在后天被塑造得更好，某些态度和行为可以通过经验和学习被开发或提炼出来。蒂蒙斯教授总结出可以通过训练强化的态度和行为，包括[①]以下方面。

（1）责任感与决策力。承担责任和决心是创业者具备的第一要素。有了责任承诺和决心，创业者可以克服各种障碍，弥补其他缺点。几乎所有创业企业都要求承担完全的责任。创业者们把他们的时间、感情和忠诚奉献给了企业，在解决问题和完成其他任务时能自律、坚韧不拔并持之以恒。他们可以很快地承担责任和交付责任。

（2）领导力。成功的创业者使用领导力，不需要凭借正式权力就能向别人施加影响。他们是富有耐心的领导者，善于自我激发，内在控制力强，能够将看不见、摸不着的前景灌输给下属，并从长远目标出发进行管理。他们善于化解冲突，能够与客户、供应商、资金援助者、债权人、合伙人，以及内部员工等各种角色和平相处。发

[①] 杰弗里·蒂蒙斯，小斯蒂芬·斯皮内利. 创业学[M]. 周伟民，吕长春，译. 北京：人民邮电出版社，2005：159-165.

生冲突时，创业者要成为一个调停者、磋商者而非独裁者。他们能够建立团队，吸引他人加入，并给他们赋能，使之成为企业发展的英雄。

（3）执着于创业机会。成功创业者的目标是寻求并抓住商机，将其变成有价值的东西。为了实现这些创业机会，他们竭尽所能，不断努力。创业者对其行业、客户和面临的竞争十分熟悉，能够区分各种创意和机会的价值，抓住重点。他们不断进行各种尝试，总能在各种情况下发现机会。

（4）对风险、模糊和不确定性的容忍度。创业时刻面临着高风险、模糊和不确定性，成功的创业者能够容忍风险、模糊和不确定性，能够坦然面对各种冲突和意外。他们能清晰地看到公司的未来，对它抱有乐观的态度，有勇气去实现它。他们能够评估风险，正视风险，并想办法降低风险。成功的创业者能把意外转化为机会，将绩效最大化，把负面影响、负面情绪降低到最小。

（5）创造、自我依赖和适应能力。成功的创业者是持续的革新者，不会满足和停留于现状。他们会积极寻找主动权并采取主动，喜欢主动解决问题，通过创新和创造实现生存和发展。他们是优秀的听众和快速的学习者，具有获取成功的坚定决心。他们有很强的适应力和恢复力，善于搜寻和利用反馈信息，能从错误和挫折中学习经验，吸取教训，避免类似问题的再次发生。

（6）超越别人的动机。成功的创业者是动机驱动型的，他们受到内心强烈愿望的驱动，追寻并达到富有挑战性的目标，不断超越自我。在企业初创期，创业者对地位和权力的需求很低，他们从创建企业的挑战和兴奋中产生个人动机。这时驱动他们的是渴望获取成就的动机，而不是地位和权力。创业成功之后，他们会获得地位和权力。他们所取得的地位和权力是他们行动的结果。金钱经常被看作判断成功的标准，但这并不是创业本身的目标，而是结果。驱动创业者成功的是超越他人的动机。

3.3　创业者的自我认知

创业者在创业之初拥有的资源是有限的，为了把握住稍纵即逝的商机，需要从自己手头拥有的资源出发，立刻采取行动。创业者要结合自身的兴趣爱好、能力态度、以往经验以及所掌握的资源等对自己拥有的资源（手段）进行评估，从而确定自己下一步的行动。按照萨阿斯瓦斯的效果推理理论，创业者的自我认知可以从"我是谁、我知道什么、我认识谁"三个方面入手。"我是谁"包括个体自身拥有的特质、能力和个性；"我知道什么"包括个体的教育背景、经验和专业知识；"我认识谁"则意味着社会人际网络。

3.3.1　我是谁：独特的竞争优势

人们通常不会把自身视为首要的机遇来源，或者独一无二的、任何人难以击败的竞争优势的基础。创业者个体本身及其个人的特性不仅是创业的出发点，也是将要建立的企业与市场的基础。他们会努力去尝试那些曾经被忽视的事情。尤其是当我们致力于找出一些成功企业家都具备的必要条件时，就会惊奇地发现：成功的企业及它们的创业者都拥有并利用了独特的环境，同时或多或少拥有着不同凡响的人格魅力，因此造就了他们独一无二的人生经历。

"我是谁"需要创业者系统地评估和总结自己的如下特征。

（1）我拥有什么样的特质。

（2）我拥有什么样的能力。

（3）我的兴趣爱好是什么。

（4）我对创业这件事的态度是怎样的。

当问自己"我是谁"时，你正试图了解自己是一个什么样的人。什么样的事情会让你着迷；什么样的东西对你来说是重要的；什么样的事情你不会去做，也许因为它们与你的价值观相背离，也许仅仅是因为它们不值得投入时间和精力。这些问题的答案可以给你一个自我的感知，从而帮助你快速淘汰那些与自己情况不符的想法。思考的结果是，你知道自己想要做什么、不想做什么。自我意识是关键。你需要知道自己是谁、想要什么，以及不想要什么。

3.3.2　我知道什么：行动中的学习

每个人的生活经历不同，接受的专业教育不同，从事的工作经历也不一样，先验知识的储备根据每个人的特性而迥异。所以，"我知道什么"对于每个人而言都不尽相同。两个不同的人，出发点相同，环境相同，所创建的企业却有可能大不相同。

具有不同专业背景、不同行业经验的创业者致力于根据他们在某一领域内独有的丰富知识来发展机遇。这不只限于科学或技术信息，也包括对消费者的需求和商业知识的了解。你永远无法知道发现一个机会的洞察力来自何处，所以需要把知道的东西进行心理层面的分类。

"我知道什么"需要创业者对如下问题进行评估和总结。

（1）我的专业背景是什么。

（2）我具有哪些专业领域的知识和技能。

（3）我从事过哪些工作。

（4）我具有怎样的工作和生活经验。

3.3.3　我认识谁：在行动和拓展中分享

创业者所拥有的最宝贵财富之一就是他们的人际关系网。我们看到许多创业者通过他们所认识的人或通过其他人认识的人，以及自己偶然认识的人建立稳定的利益相关者关系网，这也是已知的三种资源中的最后一种资源。你认识的人及别人认识的人有可能帮助你将想法变成现实。创业者通过建立利益相关者关系网去拓展企业——把他人所拥有的手段和自己所拥有的手段结合起来。有很多人与你拥有最直接密切的联系，可以为你提供及时的帮助，如朋友、家人、同事、用户等。

在与不同的人偶然互动的过程中，总会遇到一些人，它可以帮助创业者扩大人际网络。此外，创业者还可以通过自己认识的人联系到某个陌生人。著名的六度分离理论认为，"你和任何一个陌生人之间所间隔的人不会超过五个。也就是说，最多通过五个人你就能够认识任何一个陌生人，不管对方在哪个国家，属哪类人种，是哪种肤色。"你认识的人或许认识那些知道谁能成为有力合作伙伴的人，称之为"弱连接"，你能够从你不那么熟悉的人身上学到更多。有时候，我们能够在不熟悉的人身上接触到更宽广的领域，学到更多知识，开启一个全新的世界，同时也为我们带来有力的资源支持，从而创造出新的产品和发明。我们认识的人，从创业的角度，就是我可以通过他人使用到的资源，包括他人本身。这两点的结合能够让你与任何人建立联系，带给你有力的支持，从而创造出新的发明。

"仅仅认识"一些人是不能为你提供实际帮助的。如果创业项目没有价值，即便认识，当你向这些人寻求资源、渠道时，也会发现没有人愿意帮助你。对于创业者而言，与其花费大量时间去结交别人，浪费精力在无谓的社交上，不如将时间和精力放在应该做的事上，将自己的特长发挥到极致，潜心钻研，努力提升自我。在创造价值的同时，呈现出自我价值，吸引他们的加入，才能最终真正满足自己的需求。资源往往会流向创造价值更多的地方，正所谓"你若盛开，蝴蝶自来"。

通过对"我是谁，我知道什么，我认识谁"的分析和总结，创业者会更加清晰地认识自己，了解自身具有的优势和劣势，以及目前拥有的资源，明确如果希望达到期望目标，可以通过哪些资源进行路径设计。为了方便、直观地了解自己，创业者可以通过自我认知评估表（见表3-3）对自己进行深入的了解。

表 3-3　自我认知评估表

评 估 指 标	二 级 指 标	内　　容
我是谁	我拥有什么样的特质	
	我拥有什么样的能力	
	我的兴趣爱好是什么	
	我对创业这件事的态度是怎样的	
我知道什么	我的专业背景是什么	
	我具有哪些专业领域的知识和技能	
	我从事过哪些工作	
	我具有怎样的工作和生活经验	
我认识谁	家人	
	朋友、同学	
	领导、同事	
	用户、合作伙伴	
	偶然认识的陌生人	

资料来源：孙洪义. 创新创业基础[M]. 北京：机械工业出版社，2016：33.

3.4　创业者的社会责任与创业伦理

3.4.1　社会责任

企业社会责任的概念已经被广泛接受，指企业在创造利润、对股东利益负责的同时，还要承担起对企业利益相关者的责任，保护其权益，以获得在经济、社会、环境等多个领域的可持续发展能力。利益相关者是指企业的员工、消费者、供应商、社区和政府等。企业得以可持续经营，仅仅考虑经济因素、对股东负责是远远不够的，必须同时考虑环境和社会因素，承担起相应的环境责任和社会责任。趋利避害不是承担社会责任的唯一逻辑，承担社会责任本身就是企业价值所在。让世界更加美好应该是创业者为之奋斗的目标，也应该成为新创企业的愿景。

在 20 世纪 70 年代后期，社会学家卡罗尔提出了企业社会责任四层次框架。最基本的层次也是企业首要的责任是经济责任，包括盈利、给股东提供投资回报、为员工创造工作并提供合理报酬、进行技术创新、扩大销售等；第二层责任是法律责任，企业的经营活动应当遵守法律法规；第三层责任是伦理责任，虽然经济责任和法律责任都包含了伦理规范要求，社会还是期望企业遵守法律明文规定要求之外的伦理规范，包括尊重他人、维护员工权益、避免对社会造成伤害、做正确的事情等；第四层也是最高一层责任，即企业自行裁判的责任，这是一种自愿履行的责任。由于社会期望、法律规范甚至伦理规范并没有对企业提出明确的要求，企业拥有自主判断和选择权来决定具体的企业活动，例如，慈善捐助、支持当地社区发展、帮助妇女儿童和残疾人等弱势群体。

企业社会责任问题日益受到各国政府和民众的广泛关注。《中华人民共和国公司法》第五条明确要求，公司从事经营活动必须承担社会责任，公司理应对其劳动者、债权人、供货商、消费者、公司所在地的居民、自然环境和资源、国家安全和社会的全面发展承担一定责任。它不仅将强化公司社会责任理念列入总则条款，而且在分则中设计了一套充分强化公司社会责任的具体制度。

在欧美发达国家，企业承担的社会责任已经从以处理劳工冲突和环保问题为主要追求，上升到实施企业社会责任战略以提升企业国际竞争力的阶段。对于西方国家的创业者及其企业来说，承担企业社会责任就是要积极参与企业社会责任运动，贯彻执行由此衍生的 SA8000（Social Accountability 8000 International Standard）等各种企业社会责任国际标准。

在我国，强化企业的社会责任是一个紧迫而现实的问题。党的二十大报告明确指出："引导、支持有意愿有能力的企业、社会组织和个人积极参与公益慈善事业。"新企业在创建伊始就应清楚地认识到推行企业社会责任是企业的责任，也是相关法规的要求。创业者具备改变世界的能力，是创新以及经济与社会发展的重要力量。创业者在创业过程中一定要遵守道德伦理并积极承担社会责任，这是创业成功的重要保证，也是创业者的基本素质要求。创业者应该从以下几个方面着手提高承担企业社会责任的意识和能力。

（1）制定实施体现企业社会责任的竞争战略。

（2）把企业社会责任建设融入企业文化建设中。

（3）把社会责任的理念应用在企业的日常经营活动中。

3.4.2　创业伦理

与企业社会责任相比，强调伦理规范是更高层次的素质要求。伦理主要应对和处理国家法律、政策和企业制度等明文规定与约束所无法覆盖的一些问题。管理学意义上的"伦理"一般也被称为"商业伦理"，它是指组织处理与外界关系，处理内部成员之间权利和义务的规则，以及在决策过程中所体现的人与人之间的关系和所应用的价值观念。事实上，法律再健全的国家，也不可能对人类的一切行为都予以明确的规范，"天理、国法、人情"的顺序本身就说明了这一点。有些行为本身并不违法违规，但对健康的商业环境和优秀的组织文化不利，仍然要求创业者能够自我约束，这不仅是一种境界，也有利于企业的健康可持续发展。

在道德问题识别上，小企业主可能面临与大企业经理人员不同的道德问题。创业者承担了较高的财务和社会风险，这种相对偏高的风险承担在一定程度上影响了创业者的伦理倾向。研究发现，创业者风险倾向与打破规则之间有一定的关系。打破规则应把握好"度"，适度的破坏规则的行为有利于创业活动，但严重的破坏规则的行为可能阻碍个人的职业成就，甚至给社会带来不利的影响。创业者强烈的成功动机和自我意识决定了他们会想尽办法避免失败，当公司陷入经营困境或生存危机时，来自员工、供应商、银行和家庭的巨大压力，可能导致原本诚实的创业者牺牲伦理标准，选择权宜之计。

党的二十大报告明确指出："中国式现代化是全体人民共同富裕的现代化。共同富裕是中国特色社会主义的本质要求，也是一个长期的历史过程。我们坚持把实现人民对美好生活的向往作为现代化建设的出发点和落脚点，着力维护和促进社会公平正义，着力促进全体人民共同富裕，坚决防止两极分化。"创业者在创业过程中要做到"君子爱财，取之有道"，一定要遵守伦理道德，这是创业能够成功并持续发展的关键。在当今时代，如果企业只追求眼前的利润而不考虑企业伦理，企业的经营活动就会越来越为社会所不容，最后必定被时代淘汰。企业伦理道德是企业一种极为宝贵的无形资产，会对人的经济行为发生作用，促进企业目标的实现，因此企业必须加强商业伦理建设。

商业伦理规范是商业群体最重要、最长远的约束机制，没有这种约束机制，任何商业群体都不可能长盛不衰。越来越多的投资人更愿意把资本投向那些富有社会责任感并重视组织文化经营的企业。他们更愿意去投那些"有道德的企业"。这些投资不但给投资人带来了可观的经济效益，也在客观上产生了不小的社会效益。这说明，重视商业伦理精神的培育，完全有可能实现商业价值和社会价值的双赢。

延伸阅读

[1] 史蒂夫·布兰克，鲍勃·多夫. 创业者手册：教你如何构建伟大的企业[M]. 新华都商学院，译. 北京：机械工业出版社，2013.

[2] 丹娜·格林伯格，凯特·麦科恩-斯威特，H.詹姆斯·威尔逊. 新型创业领导者：培养塑造社会和经济机会的领导者[M]. 吴文华，林晓松，曹明，译. 北京：北京大学出版社，2020.

复习思考题

1. 创业者区别于一般人的特征主要有哪些？
2. 你怎么看待创业者的特质观？
3. 创业者的最基本的创业动机有哪些？
4. 你觉得创业者应该具备哪些素质和能力？
5. 蒂蒙斯认为能够通过训练强化的态度和行为有哪些？
6. 创业者的自我认知从哪几个方面入手，分别包含哪些内容？
7. 创业者为什么要承担相应的社会责任？
8. 创业者为什么要遵循创业伦理？

案例练习

创业者俞敏洪

新东方创始人俞敏洪，一个曾经被认为是同学当中最没出息的人，如今成了同学中最成功的人。俞敏洪高考考了三次，前两次栽在了英语上：第一次 33 分，第二次 55 分。俞敏洪上大学时，各个方面都比不上班里的同学，经常被同学取笑。毕业时，全班 50 位同学，除了他都出国留学了。他留校当了 6 年教师，其中 4 年在考托福、申请签证。每次都被拒签，为交申请费花光了积蓄。月薪只有 120 元，老婆骂他窝囊废。后来，俞敏洪因为在校外兼职而受到处分，被迫离开北大，创办了新东方。

为了处理刷广告产生的纠纷，俞敏洪请客吃饭。不善交际的他，不停地劝酒喝酒。因内心紧张，喝酒不吃菜，结果饮酒过量导致失去知觉，在医院抢救了两个半小时才活过来。因为他性格太过柔和，优柔寡断，王强、徐小平经常和他吵架。董事会经常开成俞敏洪批判大会，他们批判的方式，就是拍桌子、冲俞敏洪大吼："农民、土鳖！"一家咨询公司在公司呆了两三个月，回去报告说："他们很奇怪，一说话就特别爱哭，一哭就互相指责。"俞敏洪爱哭，经常一哭就是半个钟头，像祥林嫂一样，絮絮叨叨。

一个笨人带着一群聪明人，一个"土鳖"带着一群海归进行创业。俞敏洪珍视人才，他的成功很大程度上归功于团队中精英辈出。新东方先后涌现出一大批人才：徐小平、罗永浩、李笑来等。有人总结了俞敏洪成功的原因：① 勤奋；② 超强的韧性；③ 谦虚好学；④ 胸怀；⑤ 乐于付出；⑥ 领袖气质。俞敏洪包容，永远以大局为重，可以放弃小我。他谦虚好学，持续进步，感恩合伙人，是个大梦想家和大实践家。

俞敏洪曾经说起过他性格的缺陷，比如优柔寡断，情感过分丰富，比较容易激动，也比较容易被别人的"花言巧语"所感动。这种优柔寡断和重感情在新东方发展前期体现的更为明显。"重感情，情感过分丰富"对追求利润和成长的上市公司或许不是好事，但也会让员工产生信赖，喜欢跟俞敏洪一起做事情。

资料来源：魏晓亮，等. 俞敏洪是一个怎样的人？[EB/OL].（2013-06-06）[2019-10-08]. https://www.zhihu.com/question/19629939

思考题：

1．你认为创业者需要具有哪些特质？俞敏洪具备这些特质吗？
2．俞敏洪身上有那么多缺点，为什么还能创业成功？
3．请结合本案例，谈一下你对特质论的认识。

 **实践训练**

实践训练 3-1　成功事件分享

与小组同伴分享一件你自认为最有成就感的事情，并分析背后成功的原因，加深对自己的认知。

实践训练 3-2　创业者特征

将学生随机分成若干小组（6 人一组），请每位同学在组内分享其身边（同学、朋友、亲戚、邻居等）创业较为成功的人的故事，从故事中找出成功创业者身上三个最为关键的特征，写下来与组内的成员分享。然后，每组将自己总结出的创业者特质让每个小组在讨论的基础上画出团队成员心目中的创业者画像，并将创业者的典型特征标注在图画的相应位置上。然后由每个小组的代表对自己团队的作品进行展示，教师在此基础上进行总结。

实践训练 3-3　整理你的闲置资源

根据表 3-3 完成你的自我认知，写出你现在拥有的资源。发挥创造性思维，思考自己是否有"闲置的资源"，制订你未来行动的计划。

 **复盘与反思**

回顾本章内容，请写出：

1. 学到了什么（三个最有启发的知识点）。
2. 有什么感悟（两个最深的感悟）。
3. 计划怎么去行动（一个行动计划）。

 **课外练习**

结合本章的内容，设计一份访谈提纲，找一位你身边的创业者进行访谈。要求如下：

1. 将访谈时间设为 1 小时，不要超过 3.5 小时，因为创业者很忙。时间也不要太短，太短了你了解不到什么。

2. 认真准备和设计访问提纲，问题可以来自本章的主要知识点，也可以是你对创业、创业活动以及创业思维的理解，还可以是你不清楚的问题甚至是疑问。设计访谈提纲时预想一下可能的答案。

3. 访谈结束后一定要仔细整理，对照访谈前自己预想的答案，看发现了什么。

4. 你觉得从访谈的创业者身上学到了什么？哪些东西是你根本无法学习到的？

第4章 创业团队

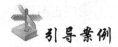

本章学习目标

▶▶ 了解创业团队的内涵与构成；

▶▶ 了解创业团队的生成步骤与创业团队画布；

▶▶ 了解创业团队的管理。

引导案例

马化腾五兄弟：难得的创业团队

1998 年，马化腾与他的同学张志东"合资"注册了深圳腾讯计算机系统有限公司。之后又吸纳了三位股东：曾李青、许晨晔、陈一丹。为避免彼此争权夺利，马化腾在创立腾讯之初就和四个伙伴约定清楚：各展所长、各管一摊。马化腾是 CEO（首席执行官），张志东是 CTO（首席技术官），曾李青是 COO（首席运营官），许晨晔是 CIO（首席信息官），陈一丹是 CAO（首席行政官）。

之所以将创业五兄弟称为"难得"，是因为直到 2005 年时，这五人的创始团队还基本保持着这样的合作阵形，不离不弃。在企业迅速壮大的过程中，要保持创始人团队的稳定合作尤其不容易，马化腾对于合作框架的理性设计功不可没。从股份构成上来看，5 个人一共凑了 50 万元。其中，马化腾出了 23.75 万元，占 47.5%的股份；张志东出了 10 万元，占 20%的股份；曾李青出了 6.25 万元，占 12.5%的股份；其他两人各出 5 万元，各占 10%的股份。

虽然主要资金都由马化腾所出，他却自愿把所占的股份降到一半以下，即 47.5%。"要他们的总和比我多一点点，不要形成一种垄断、独裁的局面。"同时，他又一定要出主要的资金，占大股。"如果没有一个主心骨，股份大家平分，到时候也肯定会出问题，同样完蛋。"马化腾在采访时承认，他最开始也考虑过和张志东、曾李青三个人均分股份的方法，但最后还是采取了 5 人创业团队，根据分工占据不同的股份结构的策略。即便后来有人想加钱、占更大的股份，马化腾也说不行，"根据我对你能力的判断，你不适合拿更多的股份"。因为在马化腾看来，未来的潜力要和应有的股份匹配，不匹配就要出问题。如果拿大股的不干事，干事的股份又少，矛盾就会发生。

保持稳定的另一个关键因素，就在于搭档之间的"合理组合"。马化腾非常聪明，但非常固执，注重用户体验，愿意从普通用户的角度去看产品。张志东是非常活跃、对技术很沉迷的一个人。马化腾的技术也非常好，但他的长处是能够把很多事情简单化，而张志东更多是把一个事情做得完美化。许晨晔和马化腾、张志东同为深圳大学计算机系的同学，他是一个非常随和但有自己的观点、不轻易表达的人，是有名的"好好先生"。而陈一丹是马化腾在深圳中学时的同学，后来也就读深圳大学，他十分严谨，同时又是一个非常张扬的人，他能在不同的状态下激起大家的激情。如果说，其他几位合作者都只是"搭档级人物"的话，那么曾李青则是腾讯 5 个创始人中最开放、最具激情和感召力的一个，与温和的马化腾、爱好技术的张志东相比，是另一个类型。其大开大合的性格，也比马化腾更具备攻击性，更像拿主意的人。

可以说，在中国的民营企业中，能够像马化腾这样，既包容又拉拢，选择性格不同、各有特长的人组成一个创业团队，并在成功开拓局面后还能保持长期默契合作，是很少见的。马化腾的成功之处就在于，他从一开始就很好地设计了创业团队的责、权、利。能力越大，责任越大；权力越大，收益也就越大。

资料来源：何磊. 风平浪静：马化腾五兄弟[J]. 东方企业家，2010，（12）：82-83.

创业团队是一群愿意做出承诺的利益相关者，是被创业项目吸引而生成的。创业团队由哪些人组成，如何分配股份和划分责、权、利，这些对一个初创团队而言非常重要。只有找到合适的搭档，各取所长，优势互补，才能发挥出团队最大的效果。

4.1　创业团队的内涵

4.1.1　创业团队的概念与内涵

创业团队有广义和狭义之分。狭义的创业团队是指在创业初期（包括企业成立前和成立早期），由一群才能互补、责任共担、愿为共同的创业目标而奋斗的人所组成的特殊群体。广义的创业团队不仅包含狭义的创业团队，还包括与创业过程有关的各种利益相关者，如风险投资商、供应商、专家咨询群体等。创业团队强调共同性也强调互补性。共同性主要指愿景、目标的共同性，能共担风险，共享回报；互补性主要是指思维、技能、性格和资源的互补。共同性保证团队有共同的信念，团队成员能同甘共苦；互补性能让团队成员互补所短，发挥团队的最大作用，如图 4-1 所示。

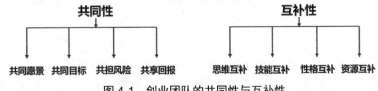

图 4-1　创业团队的共同性与互补性

创业团队的内涵主要表现在以下三个方面。

（1）创业团队是一个特殊群体。从组织中人与人之间的关系看，创业团队与普通工作群体的区别在于，团队中人与人之间的关系是互补的，而群体中人与人之间的关系是互换的。团队中谁也离不开谁，而群体中谁离开了，都不会有太大的影响。创业团队是在创业初期聚集在一起的一群人，团队成员有共同的目标，主动共享信息，积极协作，愿意共担风险，共享收获。普通工作群体更多的是强调个人完成自己的工作任务，少有或没有共同的责任。

（2）创业团队的工作绩效远高于成员个人绩效的总和。普通工作群体中，每个人只需要完成自己份内的工作即可，群体的工作绩效也仅是单个成员个人绩效的总和。创业团队则不同，他们相互配合、互帮互助、坦诚沟通、共享信息，通过所有成员的共同努力、积极协作，使团队产生更高的绩效水平，远大于成员个人绩效的总和。

（3）创业团队是高层管理团队的基础和最初组织形式。创业团队一般存在于新企业成立前和成立早期，现实生活中人们常常将他们称为"元老"，企业高层管理团队是创业团队组织形式的继续。虽然高层管理团队可能产生人员流动，也许团队中依然存在着部分创业元老，也许所有的创业元老都已离开，但高层管理团队的管理风格，在很长一段时期内是很难彻底改变的。

4.1.2 创业团队的共同性

1. 共同愿景

共同愿景建立在共同的价值观基础上，是对组织发展的共同愿望，并且这个愿望不是被命令的，而是全体成员发自内心想要追求的，往往是创业的初衷。它不一定包含具体的行动方案或行动策略，但一定是比较具体的，涉及组织未来的发展目标、任务及使命等，通过团队成员的共同努力是可以实现的。共同愿景能够使全体成员紧紧地联系在一起，淡化人与人之间的个人利益冲突，从而形成一种巨大的凝聚力。比如，马云提出的"让天下没有难做的生意"的愿景，就团结和带动着他的创业团队取得了创业的成功。

2. 共同目标

共同目标是团队前进的方向，没有目标，团队就无法向前发展。马云曾说过："千万不要相信你能统一人的思想，那是不可能的。30%的人永远不可能相信你，不要让你的同事为你干活，而要让他们为共同的目标干活。团结在一个共同的目标下，要比团结在一个人周围容易得多。"每个人都是独立的个体，对事物的看法和观点也千差万别，但目标在组织层面，却一定是统一和明确的，为共同的奋斗目标而努力，团队才更可能获得成功。

3. 共担风险

创业团队是要面向未来、去探索一个不确定的目标，有可能成功，也可能失败，每个人都要承担风险。是否能够共同承担风险，对于创业团队非常重要。唯有共同承担风险，才能共同走向未来。值得注意的是，创业团队在生成过程中，每个成员的加入都是以自己可承担的风险作为判断依据的，而团队的创业活动也是以团队可承担的风险作为行动依据的。

4.　共享回报

创业团队在共同承担风险的过程中，也一定会共同享受回报。这些回报一般是多元化的，即有物质层面的，也有精神层面的。物质回报包括更高的薪金、期权、股份等，它会改变你的生活方式；精神回报包括更大的成长空间、更高的成就感等。

值得注意的是，物质回报有时也许需要很长时间才能兑现，但是精神回报却有可能随时获得，如学会了坚持、学会了宽容、学会了迭代、学会了积极行动等。

4.1.3　创业团队的互补性

1.　思维互补

思维是指人类所具有的高级认识活动。思维方式的不同，往往源于不同的年龄、学习经历、工作经验和成长环境等，不同的思维方式有利于不同思想的交融，有利于创造性解决方案的产生。不同思维方式的组合也有利于系统性地思考问题，而不容易陷入片面和单一的视角。思维方式的差异对于理解用户的多样化需求具有重要意义。

2.　技能互补

所有的想法都要通过行动来实现，而行动往往是由具备的技能或专长推动的。技能代表着一个人在某个领域的专长。创业活动需要各种技能，因此就需要具备不同技能的人组合在一起形成创业团队。如果一个团队仅有具备某一项专长的人，那么这个团队往往无法有效地开展创业活动。例如，一个完全由文科学生组成的创业团队，虽然会有很棒的想法，但是可能由于缺乏技术支撑等问题，往往陷入现实的困境中。

3.　性格互补

创业过程具有极强的不确定性，过程往往漫长而艰辛。创业团队中有不同性格的成员，往往可以使团队走得更远。正如一次论坛中，主持人让俞敏洪和马云从西游记团队中任选两人形成团队，马云选了猪八戒和沙僧，俞敏洪选了孙悟空和沙僧。很多人对马云选择猪八戒不解，马云认为猪八戒虽然看起来实力不强，又好吃懒做，但是他善于活跃工作气氛，使取经之旅不至于太沉闷。现实中大部分创业团队可能都有这种类似性格的人，他们看似价值不大，但却对创业团队工作氛围的形成起着至关重要的作用。

4.　资源互补

创业者经常面临资源稀缺的情况，这就需要创业团队在有限的条件下，创造性地整合资源，将想法变成现实。资源整合首先从自己所拥有的资源开始，所以团队成员所拥有的资源也是其存在的理由。创业团队的所有成员都应该积极整合自身资源，为团队做出贡献。

4.1.4　创业团队的构成

按照创业团队的定义，张玉利教授认为广义的创业团队可分为初始合伙人团队、风险投资家、专业顾问等形式。

1. 初始合伙人团队

初始合伙人团队由在创业初期就投资并参与创业行动的多个个体组成。初始合伙人团队的知识、技术和经验，往往是企业所需要的、最有价值的资源。正是由于这个原因，人们经常通过评估初始合伙人团队的素质，来预期企业未来发展的前景，这些素质特征包括受教育程度、前期创业经历、相关产业经验和社会网络关系。

2. 董事会

如果创业者计划创建一家公司制企业，就需要按规定成立董事会——由公司股东选举产生，以监督企业管理的个人小组。如果处理得当，公司董事会能够成为新创企业团队的重要组成部分，它可以通过以下两种方式，帮助新创企业有一个良好的开端，并形成持久的竞争优势。

（1）提供指导。虽然董事会具有正式的治理职责，但是董事会所发挥的最大作用还是为企业管理者提供指导和支持。实现这一点的关键是，企业挑选的董事会成员要有能力、有经验、愿意给予建议并能够提出具有洞察力、更加深入的问题。

（2）增加资信。董事会是由股东大会选举产生的，负责处理公司各种重大经营管理事项。具有较高知名度和地位的董事会成员能为企业带来即时的资信。

3. 专业顾问

除了上述介绍的创业团队成员，在许多情况下，创业者还需要依靠一些专家顾问，获取重要的建议和意见。这些专家顾问通常都成为创业团队的重要组成部分，在外围发挥着重要作用，具体成员如下。

（1）顾问委员会。顾问委员会是企业管理者在经营过程中，向其咨询并能得到建议的专家小组，对企业不承担法定责任，只提供不具约束性的建议。

（2）贷款方和投资者。贷款方和投资者会为企业提供有用的指导和资信，并保证发挥基本的财务监管作用。

（3）咨询师。咨询师是提供专业或专门建议的个人。当企业开展可行性分析研究或行业深入分析时，咨询师起着十分关键的作用。

4.2 创业团队的生成

好的创业团队往往不是组建的，而是生成的。创业团队的生成关键且不易，一般会经历三个步骤：说服（persuade）、承诺（commitment）与共创（co-create）。

4.2.1 说服

"众人拾柴火焰高"，对于创业者而言，在创业初期，除了可以获得更多的资源以外，还可以将自己的想法与他人分享。获得他人的认可并愿意做出承诺加入，不仅能提升创业者的自信，还能帮助创业者分担创业初期的风险，激发更多的创造性，帮助产品更好地迭代，这对初创企业而言有着非常重要的意义。

在创业初期，企业规模小，发展前景不明朗，给出的薪酬竞争力也不足，单纯靠招聘是招不到优秀人才的，有时即便招聘到优秀人才，也很容易流失。阿里巴巴集团前副总裁、中欧商学院教授曾鸣说过："在格局没到、钱也没到时，人才靠钱是吸引不来的，只能靠使命和愿景。"创业者基于手头拥有的资源与可承担的损失，广泛与潜在的利益相关者互动，介绍创业者的梦想，使他们了解、认可创业者的想法，并说服可能的"伙伴"加入团队。

蔡崇信为何放弃 580 万之年薪加入阿里巴巴？

蔡崇信，耶鲁大学法学院博士，阿里巴巴集团二号人物，马云最信任和最感激的人。蔡崇信 1995 年加入瑞典的 AB 投资公司，年薪 70 万美元。1999 年 5 月，蔡崇信代表 AB 投资公司去考查投资马云的可行性。到了杭州才发现，马云连公司都还没有，只有一个运行了几个月的网站。第一次参观阿里巴巴，他被眼前的情境惊呆了：黑压压坐着二十多人，地上满是床单，一群着了魔一样的年轻人在那里喊叫着、欢笑着，仿佛一个吃大锅饭的大家庭。但是蔡崇信很喜欢这种氛围，也佩服马云从中展示的领袖魅力。

蔡崇信还发现，马云的眼睛里都是大梦想，谈论的都是伟大愿景，而不是商业模式、赚钱盈利或者其他业务上的东西。对一个屡战屡败的创业者来说，这非常难得。阿里巴巴的使命和愿景吸引了蔡崇信。1999 年年末，蔡崇信辞职加入阿里巴巴，一个月工资只有 500 元。

资料来源：粥左罗. 蔡崇信：我为什么敢放弃 580 万年薪，拿 500 元月薪跟马云创业？[EB/OL]. （2018-05-12）[2019-11-12]. https://www.sohu.com/a/231402762_358836.

4.2.2　承诺

在认可创业者的想法后，基于可承担损失原则，新伙伴与创业者之间将进行共赢型的事前承诺，从而正式加入创业团队。吸引承诺的人们参与团队，有如下好处。

（1）获得更多的行动资源。每个团队成员都为新创企业带来了新的资源。通过资源组合，每次互动都可能创造出新的、有价值的事物，即使这些新事物对他们正在塑造的世界并非都很重要。通过这种方式可以实现创业者和团队成员之间的双向选择。每一个团队成员之间的互动，都可能影响孕育中的新市场的可能形态，也可能改变资源库中的资源本身。

（2）分散风险。每个团队成员投入的资源都是他们自己提供的，所承担的风险也都是分散的。在创业初期，没有人知道创业这块蛋糕会做多大，更不用说将来每个人会分得多少，而团队成员无法把预期收益作为选择投资的直接标准。他们会暗自揣度自己是否可以承担投资创业可能出现的损失，因此所投入的资源也会有多与少的差别。

（3）激发创造性。俗话说，"三个臭皮匠顶个诸葛亮"。新市场的建立不是任何一个人事先设计出来的，而是创业过程中每个成员和其他团队成员之间互动的结果。最开始，任何一方都不确定将来这一新事物一定能有回报，也不知道能否如其所料。整个环节都是由双方的不断互动促成的，团队成员们根据自己的承诺和投入，一起协商未来企业的具体模式。同时，创业环境中的任何变化都会给创业者带来新的想法，重新激活循环。

（4）增强自信。除非认为你有一个具有潜在价值的想法，否则人们不会参与你的行动。你聚集的人越多，越说明有更多的人认可你，当然，不排除不明缘由的盲目跟风者。

实际上，大多数人的抱负远大于手中所拥有的资源。吸引自我承诺的团队成员参与，就是在整合其他资源。这些人拥有的知识网络和资源可以成为你的资源。这不是一件简单的事，因为很少有人在一开始就拥有创造新事物所需要的所有资金和能力。

如果自己缺乏承诺，就不要期望获得他人的承诺。万事开头难，一定要让自己的想法付诸实践。如果你没有全身心加入，其他人是可以感知到的。他们会认为，你对创意并不感到兴奋或并没有真正承诺要把它付诸实践。如果缺乏承诺，你面临的困难将会成倍增加。

此外，要注意识别真承诺和假承诺。有些团队成员没有真正地被吸引进来，他的承诺可能是假的。这可以从情境、语言、神态、行为等方面进行识别，从而保证加入的成员的承诺是真实意图的反应，保证他们为承诺去真心地付出。

4.2.3 共创

承诺的利益相关者加入团队的时间越早，他们就越有机会帮助你改变最初的想法。他们最终可能不再是合作者，而是新创企业的股东。这样，他们就成了名副其实的共创者。初始的愿景开始分享、然后扩散，最终成了"我们的"，而不再是创业者个人的愿景。随着公司规模的扩大，创业者开始和新进的员工进行沟通和交流，逐渐地变成"我们想这样做"，而不是"我想这样做"。新伙伴的加入，会带来新的资源，产生新的目标，从而使创业成为一个"共创"的过程，共同创造出新的市场、新的产品、新的业务，甚至新的企业。

4.2.4 创业团队画布

一个好的创业团队的形成会受到多种因素的影响和制约。朱燕空等人依据团队画布与效果推理理论而提出的创业团队画布，为我们提供了一个生成创业团队的基本工具和方法。其构成要素如下。

（1）初衷，即我们为什么要做这件正在做的事情？这个要素是画布中最为核心的首要要素。

（2）资源，即我们拥有哪些资源。包括知识、能力、人脉等。

（3）目标，即我们团队想要实现什么。我们想要实现的个人目标是什么？没有明确的目标，容易丧失前进的方向。

（4）分工。即我们每个人在团队中的角色，一般与团队成员的知识、能力有关。

（5）规则。即团队的共同规则，一般与团队开展的活动有关，如我们如何决策、如何沟通等。

创业团队画布示意图如图 4-2 所示。

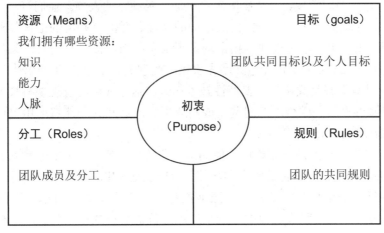

图 4-2　创业团队画布

资料来源：朱燕空，祁明德，罗美娟．创业如何教——基于体验的五步教学法[M]．北京：机械工业出版社，2018：112.

创业团队画布的逻辑本身，并不能保证一个创业团队的成功生成。但是它为创业团队的产生与共创提供了有力的共同语言，使得团队无论在生成还是成长过程中，都能清楚地意识到每个新加入的成员到底带来了哪些"资源"，他的"目标"与团队发展方向是否一致、他的"分工"如何，以及他加入后开展工作的"规则"等。

4.3　创业团队的管理

创业是对理想的追求，源于激情的支撑，但随着时间的流逝和企业的成长，权力分配、理念分歧、利益冲突等问题就会浮出水面，创业团队必须高度重视并妥善解决这些问题，才能确保团队的稳定。

4.3.1　做好创业核心团队的角色分工

德鲁克在《管理的实践》中提到，"理想的董事长"应该是善于对外交往、善于思考和善于行动三个角色的综合。公司的团队应该是三人团队模式：一个定格公司文化、一个引领技术、一个负责执行。英特尔公司诺伊斯、摩尔和格鲁夫三人组成的创业团队，堪称合作的典范：诺伊斯负责对外沟通交流，摩尔负责技术，格鲁夫负责执行。现实中许多创业团队都是借鉴这一模式组建形成的。

普瑞尔·萨拉伊基于自身的创业实践与观察，总结出了创业团队"3H"模式：

Hipster（潮人，即精神领袖）、Hacker（黑客，即技术领袖）与 Hustler（皮条客，即执行领袖），也称创业团队"三剑客"。这种模式来自于实践中的顿悟，也被称为"街头智慧"，在实际应用中非常有效。

Hipster 是在美国嬉皮士文化影响下产生的一类独特的人群。他们有一点异类，有一点桀骜不驯、玩世不恭。但是他们对时尚的品位、对流行趋势的把握却非常独到。他们不循规蹈矩，也不会古板地依据市场调查来做判断，而是被内心的某种直觉所指引，敏锐捕捉方兴未艾的潮流元素，率先引领时尚潮流，是时代的"弄潮儿"。

Hacker 是掌握极具突破性、变革性技术的人。这些人能够发现现有技术的某些漏洞，并且能够点"漏"成金，把漏洞变成商业机会。这些人还能够运用自己掌握的技术，突破性地创造机会。

Hustler 最大的特点是八面玲珑。他们是出色的交际者，对内能做到八面玲珑，增强整个团队的凝聚力；对外能让每个客户都觉得自己是 VIP。虽然他们的功能是"Wi-Fi式"地服务每一个用户，但是每一个跟他们打交道的人都觉得自己得到的是"蓝牙式"的私人服务。在这些人的口中，一个产品的价值会被成倍地放大。这样的人在团队中的作用非常重要。很多企业的 CEO 就是出色的 Hustler。

创业团队没有固定的模式，结合英特尔的三人组合模式和 3H 模式，可以总结出一些共同规律。

（1）一般创业团队都包含精神领袖、技术领袖和执行领袖三种角色。因为所有事物的成功都经历过两次创造。首先是设计，设计代表着战略与方向，是精神领袖的任务。其次是行动，行动代表着管理与执行，是执行领袖的任务。最后，在设计和行动之间，需要技术的支持，技术是把精神世界转化成物质世界的载体，是技术领袖的任务。

（2）成员数量不宜过多，成员过多往往会造成管理的内耗，沟通和协调的成本也会大幅增加，在面临不确定性目标时，成员越多决策的难度越大。

（3）有时候一个人可能扮演不同的角色。例如，很多精神领袖也是执行领袖，很多技术领袖也扮演精神领袖的角色，但是一个人终究不能代表一个团队，正是不同成员之间思维方式、技术、性格、资源等方面的差异推动了创业目标的实现。

4.3.2 设置好团队组织架构

创业团队的互补性和异质性，给新创企业带来了多样化的人力资源基础，但同时也造成团队成员在个性、特长上的较大差异，这使得团队管理承受了巨大压力。此时需要保证团队成员间沟通的通畅，如果缺乏有效沟通与协调，将难以达成一致的目标，甚至导致严重的后果。团队领袖在组织和管理团队时，应当努力掌握和提高有效沟通与协调的能力，善于倾听不同意见，善于概括总结，克服分歧和矛盾。从人力资源管理的角度来看，建立优势互补的创业团队，设置好团队组织架构是保持创业团队稳定的关键。

（1）基于理性逻辑组建的创业团队，创业者可采取明文规定的分工协作和决策程序，落实责任，明确责、权、利，避免相互扯皮、推诿。管理重点在于沟通和协调、培养信任感、整合成员特长，即以利益为中心培养团队凝聚力，以信任为中心增强团队沟通等。

（2）对于非理性逻辑组建的创业团队，分工要适当，因人授权、按权担责，避免过度集权、决策一致性倾向，管理重点在于更多地整合外部资源。创业者应当注意吸纳并培养具有不同专长的核心员工，聘用外部专业顾问，增强团队的互补性等。

4.3.3　打造团队精神

团队精神，一般是指经过精心培育而逐步形成的，被团队全体成员认同的思想境界、价值取向和主导意识。团队精神是企业的精神支柱，是凝聚团队成员的共同信念和精神力量，是创业成功的基石。李时椿教授认为团队精神的打造可以从以下三个方面进行。

（1）确立创业团队认可的共同愿景和创业目标。愿景和目标的设立要切实可行，依靠大家共同规划和设计，成为团队成员共同的信念和精神力量，使团队成员产生强烈的归属感与荣誉感，由衷地把自己的前途与团队的命运联系在一起。这也是日后企业文化建设的核心内容。

（2）建立"以人为本"的管理机制。坚持以人为本，充分尊重人、爱护人、关心人，借助激励机制的构建，让成员参与管理、共同决策、求同存异、荣辱与共，强化团队成员的责任感，激发员工的献身精神和忠诚度。

（3）建设学习型创业团队。学习型创业团队是为完成共同创业目标，共享信息和其他资源，在学习中实践、在实践中不断学习的组织。学习和创新是团队精神培育与企业发展的不懈动力。市场环境瞬息万变，创业过程中要面临太多的变数和风险，危机和忧患意识促使团队成员必须不断学习和思考，并分享新知识、新技术、新思想，以加快知识更新。团队成员更要研究和解决新问题、新情况，积极适应变化，避免潜在的风险，从而达到企业生存和长期发展的目的。　　　.

4.3.4　优化团队运作机制

（1）优化创业团队决策机制。一方面，要坚持控制权与决策权的统一。所有权的分配本质上是对公司控制权的分配，实践表明，股权比例最大的团队成员如果不拥有公司的控制权，则创业初期就非常危险，因为该成员极有可能挑战决策者的决策权威，进而引发团队矛盾和冲突。另一方面，既要保证大股东对公司的控制权，又要发挥团队集体智慧。可采取大股东"一票否决制"，即一项提议，就算所有股东都通过，但只要大股东自己不同意，就可以否决这项提议；而如果一项提议，大股东同意的话，他也只能投一票赞成票，必须2/3的股东都同意后，这项提议才能被通过。

（2）优化创业团队激励机制。创业之初，凡涉及责、权、利等问题，都应先说明白、讲清楚，不能感情用事，更不能避而不谈。必须以契约形式明确团队成员的权利与利益分配机制，以及增资、扩股、融资和退出机制等，并写入公司章程，这是创业团队长期稳定的制度保障。在实际操作中，依据出资额确定股权分配比例是常见的做法，但对于没有投入资金却持有关键技术的团队成员，则需要谨慎考虑技术的商业价值，在资金和技术之间做出合理的权衡。此外，从企业长远发展考虑，还应给未来进入公司的优秀人才预留部分股权。

（3）优化创业团队分配机制。利益分配要公平、公正，切实体现出贡献越大所获得报酬越高，但贡献应当以团队成员在整个创业过程中的表现为依据，而不仅仅是某一阶段的业绩。此外，不同类型的员工对于利益的诉求不尽相同，因此企业的报酬体系不仅包括股权、工资、奖金等物质报酬，还应包括提高个人能力和成长机会等方面的因素。每个团队成员所看重的利益因素并不一致，这取决于个人的价值观、奋斗目标和抱负。有些成员将物质追求放在第一位，而有些则是希望能够获得荣誉、发展机会、能力提高等精神利益。因此，团队的领导者应当加强与成员的沟通交流，针对各成员的利益诉求，选取恰当的方式，并能够根据团队成员的期望进行适时调整，这是有效激励的重要前提。

 延伸阅读

[1] 张玉利，薛红志，陈寒松，李华晶. 创业管理[M]. 4 版. 北京：机械工业出版社，2017.

[2] 朱燕空，祁明德，罗美娟. 创业如何教：基于体验的五步教学法[M]. 北京：机械工业出版社，2018.

 复习思考题

1. 你是如何理解创业团队内涵的？
2. 创业团队的共同性体现在哪些方面？
3. 创业团队的互补性体现在哪些方面？
4. 为什么说创业团队是生成的？
5. 创业团队生成的步骤包括哪几步？
6. 创业团队画布包含的要素有哪些？
7. 创业团队有哪些共同的规律？
8. 如何进行创业团队管理？

 **案例练习**

阿里巴巴的十八罗汉与空降兵

1999 年，刚刚经历过第二次创业失败的马云和他的 17 位小伙伴一起筹集了 50 万元钱创建了阿里巴巴。在企业创业初期，创业团队一般很难吸引到高级人才。没钱、规模又小，别说高级人才，一般人才都很难招募。新创阶段，马云干的最多的事情，就是给团队培训，不停地培训。团队组建初期，只有靠自己和团队的不断学习进步，创业才会真正成功。只有经过共同成长，能一起探索，伴随企业发展的人，才能真正地让创业团队成功。

阿里巴巴逐渐壮大之后，马云对原来一起创业的"十八罗汉"越来越不满意。他说，"十八罗汉"忠心有余，能力不足，所以迫切需要到外边找高层次人才。马云对"十八罗汉"说："我们要成为一家伟大的企业。而你们只能当个班长、排长，最多当个连长、团长。我们要成为一个军的话，就必须到外面去找师长和军长。"

于是在 2006 年前后，在公司 HR 的努力下，马云从外部引进了一批国际级人才。其中有卫哲（百安居中国区 CEO）、吴伟伦（百事可乐中国区 CFO）、曾鸣（长江商学院教授）、谢文（和讯网 CEO）、崔仁辅（沃尔玛百货集团高级副总裁）、黄若（易初莲花 CEO）、武卫（毕马威华振合伙人）。这些人都是"500 强"高管出身，起点高，视野开阔，正符合马云的需求。所以这些人一来，马云就安排他们当了"师长、军长"。

但奇怪的是，没过多久，这批"空降兵"大部分都离开了阿里巴巴，剩下的也只有曾鸣和武卫。其中，卫哲曾一度被认为是马云的接班人，但因为淘宝造假一事，卫哲引咎辞职。其他"空降兵"也陆续"阵亡"。

后来马云反思这件事，特意发了一条微博。"我犯了一个错误，我告诉我的十八位共同创业的同仁，他们只能做小组经理，而所有的副总裁都得从外面聘任。现在十年过去了，我从外面聘请的人才都走了，而我之前曾怀疑过能力的人都成了副总裁或董事。所以，我越来越相信一件事，态度比能力重要。能力不够可以培养，态度不行那就无法和你同甘共苦。"

资料来源：武大师. 俗话说"共患难易，共富贵难"[EB/OL].（2020-06-03）[2020-06-07]. https://www.toutiao.com/a1668483588959367/

思考题：
1. 基于本案例，谈一下你对创业团队的理解。
2. 这个案例带给你什么启示？

 **实践训练**

实践训练 4-1　造雨游戏

如果我们想马上在教室中下一场雨，该如何实现？

实践训练 4-2　观影《中国合伙人》，分组讨论创业团队聚散离合的启示

观看《中国合伙人》，通过影片追寻和思考创业团队聚散离合的人生之路，分组讨

论并形成共识。

实践训练 4-3　西游团队分析

如果你是投资人，现在要在西游记团队的孙悟空、猪八戒、沙僧三人中找出两人和唐僧一起组建创业团队，你会选择谁？先进行小组讨论，讨论后到爱奇艺网站（http://www.iqiyi.com/w_19rrepbluh.html）观看牛根生主持的节目视频，看看马云和俞敏洪是怎样回答的。

实践训练 4-4　古典名著中的创业团队分析

《水浒传》《三国演义》等古典名著都详细刻画了多个不同的"创业团队"，请以小组为单位，从中任选两个团队，从团队的组建、角色扮演、冲突解决、团队演化等多个方面剖析比较，总结团队管理所涉及的关键要素和一般规律。

 **复盘与反思**

回顾本章内容，请写出：
1. 学到了什么（三个最有启发的知识点）。
2. 有什么感悟（两个最深的感悟）。
3. 计划怎么去行动（一个行动计划）。

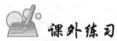 **课外练习**

每组同学众筹 5 元钱作为创业基金，小组成员用一周的时间做准备，确定自己的创业项目，围绕项目完成创业团队画布，团队合作在 1 小时内完成创业项目，看哪一个组赚钱最多。项目完成后，小组在班内做 5 分钟的项目汇报，分享完成项目的心得体会，教师围绕知识点进行点评和总结。

第5章 创业机会

本章学习目标

▶ 了解创业机会的内涵及特征；
▶ 了解创业机会的来源；
▶ 了解影响创业机会识别的关键要素；
▶ 了解创业机会的识别；
▶ 了解创业机会的评价。

引导案例

从北大校园走出的共享单车

2014 年，"90 后"的戴威在结束支教之后回到北京大学攻读经济学硕士。热爱自行车的他和朋友开始酝酿一份"自行车的事业"。他们做过山地车网络出租，两个月只有一笔订单；做过高端自行车的金融分期，一共卖出 5 辆车；做过二手自行车交易平台；与骑行相关的智能可穿戴设备……每个项目都是信心满满地推出来，但没什么响应。2014 年年底，深度定制化骑行旅游项目 ofo 骑游诞生：骑车环游阿里山和青海。ofo 拿到了 100 万元天使投资。

但这个需求太小众。即使账户只有 100 万元，戴威想到的并不是提高效率，开源节流，而是疯狂地烧钱补贴。很快，就将唯猎资本的 100 万元投资花得只剩下 400 元钱。无人继续投资，公司只能转型。

这次创业失败让戴威想明白了一件事："为什么走不下去？最重要的原因是这些方向都不是刚需，有固然好，没有也无所谓。当时选择的产品太弱了，只是一个 want（想要），而不是一个 need（需要）。"戴威反思后得出结论：必须解决实实在在的问题，要击中真实的痛点。他们把目光转向了共享单车。

为什么要转型做共享单车呢？跟戴威自己的亲身经历有很大关系。戴威读本科时丢了 4 辆单车。每次丢完车他都很纠结，因为觉得走路很慢，走了一周后又买了一辆车，骑了一段时间就又丢了，或者就找不到了，反反复复经历了 4 次。还会出现过这种情况：戴威将自行车放在东门，从西门回来时就骑不了车；早晨起床下楼，发现昨天没有骑车回来，便又得走路。

戴威就想，有没有可能通过共享的方式解决校园自行车的问题？此后，戴威就做了共享单车项目，于 2015 年 6 月首创"无桩单车共享"模式。ofo 自己采购一些车，也让同学们把自行车交给他们，以"所有权换使用权"，可以随时随地使用 ofo 平台上的任何一辆车。没有贡献车的同学则要交纳很少的租车费。ofo 无桩共享单车的模式慢慢成形：自行车被装上了密码锁，手机扫码后获得开锁密码，按骑行时间或里程计费。通过给自行车装车牌，还有智能锁，解决随时随地有车骑的问题。

ofo 小黄车先是在北大投放，引起一轮风潮，后续在人大、北航、北交等高校投放。慢慢地，由于大城市的拥堵，开车或打车还没有走路或骑单车快，共享单车就变成了"最后三公里"的一个很好的解决方案。虽然 ofo 现在面临很多问题，但是发迹于北大校园的小黄车开创了共享单车的时代。

资料来源：雷建平. 专访 ofo 共享单车 CEO 戴威：创业初期没人看好，还背 600 万元债[EB/OL].（2016-10-11）[2019-11-22]. https://mp.weixin.qq.com/s/RASpU1NINbg3Wu7Vt3DwMA.

创业的机会来自于哪里？戴威遇到的情况很多同学都遇到过，但是很少有人去关注它。我们身边有很多机会，只是我们视而不见。是不是所有的机会都能成为一个好的商业项目呢？这要求创业者要有敏锐的直觉，能瞄准市场空白点，深层次地发现并满足顾客的需求，在为客户创造更大价值的同时，创业者也为自己开创了事业，创造了财富。

5.1 创业机会的内涵

5.1.1 创业机会

创业机会是创业的核心要素，创业从创业机会开始。创业的实质是具有创业精神的个体对具有价值的创业机会的认知过程，包括创业机会的识别、评价和建构等环节。在传奇的创业故事中，创业者瞬间就能发现创业机会。但在现实中，并不是这样的。不是所有的想法和创意都适合创业并成为创业机会。很多时候，创业机会处于一种隐性的状态，有的人能发现，有的人会视而不见。同样的机会，不同的人理解会不一样，不同的创业者开发得到的效果差异也很大。

创业机会是预期能够产生价值的清晰的目的—手段组合。目的是指满足顾客的需求，帮助顾客解决实际问题；手段是产生价值的途径，创业机会至少要包含有价值的创意和较清晰的商业概念。创业者搜寻并识别机会，创建企业。不管创业者以哪种方式创建新企业，识别产品、服务或业务机会都很困难。创业者在识别机会时最常犯的错误是，挑选自己喜欢或对其有激情的现存产品或服务，并围绕产品或服务的改进而创建企业。这种方法看上去好像很明智，但事实上很难行得通。机会识别的关键在于识别出顾客需要而且愿意购买的产品和服务，而非创业者自己想生产和销售的产品或服务。

创业机会具有以下四个本质特征（见图 5-1）。

（1）有吸引力。对创业者和顾客有吸引力，可以帮顾客创造价值，解决问题，是高频痛点，或者是刚性需求。

（2）持久性。创业机会不是转瞬即逝的，必须是一种持久的改变，能持续一段时间，可以长时间地存续下去。

（3）时效性。创业机会具有时效性，创业者进入市场时，机会窗口应该是打开的，还没有关闭。

（4）依附于为买者或终端用户创造或增加价值的产品、服务或业务。创业机会需要依附于一个产品或者服务、业务，创业者通过产品和服务去为客户解决问题。

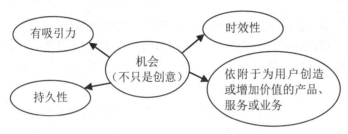

图 5-1　机会的本质特征

资料来源：布鲁斯·巴林格，杜安·爱尔兰. 创业管理：成功创建新企业[M]. 3 版. 北京：机械工业出版社，2016：24.

5.1.2　创意与创业机会

好的创意是成功的一半，但是创意不一定就是创业机会。创意与点子的不同之处在于创意具有创业指向。创意是具有创业指向同时具有创新性的想法，不一定注重它的可实现性，而创业机会必须是实实在在的，可以用来创建企业的。创业机会和创意相比最重要的一个特征是能满足顾客的需求，具有市场价值，有清晰的商业概念。创意是否有价值潜力，可以通过以下三个基本特征来判断。

（1）新颖性。有价值的创意应该应用新的技术，形成新的差异化的解决方案，具有一定的领先性和难以模仿性。

（2）真实性。有价值的创意绝对不应是脱离现实的空想，要具有实用价值和现实意义，能开发出可以把握机会的产品或服务，市场上的需求是真实存在的。

（3）价值性。好的创意要能给顾客创造真正的价值，需要进行市场测试来进行检验。

产生创意之后，创业者还需要把创意发展为可以在市场上进行检验的商业概念。许多企业失败不是因为创建者没有努力工作，而是因为没有从真正的机会去开始：在发现商业创意时，没有去了解创意是否真的填补了某种需要，是否满足了机会的标准。商品交换发生的充分条件是商品或服务要能够满足客户的需求，只有满足客户的需求，交换才有可能发生；商品交换的必要条件是交换物的等价性，商家提供的产品的价值要大于或者等于客户愿意支付的价值。所以说，交换发生的前提是满足客户的需求且能给客户带来足够的价值。顾客认可并愿意为这种利益支付价值。商业概念的核心是产品，产品本身并不是目的，关键是能解决顾客的问题，让顾客愿意支付相应的价值，产生商品的交换。

创业者寻找解决问题的手段，产生创意并发展成清晰的商业概念，这是启动创业活动的基本前提。此外，还需要进行认真的论证，判别发展出的商业概念是否值得投入资源开发，是否能成为有价值的创业机会。随着论证工作的深入，商业概念可能会变得丰富，甚至接近后面介绍的商业模式，这时创意才能变成创业机会。

5.1.3 机会窗口

创业机会的存在和创造是实时的，有时效性，这种时效性又被称为"机会窗口"，指的是企业进入新市场的时间期限。蒂蒙斯教授认为对于要抓住商机的创业者而言，机会窗口必须是打开的，而且打开的时间要足够长。有价值的创业机会，一定要符合未来发展的趋势，正所谓顺势者昌，逆势者亡。

我们来看一个一般化市场上的机会窗口的演变过程（见图 5-2）。市场在不同的时期成长的速度不同，在早期成长比较缓慢，这时出现创业机会的概率不大；而后市场会快速扩大，这时市场机会越来越多，越来越明显；当市场进一步变大、变成熟以后，竞争会加剧，环境就不一定有利了。在市场开始扩展到一定的程度，并形成一定结构时（图 5-2 中第 5 年），机会窗口会打开；随着越来越多竞争者的进入，市场进入成熟期，机会窗口开始关闭（图 5-2 中第 12 年）。图 5-2 中所示的曲线描绘的是快速成长行业的曲线，如软件、生物技术等新兴行业。在一些成长不是很快的行业，其成长曲线比较平缓，创业机会出现的概率也小。

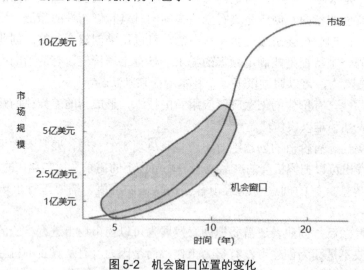

图 5-2 机会窗口位置的变化

资料来源：杰弗里·蒂蒙斯，小斯蒂芬·斯皮内利. 创业学[M]. 周伟民，吕长春，译. 北京：人民邮电出版社，2005：56.

在我们考虑机会窗口时，窗户敞开时间的长短也很重要。如果要创造并抓住一个商机，就必须在窗户关闭之前进入目标市场。此外，企业需要足够的时间收获成功带来的利润。

在潜在商机出现时识别创业机会的能力，以及抓住商机的时机把握，对创业者来说都是极为关键的。商机是实时的，一旦把握住机会窗口就能使企业快速成长。小米创始人雷军用"站在风口，就是一头猪也能飞起来"来形容小米取得的成绩。他认为小米的成功只是因为把握住了移动互联网这个机会窗口。好的创业机会必须在机会窗口打开时进入，这时成功率会更高。作为一名创业者一定要善于抓住机会窗口。

当市场成熟时，机会窗口就会关闭。机会窗口关闭后，除非具备超越现有竞争对手的明显优势，或者以特有方式专注细分市场，否则新进入企业很难获得成功。2015年，随着移动互联网的发展，ofo 小黄车、摩拜开创了共享单车市场，并带动行业快速发展，仅 2016 年就至少有 25 个新品牌杀入这个市场，2017 年共享单车市场进入成熟期，开始出现首家倒闭的企业，机会窗口开始关闭。此时，新的企业想进入这个市场已经很难了。2016 年 9 月成立的哈啰出行凭借差异化策略、智能化技术驱动的精细化运营、成本控制能力和用户体验，以及大股东阿里巴巴集团这棵大树，从共享单车市场竞争中脱颖而出，成为共享单车行业市场和用户口碑的领导者。

5.2 创业机会的来源

5.2.1 创新的七个来源

绝大多数成功的创新都是抓住了变化的机遇达成的，许多创新本身就蕴含着重大的变化。现代管理学之父彼德·德鲁克认为：系统化的创新就存在于有目的、有组织地寻找变化中，存在于对这些变化本身可能提供的经济或社会创新的机遇进行系统化的分析中。系统化的创新从关注创新机遇的七种来源开始。他在《创新与企业家精神》一书中（从第三章至第九章）论述了创新的七个来源[①]。

（1）意外之事。意外的成功可以提供更好的创新机会。这时创新的风险最小，创新也比较容易。但是，意外的成功经常受到忽视，被管理人员拒之门外。除了意外的成功，意外事件还包括意外的失败。失败经常出现，很少被看作机遇的征兆。如果经过精心设计、规划及小心执行后仍然失败，那么这种失败常常反映了隐藏的变化，以及随变化而来的机遇。

（2）不协调。不协调是指事物的状态与事物"应该"的状态之间，或者事物的状态与人们假想的状态之间的不一致、不合拍。也许我们并不了解其中原因，但是不协调是创新机遇的一个征兆。不协调产生了一种不稳定性，提供了创新的机遇。

（3）程序需要。程序需要与其他创新来源不同，它以任务为中心，存在于一个企业、一个产业或一个服务领域的程序之中，始于需要完成的某项工作。它是完善一个业已存在的程序，替换薄弱的环节，用新知识重新设计一个旧程序。

---

① 彼得·德鲁克. 创新与企业家精神[M]. 蔡文燕，译. 北京：机械工业出版社，2007.

（4）产业和市场结构。可持续多年的产业和市场结构看上去非常稳定，实际上，却相当脆弱，蕴含着变化的机会。只要受到冲击，它们就会很快瓦解。市场和产业结构的变化蕴藏着很多创新的机会。

（5）人口变化。人口变化被定义为人口、人口规模、年龄结构、人口组合、就业情况、教育情况以及收入的变化等，这些变化一目了然。人口的变化会导致新的需求，带来大量创新的机会。

（6）认知、意义和情绪上的变化。同样的事物，会因为认知、意义和情绪上的不同产生不一样的理解和认识，带来新的创新机遇。

（7）新知识。很多创新都来源于新知识的产生。用新知识来解决问题会带来很多不同于以往的创新。在创造历史的创新中，基于知识的创新占有很重要的分量。基于新知识的创新并不一定都是科技方面的，社会方面的创新同样重要。

5.2.2　创业机会的发现观与创造观

从 2000 年开始，创业机会得到创业研究者的广泛认可，并逐步成为创业研究领域的核心内容。想创业成功，必须要有好的创业机会，创业者如何发现、评估和利用创业机会是创业研究的关键所在。环境背景的不同，以及创业者个体之间的差异，造成了创业机会识别的复杂性。创业机会的识别主要有创业机会的发现观和创造观两种观点。

创业机会的发现观认为，创业机会是客观存在的，先于创业者的意识存在于客观环境中，其中一些机会被搜索和发现，而另一些机会则一直隐藏在我们身边，被独具慧眼的创业者发现。从创业机会的发现观的角度来看，创业机会是创业者通过自身出众的信息收集和处理能力，对信息进行有意识的收集、处理，从而识别机会的过程。例如，戴威就敏锐地发现了共享单车的市场机会。创业机会的发现观还认为，创业者发现机会就像科学家通过科学实验得到新的发现一样。萨拉斯瓦斯也认为机会是客观存在的，她将机会识别作为创业者充分利用身边的各种资源去更好地实现预定目标的一种方式，认为个体发现机会的概率符合随机分布，有一定的随机性，而不是只有具有某些特殊特质的创业者才能发现和识别创业机会。

创业机会的创造观认为，创业机会是创业者主观创造的，机会在被发现和识别之前是未知的。机会是有创造力和想象力的创业者的主观意识，是主观构造的过程。创业机会不是客观存在的，而是由创业者主动构建的。创业机会取决于创业者的创造性想象等内在因素，而不是仅仅依赖外在环境因素。创业者利用即兴创作和不断试错累积知识，基于直观推断、渐进主义和归纳性逻辑做出创业决策，强调柔性和学习在创业实践中的作用，并将创业规划看成是一个浮现性过程。创业者主要依靠个人魅力、团队信任和感召来构建领导力。当乔布斯推出苹果手机时，消费者并不知道自己需要这样一款手机，乔布斯创造性地发明了一款消费者尚未意识其需求的产品。机会创造的另外一个典型代表是阿里巴巴集团构建出来的"双十一"购物节。

上述两种观点的模式差异比较如表 5-1 所示。

表 5-1　发现创业机会和创造创业机会的模式差异比较

类　　别	发现创业机会	创造创业机会
创业机会的本体论	不论是否能够被感知，创业机会都是客观存在的	创业机会是一个社会建构过程的产物
知识在创业机会利用过程中的作用	组合新知识与原有知识来评价创业机会带来的风险和回报	利用实验和即兴而作，在不确定情境下创造新的知识
创业决策制定	采用基于风险的数据收集和分析技术做出创业决策	采用直观推断、认知差异、渐进主义和归纳逻辑做出创业决策
创业规划	使命、目标、SWOT 分析等传统规划方法	创业规划是一个浮现性的过程，强调柔性和创业学习
创业领导力	基于知识、权威、制度和规范基础上的专家型领导	基于愿景、信任和感召力基础上的魅力型领导

资料来源：ALVAREZ S A, BARNEY J B. Discovery and creation: alternative theories of entrepreneurial action[J]. Strategic Entrepreneurship Journal, 2007(1): 11-26.

　　基于机会创造的创业者往往比基于机会发现的创业者有更高能力。例如，质疑、观察、尝试以及将创意进行网络化交流的行为习惯等。此外，他们还拥有社交技能以及说服大众接受产品或服务创新的演讲技能，以寻机推动制度创业，实现创业目标。大众创业从创业开始到创业目标实现，整个过程相对来说具有比较混沌的特征，创业是否成功也比较多地取决于创业者的敏感与警觉性的杰出程度与创业者是否走运。因此，从此角度而言，大众创业较适用于机会发现，而机会创造则需要由具有创业精神和社会化技能的创业精英主导，才更容易取得成功。

5.2.3　创业机会的来源

1. 观察趋势

　　识别机会的第一种方法是，观察趋势并研究它们如何创造可追求的机会。创业者需要观察的最重要趋势包括政治活动与制度变革、经济趋势、社会趋势、技术进步趋势。了解这些领域内的变革和趋势对创业者非常重要。具有敏锐的观察能力是一名优秀的创业者所应具备的最重要的特征之一。成功的创业者具备敏锐的观察力，能够观察并预测趋势，发现用户的需求，提出满足这些需求的创新性产品和服务。

　　创业者在观察环境趋势识别创业机会时，要谨记以下两点。① 区分趋势与时尚。这一点十分重要，趋势是长期性的，时尚是短期流行的，来得快，消失得也快，新创企业一般没有能力迅速利用时尚潮流。② 每种趋势看上去是独立的，但实际上是相互关联的，在寻找创业机会时应同时考虑多种趋势。在互联网快速爆发时期，雷军专注于软件的开发，由于不是当时的主流趋势，虽然做得很辛苦，盈利情况却很一般。金山软件上市后，雷军发现了移动互联网的趋势，这时经济、技术、社会几个趋势都支持移动互联网的发展，正所谓"天时、地利、人和"。于是，对制造手机零经验的雷军进入了手机领域，缔造了小米帝国。同期，美团、字节跳动、阿里巴巴等公司也都进入移动互联网领域，在更广阔的发展空间获得发展。环境因素与识别机会之间的关系如图 5-3 所示。

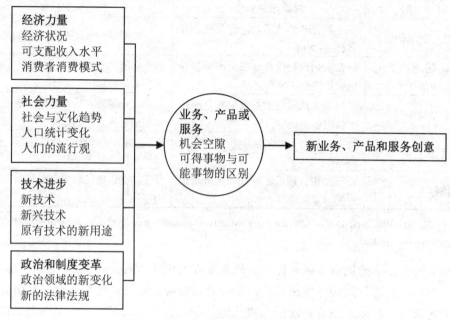

图 5-3 环境趋势与机会识别

资料来源：布鲁斯·巴林格，杜安·爱尔兰. 创业管理：成功创建新企业[M]. 3 版，北京：机械工业出版社，2016：25.

对经济趋势的理解和把握，有助于确定创业机会出现的领域。当经济快速发展时，人们更愿意消费，愿意购买任何能提升生活质量的产品或服务。当经济低迷时，人们的收入会降低，不愿意去消费。

社会趋势变化，改变了人们和企业的行为方式、设定优先顺序方式。一般情况下，产品或服务存在的原因，主要是满足了社会需求而不是产品所满足的表面需求。比如，外卖的增长是因为人们太忙，没有时间亲自做饭。这些变化也影响到产品或服务如何制造和销售。每种趋势都提供了新商业创意的推动力。

技术进步使得满足人们需求的形式和可能性得到大幅增加，向人们提供了解决问题的更优质、便捷的方式。技术进步可以开拓更广阔的市场，创造更多的创业机会。技术进步经常与经济、社会变化相结合，共同创造新的市场机会。在很多情况下，技术并非识别商业机会的关键。识别出技术如何被用来满足人们的需求才能创造更多的机会。另外，新的技术一旦被研究出来就会用于生产新的产品，而新的产品经常又会促进技术的发展。

政治和制度变革也常常会带来新的机会。改革开放后的几次大的改革，都大大地解放了生产力，给经济带来了活力，激发了越来越多的创业机会，掀起了五次创业的浪潮。党的十八大以来，反腐倡廉工作塑造了风清政明的发展环境，越来越多的民营企业得以进入新的领域，获得了更大的发展空间。法律和规章的变化也会带来一些新的创业机会。作为一个创业者需要关心政治和制度方面的趋势。

欧元发行中蕴藏的商机

刚开始发行欧元时，很多人是从猎奇、好玩、休闲的视角看待这些公众信息的。可是精明的温州商人却以他们独有的商业视角，在这些公众信息中警觉地发现：欧元的尺寸大于欧洲各国货币（欧洲人的钱夹小了）！

于是，他们迅速调集资金，生产出一批成本低、质量好，专用于欧元的"大"钱夹。当他们把样品提供给欧洲各国商人时，欧洲震惊了，因为他们自己还没有意识到这一变化引起的需求。毫无疑问，欧洲的钱夹市场从此归温州商人所有！

资料来源：郝铭鉴. 捕捉[J]. 编辑学刊，2015（1）：1.

2. 解决问题

创业的本质就是通过解决用户的问题来满足用户的需求。用户面临问题说明他们的需求没有得到满足。识别机会的第二种方法是，意识到问题并找出解决办法。这些问题可通过观察日常生活中面临的挑战，或通过直觉、运气或巧合被辨认出来。现实中，有许多问题需要解决。每个问题背后都隐藏着一个被精巧掩饰的创业机会，营销专家菲利普·科特勒就提出要关注那些能带来商机的问题。

许多企业的创建是因为在日常生活中遇到了问题或麻烦，然后发现了问题背后的商机。例如，因为校园出行的麻烦，戴威创办了 ofo 小黄车，开发出了共享单车，并带动了共享经济的兴起；张旭豪因为晚上用电话叫不到餐，开发了网络外卖业务，带动了外卖行业的兴起；程维因为高峰期打不到出租车，创办了滴滴打车，掀开了人们出行的新篇章。

有些商业创意，产生于新兴趋势中遇到的问题。技术进步经常给不会使用新技术的人带来问题。例如，随着电子商务业务的兴起，传统的企业也希望进军电商领域，但是企业缺乏相关的人才，不知道如何开展电子商务活动。为了解决这些问题，很多电商企业开展了电商代运营业务，使传统企业能快速进入电子商务领域。

有些问题需要创业者以不同以往的方式思考，提出合理的解决方案。这种方案往往更简单和廉价。例如，在纽约有一栋历史悠久的高楼，房客经常抱怨等电梯的时间过于漫长。由于这栋建筑楼龄较长，没有办法提高电梯的速度。于是大楼物业经理召集员工开会商议如何解决这个问题。一位刚毕业的心理学毕业生没有像其他人一样关注电梯速度，而在考虑人们为何抱怨等待时间长。他认为抱怨是厌烦造成的，而不是因为等待。所以，最好的解决办法是在人们等电梯时，给他们找点事情做。他建议在电梯旁安装一面镜子，人们在等电梯时可以照镜子或者相互打量来消磨时间。就这样，等电梯的抱怨奇迹般地停止了。

对于没有足够经验的创业者而言，直接寻找创业机会是困难的，而从寻找用户的问题入手相对容易，发现问题成为寻找创业机会的第一步。有经验的创业家也常常分析能为用户解决什么问题。提出问题和发现问题是创业教育的主要内容。创业者需要提出疑问并发现问题，从中发现创业机会。这种方法尤其适合没有经验的创业者，因为提问和观察不需要很多实际经验。我们在生活、工作、学习中经常遇到很多问题，从发现问题来寻找创业机会也是国际创业教育和创业实践的最新趋势。

3. 发现市场空隙

创业机会的第三个来源是市场空隙。许多新产品的出现，就是因为消费者有需要，但市场上根本不存在或无法买到。这种情况部分是由现有的商业竞争造成的。像沃尔玛、大润发等大型零售商，它们主要靠价格竞争。为了更好地获得价格优势，它们向主流消费者提供最普遍的物品来获取规模经济。虽然这种方式使得那些大零售商获得了竞争的优势，但也在市场上留下了很多市场空隙。于是，出现了大量的服装专卖店、专门商店，它们销售那些大型零售商不能大批量销售的商品，从而获得差别化的竞争优势。

市场上存在的产品空隙，意味着潜在可行的商业机会。当业界都认为电子商务市场是阿里巴巴和京东两大巨头奠定格局的市场，电商用户增长进入天花板时，拼多多找到了阿里巴巴和京东没有关注到的市场空隙，从三四线以下城市的下沉市场发力，利用微信的流量红利迅速膨胀，短短四年年度活跃买家就达到 5.4 亿，股票市值超越京东，成为与阿里巴巴、京东并肩的电商巨头。

人们在市场上没有找到所需的产品或服务时会感到沮丧，当他们发现其他人也有同样的感受时，就会识别出这个市场的空隙。创造市场空隙并填补空隙时，可以采取如下技巧：选择一种市场上现有的产品或服务，然后瞄准另外一个完全不同的目标市场，去创造出新的产品品种。

不管是利用环境趋势、解决问题还是填补市场空隙，它们的共同点和本质都是寻找顾客未被满足的需求，通过帮助顾客解决问题、满足需求来创造价值。生活中从来就不缺少问题和机会，缺少的是发现问题和机会的敏锐眼睛和探索精神。创业者要学会用理论知识、经验、工具、方法和敏感的触角来主动发现隐藏在问题背后的创业机会。马云曾经在中国香港青年创业论坛上告诫年轻人："这个世界上机会太多了，你就看看每天互联网上人们抱怨的事情那么多，这些都是机会。你若加入抱怨，则将永远没有机会。你要将别人的抱怨、投诉、仇恨或不靠谱的地方变成你的机会。"天上不会掉馅饼，机会也不会主动来敲你的大门，只有积极主动的人才能发现问题，创造创业机会。

5.3 创业机会的识别与评价

5.3.1 创业机会识别的影响因素

识别和选择合适的创业机会对创业成功至关重要。从本质上说，创业机会的识别具有浓厚的主观色彩，会受到多种主观因素的影响。影响创业机会识别的因素主要集中在创业者的先前经验、认知因素、社会关系网络和创造性四个方面。

1. 先前经验

先前经验对创业机会的识别与发现有一定的影响，这些经验可以有意识地积累，通过后天获取。对创业机会识别有影响的先前经验主要包括：行业经验，创业经验，管理经验，与新产品开发、特定的技术研发及与某类顾客打交道的独特经验，其他职能经验。在特定产业中的先前经验有助于创业者识别机会。美国的一项调查显示，有近一半的创业者是在同一产业内的企业工作期间，获得他们创建新企业的创意的。创业前担任过的管理职位的多样性越高，行业经验相关性越强的创业者，越能获得更好的效益。经验多样性高的创业者更容易获得创新性较强的创业机会。

2. 认知因素

创业意识、创业警觉性、创新思维等认知因素本身就是创业能力的重要组成部分，是识别创业机会的重要前提。有人认为创业者的警觉让他们能看到别人看不到的机会。创业警觉在很大程度上是一种习得性的技能；在某个领域拥有更多知识的人，在该领域内拥有的机会警觉性比其他人更高。多数创业者认为他们比别人更"警觉"。警觉不仅是敏锐地观察周边事物，还包括个体头脑中的意识行为。发现机会者（创业者）与未发现机会者之间最重要的差别，在于他们对市场的相对评价，创业者可能比其他人更擅长发现市场中蕴藏的机会。

3. 社会关系网络

创业者社会关系网络的深度和广度影响着机会识别。拥有大量社会关系网络的人，比那些拥有少量社会关系网络的人更容易得到较多的机会和创意。按照关系的亲疏远近，社会网络关系可以划分为强关系与弱关系。强关系形成于亲戚、密友和配偶之间，频繁地相互作用；弱关系形成于同事、同学和一般朋友之间，相互作用不频繁。强关系的群体具有相似性，倾向于强化个人已有的见识与观念；而在弱关系中，个人之间存在着较大差异，某个人可能会为别人激发出全新的创意灵感。所以，与强关系相比，弱关系更可能使创业者获得新的商业创意。

4. 创造性

创造是产生新奇或有用创意的过程。从某种程度上来看，机会识别是一个创造过程，是不断反复的创造性思维过程。见多识广的创业者更容易看到许多产品、服务和业务在形成过程中所包含的创造性。新创企业都希望能尝试一些创新。具有创造性思维的创业者，不仅自身养成了高效的创造性思维习惯，而且也能在自己的企业中形成培养创造性思维的企业文化。

5.3.2　创业机会识别的过程

张玉利把创业机会识别过程分解为产生创意（idea）、形成商业概念（business concept）、进行市场测试（test）、设计商业模式（business model）四个阶段，把从商业机会到创业计划所需要开展的工作简称为 B-OICTMP。

1. 产生创意

创业机会的识别源自于创意的产生。创意的形成是一个过程，在创意没有产生之前，机会的存在与否意义并不大。

2. 商业概念

产生创意后，创业者会把创意发展为可以在市场上进行检验的商业概念。商业概念既要体现顾客的需求，又要能给顾客带来足够的价值，使顾客愿意支付和购买。商业概念的核心是产品。商业概念需要进一步的论证，形成自己丰富的内涵。

3. 市场测试

创业是资源高度约束并面临高度不确定性环境下的行为，应对不确定性更需要依据真实的信息决策。创业者通过市场测试获取真实信息，针对机会，开展可行性分析。

4. 商业模式

商业模式是产品、服务和信息流的一个体系架构，包括说明各种不同的参与者以及他们的角色，各种参与者的潜在利益以及企业的盈利模式，是企业创造价值的核心逻辑。商业模式的逻辑性主要表现在价值发现、价值匹配、价值获取三个方面。初创企业通过商业模式创造价值和传递价值。

5.3.3 基于创业者的评价

1. 创业者与创业机会的匹配

即便是具备相似知识存量的创业者仍然会因为一些主观认知因素的差异导致其看到的机会各不相同，在面对机会时往往会产生不同的创业决策，一些人行动而另一些人选择放弃。一个具有机会信念的创业者相信这就是机会，一个机会怀疑的创业者拿不准这是不是机会。在现实生活中，为何有的创业者在不被理解的情况下仍然坚持自己的判断？为何有的人说别人都认为是机会的东西，往往就不再是机会了？

信念和怀疑并存是创业机会的本质属性，在信念和怀疑的交错之中，创业机会背后的不确定性往往具有强烈的主观色彩。没有人天生偏好不确定性，只是承受不确定性的高低存在差异，而这一差异可能来自于个体的知识水平、信息范围、认知能力等。从这一点出发，创新性机会涌现不单取决于基础研发等技术性活动，更有赖于能够承受创新背后高度疑惑的个体，创业者才是评价创业机会的关键。

变化往往会诱发大量的第三人称机会，这一定义并不是为了描述这样的机会客观存在，而是为了表述这样的机会并没有被赋予个性化色彩。例如，人口老龄化、婴儿潮，甚至是备受关注的反向春运，都会涌现大量的第三人称机会，这样的机会可能存在于饭桌上的交谈，也可能存在于媒体的数字报道，甚至还可能存在于你的梦里。无论它来自哪里以及存在于哪里，第三人称机会的典型特征就是相对独立于个体本身的机会。与之相呼应，第一人称机会就是被赋予个性化色彩的机会，这样的机会在你看来只属于你（尽管在现实生活中这样的你并不唯一），因为在面对这样的机会时，你有强烈的意愿或愿望去容忍甚至承担机会背后的不确定性，产生了强烈的机会信念，这一信念会让你战胜存在于内心中的怀疑，并驱动你展开创业行动去把握这样的机会。例如，也许是出于你自身的独特经历（好利来的故事），也许是出于你拥有的独特技能（腾讯），或许是出于你掌握的独特资源，你更容易将他人眼中的第三人称机会转化为归属于自己的第一人称机会。

创业活动是创业者与创业机会的结合，一方面创业者识别并开发创业机会，另一方面创业机会也在选择创业者，只有当创业者和创业机会之间存在着恰当的匹配关系时，创业活动才最有可能发生，也更有可能取得成功。

2. **创业者对创业机会的初始判断**

创业者需要识别眼前的机会是第一人称机会还是第三人称机会，在认定是适合自己的第一人称机会之后，还需要对创业机会做进一步的评价。这个评价来自于创业者初始的判断，在假设的基础上加上简单的计算，这种判断看似简单却非常有效。有人觉得这种判断不可信，在真正的创业过程中，商机转瞬即逝，不可能有足够的时间让你进行论证与决策。周密的市场调研会浪费更多的时间，从而导致错失商机，另外，在调研过程中可能会发现越来越多的困难，让创业者失去创业激情。初始判断虽然简单却可以让创业者快速判断机会的可行性，如果可行，在采取下一步的创业行动时还需要进行调查，对创业机会的价值进一步做出评价。

5.3.4　蒂蒙斯创业机会评价指标体系

创业活动具有高度的不确定性，创业机会在评价时有一定的难度。创业者对系统地评价创业机会要有一个正确的认识。蒂蒙斯教授从一个机构投资者的角度，综合考虑创业机会的特点和企业（或创业者）的特质，概括出了一个筛选创业机会的框架，提出一套比较完善的创业机会评价指标体系。该框架认为创业者应该从行业和市场、经济因素、收获条件、竞争优势、管理团队、致命缺陷问题、个人标准、理想与现实的战略差异八个方面评价创业机会的价值潜力。这八个方面包含 53 项指标（见表 5-2），评价时针对不同指标权衡打分。

表 5-2　蒂蒙斯创业机会评价指标体系

评 价 方 面	评 价 指 标
行业和市场	1. 市场容易识别，可以带来持续收入 2. 顾客可以接受产品或服务，愿意为此付费 3. 产品的附加价值高 4. 产品对市场的影响力高 5. 将要开发的产品生命长久 6. 项目所在的行业是新兴行业，竞争不完善 7. 市场规模大，销售潜力为 1 000 万元～10 亿元 8. 市场成长率为 30%～50%，甚至更高 9. 现有厂商的生产能力几乎完全饱和 10. 在五年内能占据市场的领导地位，达到 20%以上 11. 拥有低成本的供货商，具有成本优势
经济因素	12. 达到盈亏平衡点所需要的时间在两年以下 13. 盈亏平衡点不会逐渐提高 14. 投资回报率在 25%以上

评 价 方 面	评 价 指 标
经济因素	15. 项目对资金的要求不是很大，能够获得融资 16. 销售额的年增长率高于 15% 17. 有良好的现金流量，能占到销售额的 20%以上 18. 能获得持久的毛利，毛利率要达到 40%以上 19. 能获得持久的税后利润，税后利润率要超过 10% 20. 资产集中程度低 21. 运营资金不多，需求量是逐渐增加的 22. 研究开发工作对资金的要求不高
收获条件	23. 项目带来附加价值具有较高的战略意义 24. 存在现有的或可预料的退出方式 25. 资本市场环境有利，可以实现资本的流动
竞争优势	26. 固定成本和可变成本低 27. 对成本、价格和销售的控制较高 28. 已经获得或可以获得对专利所有权的保护 29. 竞争对手尚未觉醒，竞争较弱 30. 拥有专利或具有某种独占性 31. 拥有发展良好的网络关系，容易获得合同 32. 拥有杰出的关键人员和管理团队
管理团队	33. 创业者团队是一个优秀管理者的组合 34. 行业和技术经验达到了本行业内的最高水平 35. 管理团队的正直廉洁程度能达到最高水准 36. 管理团队知道自己缺乏哪方面的知识
致命缺陷问题	37. 不存在任何致命缺陷问题
个人标准	38. 个人目标与创业活动相符合 39. 创业家可以做到在有限的风险下实现成功 40. 创业家能接受薪水减少等损失 41. 创业家渴望进行创业这种生活方式，而不只是为了赚大钱 42. 创业家可以承受适当的风险 43. 创业家在压力下状态依然良好
理想与现实的战略差异	44. 理想与现实情况相吻合 45. 管理团队已经是最好的 46. 在客户服务管理方面有很好的服务理念 47. 所创办的事业顺应时代潮流 48. 所采取的技术具有突破性，不存在许多替代品或竞争对手 49. 具备灵活的适应能力，能快速地进行取舍 50. 始终在寻找新的机会 51. 定价与市场领先者几乎持平 52. 能够获得销售渠道，或已经拥有现成的网络 53. 能够允许失败

资料来源：杰弗里·蒂蒙斯，小斯蒂芬·斯皮内利. 创业学案例[M]. 周伟民，吕长春，译. 6 版. 北京：人民邮电出版社，2005：84-87.

创业者可以使用蒂蒙斯的创业机会评价指标体系对行业和市场问题、竞争优势问题、经济结构和收获问题、管理团队问题、致命缺陷问题做出判断，评估这些要素综合起来是否能组成一个有足够吸引力的商机。尽管蒂蒙斯也承认，现实中有成千上万适合创业者的特定机会，未必都能与这个筛选框架相契合，但是这个框架是目前包含筛选指标比较完整的一个体系。

5.3.5　通过市场测试评价创业机会

市场测试是近年来兴起的一种创业机会的评价方式。市场测试不同于市场调研，更像是实验。在市场调研时，调查者关心的是顾客认为他们想要什么。由于多方面的原因，市场调研有一定的局限性，顾客也不一定能完全理解调研的意思，做出准确的表达，甚至有时顾客认为想要的也不一定是他们真正想要的。市场测试通过使用最小可行性产品来测试顾客的真实感受，更容易获得精确的顾客需求数据。市场测试站在一个和真实顾客互动交流的位置上了解顾客的要求，能观察到真实的顾客行为，而不是通过提出假设性问题来估计；测试还可以意外发现一些突如其来的顾客行为，一些以前可能没有想到的问题。在下面的例子中，我们可以看到在市场调研时消费者表示喜欢黄色，但在市场测试时却发现他们选择了黑色。

黑色还是黄色——市场调研的偏差

索尼公司在准备推出手提音响 Boomboxes 时，想知道消费者到底是喜欢黑色的还是黄色的。于是，公司召集了一群潜在的消费者进行访谈调研。这些消费者组成焦点小组，来讨论这个新产品应该选用什么颜色：黑色还是黄色。经过调研，几乎每个潜在消费者都认为消费者应该更喜欢黄色。调研结束后，组织者告诉这些调研对象，为了表示对他们的感谢，每个人在离开时可以免费带走一台 Boomboxes，他们可以在黄色和黑色之间任意挑选。结果让人大跌眼镜的是，每个人拿走的都是黑色的。

资料来源：吴说百道. 手把手教你避开"品牌调研"的陷阱[EB/OL].（2020-04-14）[2020-04-17]. http://www.woshipm.com/marketing/3699686.html.

市场测试能帮助创业者收集到消费者对创意和商业概念的真实反馈。在产品开发的早期阶段需要对创意进行检测，以确定后续是否有必要继续进行探索。对概念和产品的检测，有助于了解消费者对创业想法和原型的反应，获取有关用户的满意度、购买意愿以及下一步创意开发可行性的信息。市场测试处于产品和服务开发的早期阶段，通过原型或最小可行性产品快速、低成本地对产品或服务进行测试能及时获取消费者真实的反馈，便于及时调整或者确认产品与服务。早期测试需要的资源少，能让初创企业及时把握顾客的需求，避免更大的浪费和损失。

通过对各种产品属性的重要性、消费者价格敏感度和其他问题的定量分析，原型测试有助于降低不确定性，帮助设计者权衡和优化产品的设计。在创业实践中，原型测试能帮助创业者在对产品进行大量投资之前，收集消费者对产品创意的反应。在市场测试中，需要验证两个基础假设：价值假设和成长假设。价值假设测试产品或服务是否真的能够在消费者使用时向消费者传递价值，成长假设测试新的消费者如何发现一种产品或服务。市场测试最核心的环节在于原型制作，以及对消费者接受度和产品可行性的现场检测，通过测试可以找到一个可重复和可升级的模型。在进行市场测试时，创业者需要遵循"创建—测试—学习"的步骤，快速做出原型，获取顾客的真实反馈，通过迭代推动商业模式做出改变或者调整，最终得到切实可行的商业模式，实现创业成功。

 延伸阅读

[1] 彼得·F.德鲁克. 创新与企业家精神[M]. 蔡文燕，译. 北京：机械工业出版社，2007.

[2] 斯科特·A.沙恩. 寻找创业沃土[M]. 奚玉芹，金永红，译. 北京：中国人民大学出版社，2005.

 复习思考题

1. 创业机会的本质特征有哪些？
2. 如何理解机会窗口？
3. 创新的来源有哪些？
4. 创业机会的来源有哪些？
5. 创业机会识别的影响因素有哪些？
6. 创业机会识别包含哪几个阶段？
7. 如何对创业机会进行识别？
8. 谈一下你对第一人称机会和第三人称机会的理解。

 **案例练习**

王兴谈创业机会

王兴认为，一个人想做到 TOP，就要理解 TOP 这个词：TOP=talent+opportunity+patience，即这个人需要有天分、有才能，有合适的机会，同时还要有长期的耐心。

王兴曾经说过："手机即时通信出现的时候，无数人看到了，腾讯看到了，雷军看到了，我也看到了，但这个事情不属于我们。"王兴把微信形容为"手机上的中国的增强版 Facebook"。2002 年，随着全球第一个社交网站 Friendster 成立，社交网站成为互联网创业的风口，受到创业者的追捧。正在美国特拉华大学攻读博士的王兴看到了这个机会，毅然于 2003 年冬退学回国创业。这是属于王兴的第一个风口。2005 年，经历了多多友网站和游子图网站创业失败的王兴决定进入校园社交网络服务这个细分市场，在研究和学习了美国的成功例子 Facebook 之后，被称为中国版 Facebook 社交网站的校内网上线。当时，王兴买了一部智能手机，想把校内网搬到手机上，也像后来的 kik、米聊、微信那样通过手机通讯录来建立用户关系。但当时多方面的条件还不完全成熟。2006 年，由于用户暴增，王兴没钱增加服务器和宽带，把校内网卖给了陈一舟。

"光看到机会没用。"这是王兴得到的重要教训。"我们对商业的考虑不具体，校内网卖的时候，还有很大的发展空间。问题是需要很长时间、很多钱。就算有耐心，也没有钱了。"

2010 年，王兴看到了团购市场的机会，建立美团网。美团网的推出使团购模式遍地开花，掀起了千团大战。美团最终在千团大战中胜出。2012 年，移动互联网刚刚开始，这个时期是移动用户的超级红利期，无论是买预装还是下载都非常便宜。美团抓住了这个窗口期，即使 PC 上还有巨大的流量，在有限的资源下，美团切断了 PC 端的所有投放，用全部的钱购买移动用户。美团这样做，是因为它没有把团购看成一个简单的风口，而是将其看成一个开启了生活服务的品类，而且这是阿里巴巴都没有涉及的品类。

"机会永远有，尤其是在中国。很多人觉得 Google 直到 1998 年才做搜索已经太晚了，后来的发展大家都看到了。要害是想明白一个问题：你给什么人提供什么服务？这个问题别人没法替你回答。"王兴说。

资料来源：李志刚. 王兴：恨在中国创业[J]. 企业家天地，2013（7）：56-61.

思考题：
1. 基于上面的案例，谈一下你对创业机会的认识。
2. 王兴的创业故事带给你什么启示？

 **实践训练**

实践训练 5-1　创业机会雷达

以自己为雷达，扫描周围 100 米内的事物、人，看一下是否能发现创业机会。

实践训练 5-2　问题风暴

6 个同学组成一个小组，用 10 分钟吐槽 50 个自己身边存在的问题。

实践训练 5-3　校园地图

打印一份本校的地图，分析地图上的路线、建筑和单位，居住和活动的人群。根据人流群体特点，分析哪里会有创业机会。

实践训练 5-4　创业机会访谈

访谈 5 位创业者，分析他们创业机会的来源，并和小组内的伙伴分享自己的访谈心得。

 **复盘与反思**

回顾本章内容，请写出：

1. 学到了什么（三个最有启发的知识点）。
2. 有什么感悟（两个最深的感悟）。
3. 计划怎么去行动（一个行动计划）。

 课外练习

根据本章讲述内容，在你的身边寻找创业机会。以小组为单位，采取问题风暴的方式，寻找合适的创业机会，确定创业项目。

第6章 问题探索

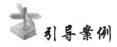 **本章学习目标**

- ▶ 了解设计思维的发展史；
- ▶ 了解设计思维的基本内容；
- ▶ 了解问题识别；
- ▶ 掌握问题洞察与呈现。

引导案例

斯坦福大学学生的课程作业：婴儿保温箱

2007 年，斯坦福大学 MBA 学生简·陈（Jane Chen）与计算机、电子工程学的一位博士和航空工程学的一位研究生在设计思维课上相遇，他们的课程作业是解决发展中国家贫困地区新生儿死亡率高的难题。在全球范围内，每年诞生 2 000 万名体重过低的早产婴儿，有超过 100 万婴儿在出生后一个月因缺乏妥善照顾而早夭，98%的夭折现象发生在发展中国家。在印度、孟加拉等国家，由于公立医院较少，幼小的生命在去往医院的长途跋涉中无法得到合适的照顾；或因为父母无法支付每天约 130 美元的婴儿保育箱使用费而去世。即使及时送医，也常发生因保温箱操作不当而使婴儿早夭的事件。

他们经过头脑风暴之后得出的初步结论是，创制一个可以在农村地区使用的低成本婴儿保育箱。首先找到医院，将医院和潜在捐赠对象进行对接，并且给每个医院设立恒温箱。婴儿出生后有了一定的基础设施，就能够降低婴儿夭折的概率。

团队成员来到孟加拉的大型医院，与医生、护士交谈。通过对当时情况的观察，他们了解到婴儿保育箱设计的背景，也发现了问题所在：虽然婴儿保育箱价格偏高，但很多机构会向当地医院提供捐赠。即便如此，医院的婴儿保育箱内却没有婴儿。为了弄清原因，创新团队不仅询问了医生和护士，还来到附近村庄的家庭中调查。创新团队发现，由于交通不便，母亲们从家里到医院会花费大量时间，婴儿本来就十分脆弱，经过 4~6 个小时的路程，赶到医院时可能已经去世了。因此，设计一个更加便宜的婴儿保育箱没有意义，他们需要的是一种能够"帮助运输"的婴儿保育箱，比如直接在车上使用、不需要耗电的产品。

他们去市场上买各种各样的保暖产品，拆了装，装了拆，就是为了找到最合适初生儿的安全材料。实验室的窗户上总是贴满了打草纸。创新团队进行头脑风暴，做出了一百多个产品原型，最后选定了一个方案：睡袋式的婴儿保温袋，内部设置了一个蜡制的部件，可以方便加热，并为婴儿持续保温。学生们回到村庄，为村民演示婴儿保温袋的产品原型。通过对母亲们使用体验的调研，创新团队发现设计中还存在一些看似不起眼、实则非常重要的问题，例如，有些婴儿个头很小，在婴儿保温袋里妈妈无法看到孩子的脸，就会担心孩子是否还在呼吸。通过反复的沟通与改进，团队最终了解了当地用户的使用方式及真实顾虑，进一步完善了婴儿保温袋的设计。

比起传统的婴儿保育箱，育婴保温袋的使用更简单、安全，只要间歇性地充电即可。一次充电可以将婴儿的体温维持在 37℃，时长为 4～6 小时。保温袋的价格大约是 25 美元，仅是传统婴儿保育箱的 1%。

这一发明已在印度市场成功商业化。还没有毕业就能设计出一款举世瞩目、兼具公益与商业效应的产品，这是 Jane 未曾想过的。2014 年，她被奥巴马邀请去白宫交流，她发明的保温袋已经拯救了超过 150 000 个小生命。因为她，那些原本会消失的生命，夺回了活着的资格。

资料来源：龚焱. 精益创业方法论——新创企业的成长方式[M]. 北京：机械工业出版社，2018：102-105.

王可越，税琳琳，姜浩. 设计思维创新导引[M]. 北京：清华大学出版社，2017：29-32.

姜娇. 她的"拥抱"拯救了十五万早产儿[N]. 中国妇女报，2015-12-02（A3）.

这个例子告诉我们，在办公室里是讨论不出正确方案的，必须到用户中去用同理心发现真实问题。问题找对了，解决方案才有可能正确。如果问题找错了，是不可能找到正确方案的。设计思维有一套创新的方法与工具，能帮助我们探寻问题背后的需求，能更好地服务客户，满足他们的需求。

6.1　设计思维概述

6.1.1　设计思维的概念

设计思维（design thinking）也被称为设计思考，是利用设计师的思维模式来解决复杂的问题，获得创新解决方案的思维模式。它被广泛地应用在解决问题之中，尤其是棘手的复杂问题。设计思维强调从用户的角度出发，设计的对象包括产品、项目、流程、商务模式或者某个特定的事件等，通过观察、探索、定义、头脑风暴、模型设计、讲故事等制定目标或方向，利用创造性思维，寻求实用的、富有创造性的解决方案。其主要目标是站在客户需求的角度去发现问题，然后创造性地解决问题。

设计思维与设计不同。设计是把一种计划、规划、设想通过某种形式传达出来的活动过程。设计思维是一种思维模式，它不但考虑设计的产品、服务、流程或者其他战略蓝图本身，更重要的是"以人为本"，站在客户的角度实现创新。设计思维中的设计并非设计师所独有，它可以被广泛地应用到各个领域来解决实际问题，个人和企业都可以运用设计方法积极地改变世界。设计思维方法以解决现实问题为目标,通过搭建跨学科团队,用流程化、沉浸式的教练方式,营造勇敢、活跃的团队气氛,形成跨界人才相互连接的创新氛围,从而创造出诸多商业与社会领域的变革奇迹。

在世界范围内,设计思维正在成为创新者共同的语言。作为创新观念体系,设计思维包括以下核心思想。

- 以用户为中心,进入真实世界找到新视角,获得新洞察。
- 重新界定问题,拓展解决问题的思路。
- 邀请用户、合作伙伴、利益相关方共同参与变革。
- 高速迭代,快速学习,在实践和反馈中不断摸索,持续改进解决方案。

6.1.2 设计思维的发展简史

20 世纪 80 年代,随着人性化设计的兴起,设计思维开始受到世人的瞩目。它的发展可以追溯到更早的时候。20 世纪 60 年代,随着计算机的兴起,科学家们开始探索计算机能否像人一样思考。研究者们开始关注人是如何进行思考的。随后,设计师们也开始思考:计算机是否可以像人一样做设计?这就必须了解人们在设计过程中是怎样思考的。所以,设计思考最早开始出现在人工智能领域。1969 年,诺贝尔经济学奖获得者赫伯特·西蒙在《人工制造的科学》一书中,首次提出把设计作为一种“思维方式”的观念。他还提出了设计的七个步骤等观点,他的许多观点至今还被认为是设计思维的原则。

在工程设计领域,斯坦福大学的罗尔夫·法斯特从 20 世纪 80 年代开始把设计思维作为创意活动的一种方式,进行推广,并举办了“斯坦福联合设计项目”(斯坦福大学哈索·普兰特纳设计研究院的前身)。1987 年,哈佛设计学院院长彼得·罗首次在《设计思维》一书中使用“设计思维”这个词语。他从建筑设计出发提出了设计思维的重要原理,为设计师提供了实用的解决问题程序的系统依据。“设计思维”这个词开始正式被使用。

1991 年,大卫·凯利创立了 IDEO 公司,将设计思维应用于商业化运作。IDEO 公司以设计思维作为其核心思想,并落实到公司的工作中。IDEO 帮乔布斯设计出苹果公司第一款鼠标。后来,越来越多的人找他们处理一些一般人觉得与设计无关的事情,比如设计一个基金会、开发一个商业流程等,他们涉及的领域横跨各行各业。在这个过程中,他们将设计师的思考方式与各种工具应用在这些项目中,后来 IDEO 在商业领域开发出许多设计思维的方法和工具包。IDEO 公司把设计思维带入主流领域。

大卫·凯利于 2005 年在 SAP 公司创始人哈索·普兰特纳的赞助下在斯坦福大学成立了哈索·普兰特纳设计研究院(简称 D. school)。研究院致力于推广设计思维,培养复合型、以人为本的创新型设计师,人员由来自各个学院的不同背景和行业的人员组成。D. school 的教学强调针对性和实用性,回归设计的实践属性,开设的设计思维课程都是项目驱动的,项目来自非政府组织和企业,选题具有现实性。课程向斯坦福大学各专业的学生开放,强调跨院系的合作,以设计思维的广度来加深各专业学位教育的深度。在课程中,学生被要求使用设计思维设计新的产品、服务、流程等,通过实际的训练掌握设计思维的思维模式和方法论。2007 年,哈索·普兰特纳在德国波茨坦大学成立了第二所哈索·普兰特纳学院,并在南非的开普敦大学、以色列海法的以色列理工大学等开了分院。

如今,设计思维广泛应用于教育界和商业领域,受到学术界和商业界的关注,设计思维的方法也被广泛应用于各个领域,全球著名的创新企业如 IDEO、苹果、谷歌都在使用设计思维的理念。设计思维也常被用于解决社会问题和全球人文问题的研究中,它已逐渐深入社会的方方面面。

6.1.3 设计思维的三个层次

设计思维有三个层次,由里到外分别是思维、流程与工具(见图 6-1)。它们三者能够独立存在,却又彼此息息相关。首先,思维是最核心的层次,就像是一个人的价值观,代表了一个设计思考家在解决问题时应该秉持的精神。在思维层面,我们可以看到这样一些关键词:以人为本、同理心、动手思考、从失败中学习、反复迭代、拥抱不确定性、跨领域团队、创意自信、保持好奇心,等等,虽然看上去非常多,但渐渐熟悉之后就会发现它们之间有一些重叠的部分,甚至互相支持、强化,进而形成一个巨大的价值体系。

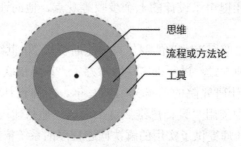

图 6-1　设计思维的三个层次

第二个层次是流程(或称方法论)。流程就像宜家家具的组装说明书,会告诉你把书桌组装起来的步骤,哪些事情要先做,哪些后做。即便是不熟悉书桌结构的初学者,也可以照着步骤组装起来,不会出差错。当你熟悉了整个流程之后,会发现设计思维的流程并不是一个瀑布式的流程,不会走过一遍就能从始点直接到终点,它可能随时回过头来修正,是一个不断自我演进的循环。

最外围的层次是工具,也是数量最多的一层。如果说流程是宜家家具组装说明书,那么工具就是把这个书桌组装起来会用到的螺丝刀、扳手之类的工具。设计思维有一个工具箱,里面装着各式各样的工具。这些工具的功能以及目的各不相同,他们能让设计思维的流程顺利进行,或是帮助我们思考。这些工具并不是只有专业的设计师才能使用,如深度访谈法、定点观察法、HMW 问句、故事板、用户体验地图等。这些工具可以搭配流程一起使用,依照流程,去熟悉这些工具是比较好的学习方式。对这些工具的操作熟悉之后,就能够自由变换组合,去解决不同性质的问题。

在这三个层次中，思维是设计思维的最高指导原则，流程提供整个思考的骨干和框架，工具在最外围，帮助我们实际执行。思维是最难学的，也是最为重要的部分。

设计思维常见的思维有以下几点，包含以人为本、创造力自信、动手思考、重复迭代、心中有流程。第一个是以人为本，"人"是设计思维所强调的中心，必须了解究竟为谁设计，要努力通过用户的眼睛去看世界：他们的生活面貌是什么，他们遇到了什么问题？要能够用同理心去体会他们的感受。我们常犯的错误是"我以为"，用自己的立场和经验去寻找解决问题的办法。用户对问题的理解往往和我们的理解不一致，这时按照你的想法设计出来的东西就没有办法符合他们的需求。只有以人为本，通过同理心去发现的问题才能真正地解决用户的需求。

第二个思维是创造力自信。有可能你以为只有从事创造性工作的人才需要创造力。创造力似乎和你的工作无关，你也没有太强的创造力去创造。设计思维认为创造力所涵盖的范围应该更宽广一点，只要你有机会产生新的想法，进而去改变身边的世界，那就需要用到创造力，而相信自己有这样的能力，就是创造力自信。设计思维认为创造力是一种人人都具备的资源，能不能保有创造力自信有很大一部分来自于环境的影响。创造力自信逐渐在我们的成长过程中缩减。如果环境鼓励创造力自信，就会形成一个正向的循环，会慢慢重拾创造力自信。

第三个思维是用手思考，也称动手思考。1 000 个想法不如一个行动，只有行动才会有所进展。面对一个自己没有遇过的问题，花很多时间绞尽脑汁，设想出一个最好的做法，以为一切都妥当了，但到了真正执行时就会冒出一堆想不到的问题，或是发现以前的设想根本行不通。设计思维认为在解决问题时，不应该一直停留在空想，然后一次做到位，而是应该让"想"和"做"不断地交互进行，帮助我们的大脑思考，进而学习到一些东西。这样可以找到更好的做法，或是排除掉一些行不通的做法，因此不要老是空想而不行动，去做就对了。在行动过程中，可以慢慢考虑清楚接下来应该怎么做。

第四个思维是重复迭代。做一件事情时，根据用户测试的反馈不断进行迭代，每一次都比上一次更好、更完整。重复迭代的好处是，可以顺着一条道路逐渐加强成功的准确度，每次调整都可以让设计思维朝更好的方向发展。每一个版本之间的迭代都会需要许多"拥抱失败"的过程，因为每一次的修正与优化都代表着原先有一些错误或者瑕疵，设计思维不把这些看作失败，而是把它看作：你设计了一个实验方法，来帮助你学习到更多。设计思维的过程像是一个"科学实验"，中间需要不断地做一些假设，然后去动手验证它，得到反馈后排除掉错的，对的就会渐渐浮现。比如，爱迪生在发明电灯的过程中被问到："为什么你失败这么多次还不放弃呢？"他回答："我没有失败，而是我找到了一万个不行的材料。"他不断地换掉灯丝的材料，重复迭代与实验，最后终于找到了钨。

第五个思维是心中有流程。在使用电子地图导航的过程中，在设定目的地之后，连接自己所在的位置，就会规划出一条路线。所以，知道自己身处何方对于抵达目的地是很重要的。设计思维的流程就像我们的地图，它能告诉我们现在处在哪个阶段，属于发散还是收敛，该使用什么工具，接下来要往哪里去。即便是一个新手，按照流程走也不容易出差错。

6.1.4 设计思维的流程

设计思维通过分析问题、观察用户,发现用户未被满足的需求,并挖掘背后的洞察,根据洞察,提出解决问题的多种创意方案,用创意做成"产品原型",通过多次测试,不断验证、思考、改善、迭代……寻求商业、技术、用户需求之间平衡的创新解决方案。现在使用的设计思维过程有许多变种,虽然它们可能有不同数量的阶段,从3个到7个不等,但它们都基于西蒙1969年提出的模型中原理。常用模型有全球知名设计咨询机构IDEO公司的三阶段模型、斯坦福大学D. school的五阶段模型、波茨坦大学哈索·普兰特纳学院的六阶段模型等。

1. IDEO公司的三阶段模型

大卫·凯利将设计思维应用到IDEO公司的各项业务中,按照设计思维的流程,强调以人为本进行产品的创新设计,推动了设计思维商业化运作,设计了许多创新性的产品。IDEO公司的设计思维包含三个阶段:启发、构思和实施。第一阶段是启发,指激发人们从现象、问题和挑战中发现需要解决的问题;第二阶段是构思,指产生、发展和测试创意的过程;第三阶段是实施,指将想法从项目阶段推向人们生活的路径,就是通过团队、用户、客户的沟通,实现设计产品的生产和推广。设计思维的流程是一个由彼此重叠的空间构成的体系,而不是一串秩序井然的步骤。

2. 斯坦福大学D. school的五阶段模型

斯坦福大学D. school的设计思维流程包含五个步骤:共情(同理心)、定义问题、创意构思、原型设计、测试(见图6-2)。它强调利用共情进行观察,找到设计的问题,再通过创新创意构思解决方案,将方案设计成原型,对原型进行测试和迭代。D. school的流程简单易懂,初学者也容易掌握,非常实用。

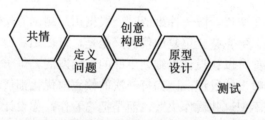

图6-2 斯坦福大学设计思维的五阶段流程

- 共情:站在用户的视角看问题,理解用户的需求。
- 定义问题:以人为中心的方式重新组织和定义问题。
- 创意构思:在创意阶段中创造出许多想法。
- 原型设计:制定问题的原型或解决方案。
- 测试:不断测试原型。

3. 波茨坦大学哈索·普兰特纳学院的六阶段模型

波茨坦大学设计思维的基本流程包括六个步骤:理解、观察、综合、创意、原型和测试。每个步骤均需要团队成员陈述、提案，通过流程管理，强化跨界融合，加强跨学科问题的解决能力。时间控制也是设计思维格外强调的创新要素。严格控制每个步骤的时间，不同步骤之间不断迭代循环，构成设计思维创新最基本的框架。

- ➷ 理解：理解命题内涵、界定、分析命题。
- ➷ 观察：采用观察、体验、访谈等方法深入了解用户。
- ➷ 综合：解析和洞察用户需求，重新定义创新命题。
- ➷ 创意：围绕洞察与需求进行头脑风暴，形成独特创意。
- ➷ 原型：根据创意，制作可触、可感的创新产品原型。
- ➷ 测试：观察用户使用，通过收集用户的反馈信息进行迭代改进。

设计思维是一种思想，强调从用户中来，到用户中去，以人为中心，同时也是一种工具和方法，虽然各个机构的流程模型有所不同，但是基本的原理是一致的。朱燕空（2016）将整个过程分为问题探索、创意方案、用户测试三个阶段。在这个过程中，需要深入用户中，以同理心去识别问题，洞察问题背后的本质，形成创意方案，制造最小可行性产品进行测试和迭代。本书的第 6～8 章将按照这三个阶段展开详细论述。

6.2 问 题 识 别

发现问题是创业机会关键的一步。问题探索是设计思维的第一个阶段，通过问题探索理解需求和定义问题。用户的表面行为与潜在需求往往并不完全一致。创业者不仅仅要理解用户的行为，更需要理解用户的真实需求，满足用户的最深层需要，让设计有根据，弥补设计师对目标用户了解的不足。创业者要深入客户中，以同理心去感受用户的情感和情绪，认识并明确其需求，识别问题所在，洞察问题背后的本质，定义问题。这一阶段又可以被分为两个部分，第一个部分是到用户中去，用同理心去感受用户所面临的问题，进行问题识别；第二部分是通过洞察问题背后的本质，对问题进行界定和定义，将问题清晰地呈现出来，便于进行下一阶段的工作。

6.2.1 发现问题的重要性

"问题"包含两个常用的含义：一个意思是因为不知道或者不理解而提出的疑问（question），如提出问题（ask a question）；另一个意思是处在一种困难、困境、麻烦、矛盾、落差、不如意、不顺利、失败、损失等负面的状态（problem or trouble），如发现问题（discover a problem）。我们这里指的问题是第二个意思。发现问题和解决问题一样重要，甚至更重要。发现问题更困难。提出疑问和发现问题都是当今教育极其缺乏的内容。学生的疑问大多也是怎样解答老师给出的问题，没有机会去发现问题。爱因斯坦曾经说过："如果给我 1 个小时解答一道决定我生死的问题，我会花 55 分钟弄清楚这道题到底在问什么。一旦清楚它到底在问什么，剩下的 5 分钟足够回答这个问题。"由此可见发现问题的重要性。

如果让你设计一座桥，你会怎么办？接到任务之后，很多人会立刻开始考虑，应该设计一座木头桥还是石桥，是钢索斜拉桥还是吊桥、浮桥，甚至可能还会询问委托方关于桥的建造位置、长度、材质和强度等方面的问题。然而，在碰到问题时，我们不应该立刻去行动，而是应该先去问一下"为什么"——用户为什么需要一座桥？

如果对方回答说："因为需要到河的对岸去"，那么我们的设计思路将立刻变得更开阔，摆渡船、隧道、热气球、泅渡和飞机等都可能帮助我们满足用户的需求。我们继续询问："为什么要到河的对岸去？"如果对方的目的是传送信息，我们又会产生新的想法。因为传递信息可以有很多办法，包括信鸽、电报、电话、信号灯和互联网等。如果用户需要的不是传送信息而是递送快递包裹，那么又可以生发出滑轮索道、无人飞机和杠杆投掷器等奇思妙想。

人们习惯在没有深入的剖析问题的情况下就急于去寻找解决问题的方法。没有看到问题的本质，解决问题就很困难。解决方案要以问题为导向。在创业中，问题背后隐藏的是客户的需求，只有找到问题背后的本质才能知道如何满足客户的需求，真正把握住商机。创业中，有的问题很容易解决，但是没有商业价值。问题的质量决定了解决方案的质量。设计思维需要先把问题弄清楚。

6.2.2　同理心的概念

同理心（empathy），也被译作共情，是指站在他人的角度看待和理解事物，在精神和情感上与对方产生共鸣，真切体会到他人的情感和感受，并呈现出符合对方期望的回应的能力。无论是生活中与他人相处，还是工作场合管理他人和为客户解决问题，同理心都是一项非常重要的能力。可用两个词来概括同理心：一个是"换位思考"，同样的时间、地点、事件，将当事人换成是自己；另一个是"设身处地"，去体谅、理解当事人的内心感受及内心世界，并把这种理解传达给当事人。创业者唯有通过共情、换位思考，通过他人的眼睛来发现世界、通过他人的经历来理解世界、通过他人的情绪来感知世界，才能够真正洞察到对方的需求，从而做到"以人为中心"。我们需要运用同理心来理解他人，与他人建立积极的连接，在此基础上帮助他人更好地解决问题，这是一种思维方式的转变。

设计思维流程的第一阶段即是利用同理心，将自己化身为客户，以客户为中心来获得拟解决问题的共鸣，这一阶段通常也可称为"共情"。从客户日常的活动、行为、习惯、想法、情感、碰到的难点问题及周边的环境出发，进行探索，发现客户隐藏的需求。在这个过程中可以调研，可以咨询相关领域的专家，也可以采访客户，但是更多的应当沉浸其中，走进甚至参与客户的生活，真正了解他们的痛点和动机。

同理心对于设计思维来说至关重要，因为每个人都有不同的人生经历和体验，当我们在探寻某种事物的价值时，往往容易从自身经验出发，以己度人，做出不准确、不贴切的判断。同理心则要求使用者放弃自身假设，放下你的那些所谓聪明的判断，放下你的骄傲，老老实实，面对任何人群都从一张白纸开始，切身实地地了解用户需求，寻找新技术，采用新的商业模式，实现产品、服务的颠覆性创新。这是设计思维最难的地方，也是作为创业者最需要的态度。

6.2.3　同理心的修炼

设计思维强调以人为本，同理心是实现以人为本的最关键的核心思想之一。通过同理心，创业者可以进入用户的角色，以用户的视角去看待他们的需求，为用户创造更大的价值。每个人都有同理心的潜能，只不过展现出来的层次不同。同理心是每个人必需的修行，它不是建立在技巧上的，还涉及个人的修为，不是一朝一夕就能习得的，它需要进行同理心的修炼。修炼同理心需要做到以下五点。

（1）对人的关注。要加强对人的关注，以用户为中心，以积极友善的心态去倾听，有意识地去观察，带着好奇心去思考。在用同理心进行问题识别时，要去探索客户在表达什么、他的感觉如何、他是怎么想的、对他来说最重要的是什么等问题。要怀有同理心并不需要什么特别的技巧，只需要积极友善的心态、投入关注的意识和抱有好奇心。

（2）放下自我。很多创业者在思考问题时更习惯从自我出发，"我以为"成为他们的思考习惯。"我以为"在很多情况下并不是消费者的想法。在问题识别的过程中，如果不放下自我，虽然也在听，但其实是"听不到"对方的，或者只是有选择地听；虽然也在想，但很容易带入自我的观点。不把自己的鞋子先脱下来，就没办法穿上他人的鞋子。每个人的成长经历、性格、喜好等不相同，即便对同一件事的看法也不一样。在运用同理心思维的初期，我们很容易以"我"为主，在访谈和观察时带入自己的观点与判断，我们需要放下自我才能真正地走入用户的心中。

（3）倾听、观察和感知，真正进入对方的内心。积极倾听是有效理解用户的前提。在倾听的过程中，不仅仅是要认真听，给予对方充分的尊重，还要用语言和非语言的方式来回应对方，给对方传递一种你很想听他说话的感觉，鼓励他继续说下去。在倾听时，要用耳朵听内容，同时用心去感受对方的情感，与对方产生同理心，尽量不被他的情绪所影响。在观察时要专注，除了观察人，还要观察周围的环境，注意到每一个可能的细节。人的心理无法直接观察，可以观察用户的行为，感受正在发生的事情，去推测用户的动机和感觉，甚至用直觉去感知对方。要站在对方的视角去观察，否则就可能无法准确理解对方的处境。要理解用户，就先要站在用户的位置上去感受。

（4）真正理解用户，能准确描述他的感觉和需求，与用户的情感融为一体。准确解读用户的感觉，看上去简单，做起来难。即便是同一个词语，不同的用户在同一个情境或者同一个人在不同的情境下说出来，意思也会有差别。"想法"和"感觉"也是不同的。要学会找到感觉背后的原因，即对方为什么会有这种感觉，而不是只停留在感觉的识别上。如果能找到用户需求未得到满足的感觉，并找到背后的原因，就能找到用户的需求。修炼同理心要从训练对自我感觉的敏锐度做起。通过捕捉自己的情绪状态，收听自己的感觉频道，觉察自我在紧张、痛苦、无助、焦虑、舒适等心理状态下的反应，来训练自我感觉敏锐度。要注意识别特殊形式的表达背后所隐含的感觉。

（5）做出符合对方期望的回应。回应的形式可以有很多种，口头上的、行为上的或者解决方案等都可以。在回应对方时，要注意一些技巧。比如，在口头上做出回应时，要根据对对方感觉的辨识，加入情感因素，引导用户将他的感受说出来。在检验自己是否做出了符合对方期望的回应时，可以想象当用户的需求被满足了之后会是什么样的反应，要注意收集这些反馈，作为我们不断去改善的信息来源。

同理心的修炼是一个漫长的过程，但是值得去努力。同理心修炼的最高境界是对方未说你已知，对方未提需求你已帮他想到了。设计思维以人为中心，同理心是关键和基础。在产品设计中，如果能运用同理心，及时发现用户的需求，针对人们潜在的未被满足的需求而进行创新设计，会取得巨大的成功。

6.2.4 问题识别的步骤与方法

运用同理心去理解用户的需求，需要先收集相关的资料，在理解用户需求方面常用的步骤与方法有观察、访谈、沉浸式体验三种。

1. 资料收集的参考框架

在与真实的用户面对面接触之前，每一个设计思维团队都需要首先收集资料，对问题做尽可能充分的研究，为之后的用户访谈和现场观察做好准备。资料收集工作是必不可少的，5W1H 是调研时常用的参考框架，它覆盖了需要接触的新知识领域的方方面面，具体内容如下。

- ▶ Who：汇集关于目标人群/用户群体的信息，包括年龄、性别、数量、收入、宗教、种族、兴趣爱好、教育程度等。
- ▶ What：明晰工作的目标，确定预期的解决方案的形式是什么。解决问题的途径既可以是发明一件创新产品，也可以是改善服务；可以开发软件，也可以变革工作流程、组织架构、企业文化等。
- ▶ When：通过查阅前人的研究成果和收集已有的案例，明确用户在何时会需要类似的解决方案，以及用户会在多长的时间段内用到将被设计出来的产品或服务，用户的使用频度也是需要研究的一个要素。
- ▶ Where：确定用户在哪些具体地方会需要解决方案。上一个问题和这个问题共同界定了用户遭遇问题的情境，脱离了这样的情境，有可能就不存在原来的问题了。
- ▶ Why：研究用户为何会需要这个而不是别的解决方案，由此提升思考问题的维度，从价值角度扩展寻找创意的范围。
- ▶ How：分析解决方案具体如何实现，需要采取哪些步骤，需要多少人、多少资金，问题解决之后理想状态应该是什么样的，等等。

2. 明确观察或访谈的对象

哪些用户是重点观察、调研的对象？在问题识别阶段，需要重点关注的群体有以下几种类型。

（1）核心用户。核心用户意味着大多数的用户群体，又被称为"焦点用户群体"。

核心用户有对应的描述。一款产品的用户常常被分成一类或多个类型的群体,其用户群体具有典型特征。对核心用户进行描述、定位的同时,也许无意间会漏掉潜在的非核心用户。如何在锁定核心用户的同时兼顾非重点群体的需要,也是观察计划中需要考虑的。

(2)极端用户。所谓极端用户(extreme user),根据产品不同,定义存在差异。极端用户也许是使用频率很高的一群人,也许是需求迫切的人,有时他们过度使用产品,甚至超越产品设计载荷。极端用户将产品的某些功能用到极致。极端用户会给出极端信息,往往有助于理解特殊使用情境。由于他们的需求是如此迫切,极端用户将普通用户的需求放大。他们在使用产品过程中遇到的问题,或者因为产品的不足而采用的一些临时的补救措施,都更容易被创新者捕捉到。发现极端用户的特殊需求意义非凡——当创新团队从极端用户那里了解到特殊需求之后,反过来可以拓展到核心用户群体,满足大多数用户隐藏的需求。

(3)利益相关群体。利益相关群体是指与创新题目相关的人群,他们甚至不是用户,但与解决问题息息相关。面对一个陌生的创新领域,相关专家——"内行人"通常也是创新者重点考虑采访的利益相关群体,他们的信息、提示会让创新者提升效率,少走弯路。

3. 共情

1)观察

共情的一个重要方法是观察。观察是指有意识地观看。每天我们都在观看,但往往缺乏目的性,日常观看漫不经心。在设计思维流程中,观察是解决问题的起点,也是发现用户、发现需求、深入了解设计挑战的关键步骤。设计思维强调"以人为中心的创新"、用户是谁、年龄、性别和兴趣爱好。我们对人——用户的了解越深刻,越具体,创新实践就越有针对性、有效性。数据化的用户分析会给我们概念化、类型化的认知,但设计思维更强调对个体的深入认识,以开放的心态,抛弃成见,调查问题,观察行为,将心比心,更充分地了解用户:揭示用户的深层次情感与内心活动。

进入真实环境获得第一手信息,不仅要观察行为本身,还要结合被观察者的生活场景去观察,看他做了什么,怎么做的,思考他为什么这么做,目的是什么。有些情况下,被访谈者不愿意说太多关于自己的事,或者有些问题无法清楚地表达,当你去观察时,会从他的行为中洞察到更多,偶尔还会发现他的实际行为跟他所表述的不一致,这些都是需要注意的关键点。在观察时,注意将一些行为细节记录下来。观察用户的使用状态,观察类似行为以获得灵感,在充分理解用户的活动场景、使用习惯的前提下,才能够准确把握用户需求。

2)访谈

访谈法是最常见的调研方法,通过与用户直接交流、谈话挖掘用户需求。通过访谈可以更进一步地了解被访谈者行为背后的动机。访谈看似容易,却需要长时间的训练才能熟练掌握。当你面对陌生人时,如何建立信任,如何让他打开话题说出真实的感受,如何获取语言之外的信息以获得创新洞察,面对话题转移时如何应变,这些都需要长期训练。

访谈会从用户的基本情况入手，先了解用户的基本信息，为后续深入挖掘做预热和铺垫。在访谈之前，可以列举一些你想要问的问题，将这些问题做一下归类，然后根据情况做适当的合并或删减，最后整理出一个大概的问题顺序。当然，在实际访谈的过程中要更加灵活一些，使用开放性问题让用户充分自我表达，借着问题做引导，让被访谈者谈更多，自己则带着同理心倾听，然后逐步收敛，聚焦于问题的核心，了解问题背后的原因。访谈过程中不但要注意对方的表情和肢体语言，也要注意自己的面部表情、眼神、肢体语言及问题的问法，营造良好的互动氛围，鼓励对方继续说下去，说得更多一些。访谈的场所选择在被访谈者习惯的环境中更佳。当然，观察法和访谈法不是独立的，也可以穿插在一起使用。

3）沉浸式体验

进入用户的生活、工作环境，体验用户的喜怒哀乐，这样做出来的创新方案才更加真实。所谓"体验"，需要身体力行。通过扮演用户，创新者会深刻体会到难以言传的创新情境。共情需要花费较多的时间和精力，但是它太重要了，在这个阶段多花一些时间和精力也是合算的。观察和访谈可以获得一手的信息，沉浸到用户的情境中亲身体验和尝试，模拟用户的行为，更能细细体会到用户真实的感受。花时间穿别人的鞋子走一走，才能知道鞋子是不是真的合脚。

沉浸式体验的过程可能会花费上几天时间，在这个过程中不仅要记笔记，还要通过录音、拍照和录像来记录，帮助还原当时真实的场景，全面记录相关信息。比如，在为行动不便的残疾人设计便捷有效的公共交通指引时，自己坐上轮椅去体验一下，得到的信息比单纯地做调查要真实得多；在为航空公司设计更好的飞行体验时，亲自在飞机上体验各种服务，效果会更好；在为医院设计良好的就医体验时，亲自去排队挂号，在候诊室等待或者躺在病床上感受一下拥挤的空间和煞白的天花板，能帮助你更好地设计出解决方案。这些体验也许要花上半天到一天的时间，但在这个过程中往往会有意想不到的洞察和发现，可以帮助你找到用户真实的痛点和需求，找到问题的"正确"切入口。

斯坦福大学的《需求发现》课

戴夫·帕特奈克在斯坦福大学开设了《需求发现》课，教学生们学会如何走向外界，观察人群，然后分析观察资料，以发现人们未满足的需求。他还教学生如何花时间跟他人接触，了解他人的生活，最终改善自己的产品和业务。课堂上，每个同学跟最要好的朋友坐在一起。学生要用黏土做出一个餐具，来帮助他的搭档吃最喜欢的食物。

大部分同学都是以询问搭档最喜爱的食物是什么开始，然后马上动手做出一些他们自认为好用的小工具。还有一些学生在询问了搭档最喜爱的食物后，很快做出一个模型拿到搭档面前征求意见，进行讨论，然后再根据搭档对模型的意见做出一个修改版。有人在 20 分钟内做出 15 种不同的餐具，最后的成品可能是跟一开始的想法完全不同的东西。这些学生是真正理解速成原型法价值的人。还有一类学生则用了另外一种完全不同的方法。他们不是进行多次试验和修正，在做工具的同时他们与搭档交谈。一部分谈话内容可能跟食物有关，但大部分都是在侃大山。

通常，由于方法不同，做出的成果也呈现出很大的差异。第一组学生，即喜欢各自为营的同学，做出的餐具通常比较新颖精巧。给戴夫留下深刻印象的是，曾经有一个学生做了一个精美无比的吃炸鸡的用具。戴夫问他的搭档是否会用那个餐具吃炸鸡时，她耸了耸肩说，她更喜欢用手拿着吃，所以根本不会用它。很多非常精美的餐具得到的评价几乎都是这样的。

那些经过多项试验的同学做出的餐具通常比较受搭档的喜爱。比如，有个学生的搭档爱吃意大利面，这个同学刚开始做了一个面条叉，结果发现搭档更需要一个围兜。他们的成功是有理由的，因为这些学生的搭档们参与了设计。

最后一组同学，即那些看起来一直在侃大山而不务正业的学生，恰恰给人带来最大的惊喜。他们做出的东西经常连对方都不知道那是自己最需要的。

资料来源：戴夫·帕特奈克，彼得·莫特森. 谁说商业直觉是天生的[M]. 马慧，译. 北京：万卷出版公司，2010：39-41.

（4）同理心地图。

在问题识别的过程中，最常用的一个工具是同理心地图（也被译为共情图），如图 6-3 所示。最早由美国商业设计顾问公司 X Plane 提出。在图 6-3 中，中间的小人儿代表同理心的对象；在小人儿的左边（Hear）记录"听到周围的人说了些什么"；右边（See）记录"看到了什么"，包括人的行为、环境等；下边（Say & Do）记录"说了或做了什么"；上边（Think & Feel）记录"想到了什么和感觉如何"；最下方的左边（Pain）记录"感到的痛苦、挫败的是什么"；右边（Gain）记录"想得到什么"。通过这张同理心地图将访谈、观察等收集到的信息进行分类整理，便于我们对用户有更深刻的认识。

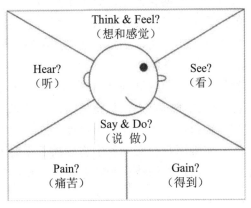

图 6-3　同理心地图

资料来源：张凌燕. 设计思维——右脑时代必备创新思考力[M]. 北京：人民邮电出版社，2015：51.

6.3　问题的洞察与呈现

6.3.1　为什么要进行问题洞察

在充分理解需求的基础上，深入洞察正在试图解决的问题，以获得更精确的核心设计问题。通俗地说，就是要确定用户痛点，正确界定问题——找到最佳着眼点，高效省力地完成任务，明确用户需求。要达成对设计问题和用户更深入的理解，问题洞察阶段的工作是非常必要的。在之前的问题识别阶段，设计者会尽可能地收集第一手的、大量的感性材料，接下来就应该更多地运用理性思维，从纷繁的信息中提取价值，洞察背后隐藏的问题，发觉用户的需求。

通过洞察定义用户的问题，我们才能在此后的步骤中去发现更好的创意。在重构关于设计问题的陈述时，我们通常是把范围收窄：从大量的原始信息中找到一个或几个创新机会点。需要注意的是，在这个阶段要集中注意力寻找需求点，而不是去思考研究对象所描述的那么多问题该如何解决，否则就会影响后续的创新和创造。更明确的描述将在创意阶段给我们带来更多的点子和更高质量的解决方案。

在问题识别阶段对用户观察、访谈记录下来的文字、图像、录音和视频资料是松散的，有时有些内容看上去还是相互矛盾的，同样的问题也往往早已被别人或在该行业深耕的企业反复研究过。设计思维团队作为跨界闯入者，如何在这里注入新鲜血液，提出更好的创意？只有充分运用设计思维的多样化的综合工具，设计者才能化解事务的复杂性，穿透认知的迷雾，揭开用户需求的面纱，提出有效的洞察。

6.3.2　问题洞察的步骤

1. 明确用户

设计思维作为以用户为中心的创新方法，界定用户似乎是一开始就完成的工作。但在实践中并不是这样的，设计者可能会在访谈之后纠结于用户到底是谁这个问题：是委托给我们项目任务的企业工作人员，还是企业的产品购买者、服务的对象？通常这个问题的答案是后者，是用户而非客户。

仅仅用学生、老师和母亲这样的名词描述用户是不够的，还要在洞察的过程中给用户加上定语。对用户特征的描述可以直接从整理的访谈信息中选择具体的形容词，也可以有意识地进行归纳和抽象。毕竟，我们不可能为那一大类人群中的所有人做设计，解决他们的所有问题。明确用户会帮助我们将后续工作的范围收窄，让创新目标更聚焦。好的用户界定会基于用户共情找到独特的切入视角，关注到被已有产品和服务所忽视的人群。

2. 识别需求

需求反映用户的目标和期望，通常是在访谈现场由受访者明确表达出来的。我们在记录下来的信息里寻找动词或动宾词组形式的描述，这些动词常常反映了当事人具体或抽象的动机。对于特定的设计，我们所总结的需求数量必然是有限的。我们在问题洞察阶段列出的每一项用户需求都要有对应的观察证据，不仅如此，还应该考虑排除那些把任何人都囊括其中的需要，把用户独有的需求凸显出来。这个过程就是一个从发散到收敛的过程，越来越聚焦于少数几个需求，甚至有可能只关注一种需求。

从用户角度体验产品或服务存在的问题时，具体的需求结合了应用的场景。离开了确定的空间和时间，对应的需求可能就不存在了。例如，办公室的白领在工作日，越接近中午越需要便捷的午餐餐厅或外卖选择，在休息日和节假日这种需求就非常少。我们可以使用用户体验地图建立用户活动的时间线，识别其与产品或服务的接触点，体会用户的兴奋点和痛点。

3. 发掘洞察

回忆用户访谈的收获，给我们印象最深的是什么？观察中哪些东西让我们眼前一亮？哪些现象与我们之前的预想有很大落差？在多个用户的身上，我们发现什么共同的模式？思考这些问题时，要在用户与场景和情境之间建立深层的联系，为用户的特定行为和情感寻找背后潜藏的动因。结合之前的调研和用户同理心，更深入地理解用户，通过演绎、推理等逻辑手段，在看似混杂、无序的信息碎片中经过巧妙的思维加工，洞察出要解决的问题。

知识和经验是洞察力形成的基础。但知识和经验是死的，实际情况是多种多样的，需要结合实际情况，通过不断地追问为什么，将知识和经验与实际情况结合，形成洞察力。这不仅仅是经历与知识的积累，更重要的是在这个过程中形成思考和学习的能力。洞察力的形成需要专业知识的学习与积累，以及在实际应用场景中知识迁移的能力，因此我们应在工作与生活中学会使用同理心，善于观察，在经历中思考、学习、反思与提升，不断地积累经验，最终形成洞察力。

4. 用户要点聚焦

问题洞察阶段的目标是重构设计挑战，即根据已有的信息对设计任务做重新表述。新的陈述建立在用户要点聚焦的基础上，包含三个组成部分——用户、需求和洞察，它为之后的设计工作提供行动指南。很显然，用户要点聚焦的定义是否合适对能否创造性地解决问题关系重大。好的用户要点聚焦能通过架构问题和聚焦目标激励创新团队，也能为我们评估不同点子的优劣提供判据，更能帮助我们避开为所有人解决所有问题的那种空泛的解决方案。

表述清晰的用户要点聚焦可以帮助我们限定创意的范围，让我们很容易地辨别头脑风暴得出的点子是否跑题。在这个思维收敛的过程中，我们也可能得到多个设计挑战，这些设计挑战都以"我们怎样……"（how might we）开头，并分别侧重于问题的不同侧面，这也可以让我们之后的创意工作保持更大程度的开放性。

6.3.3　问题洞察的呈现

对问题精确的陈述，是获得解决方案的基础，它比解决问题还要重要。但是，在陈述时人们往往会出现各种问题。比如，问题的主体界定不明确，不能清楚描述问题发生的情境，把现象、问题和原因混为一谈等。这些问题的产生在于人们在陈述问题时缺乏一个系统的框架，也缺乏互相沟通的标准语言。

为了更好地呈现问题，我们用"how might we"（设计思维里将其简称为HMW）的句式表达：我们怎么样（how）才能帮助谁（who）解决什么问题（what）。通过这一句式把问题清晰而准确地表达出来，为下一步的创意构思打下基础。

在多维度地呈现问题时，可以使用问题画布作为描述和呈现问题的基本工具。问题画布是一种用来描述、评估、沟通、重构以及呈现问题的工具。问题画布包含七个要素（见图 6-4）：谁的问题、什么时候发生的、什么地方发生的、问题是什么、问题的紧急性、问题的重要性及问题的本质原因。

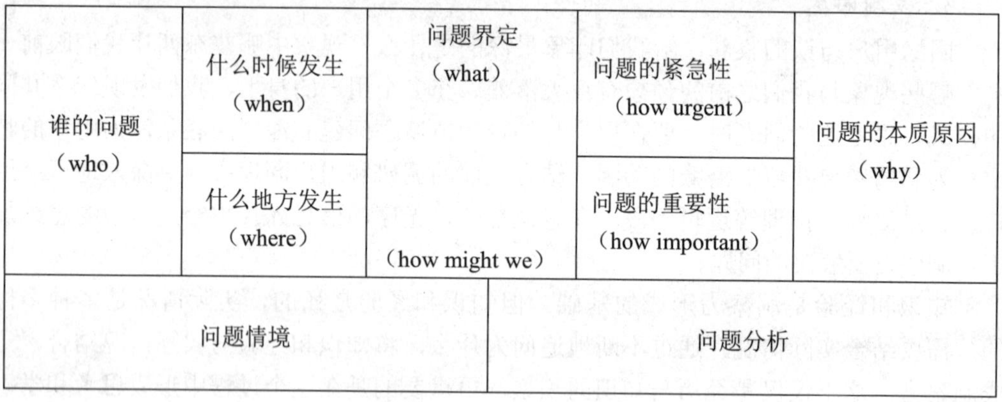

谁的问题 （who）	什么时候发生 （when）	问题界定 （what）	问题的紧急性 （how urgent）	问题的本质原因 （why）
	什么地方发生 （where）	（how might we）	问题的重要性 （how important）	
问题情境			问题分析	

图 6-4　问题画布

资料来源：朱燕空，罗美娟，祁明德. 创业学什么：人生方向设计、思维与方法论[M]. 2 版. 北京：国家行政出版社，2018：115.

问题画布左上半部分包含发生时间、发生地点和问题对象三个要素，通过它们对问题情境进行描述，可以清晰地对一个问题进行聚焦；右上半部分包括问题的紧急性、重要性及其深层次原因三个要素，是对问题的分析；画布最中间的要素是在以上问题的基础上明确的问题本质，一般使用"how might we"（我们怎样才能）句式描述。

需要说明的是，问题的紧急程度与重要程度侧重点不同，紧急性侧重反映时间的紧迫，即如果不及时解决这个问题，将会产生什么后果；重要性侧重反映这个问题本身给人们带来的困扰程度有多大。当我们提出一个问题时，也需要分析问题的紧急程度和重要程度，做到心中有数。初创企业适宜从紧急又重要的问题入手。

问题画布这种工具非常方便，它可以很直观地将问题的各方面多维度地呈现出来。它可以帮助我们思考这个问题是否是其他很多人都有的，问题是否足够严重或者紧急、是否值得被解决，它发生的概率有多高，什么时候或什么地点更容易发生等。因此掌握这种工具，对于我们呈现问题非常有帮助。

6.3.4 问题洞察工具

1. 5why 分析法

通过 5why 分析法探寻问题的本质。5why 分析的意思就是连续问五个为什么，直到找出根本原因。这种方法由丰田的创始人丰田佐吉提出。几十年来，丰田汽车公司把连续提问五个为什么当成一种查找根本性问题的测试工具。那么，丰田汽车公司前副社长大野耐一是怎么运用 5why 法来找到工厂设备停机的根本原因的？大野耐一发现生产线上的机器总是停机，修理过多次，仍不见好转。于是，他询问工人机器停机的原因。

★问题一：为什么机器停了？

回答一：因为机器超载，保险丝烧断了。

★问题二：为什么机器会超载？

回答二：因为轴承的润滑不足。

★问题三：为什么轴承的润滑不足？

回答三：因为润滑泵失灵了。

★问题四：为什么润滑泵会失灵？

回答四：因为它的轮轴耗损了。

★问题五：为什么润滑泵的轮轴会耗损？

回答五：因为铁屑跑到里面去了。

经过连续五次问"为什么"，终于找到了机器停转的真正原因和解决的方法：在润滑泵上加装过滤网。

如果没有通过不停地问为什么找到问题发生的原因，员工可能继续不停地换保险丝，不能真正解决问题。大野耐一这样评价 5why 分析法："丰田科学方法的基础，重复 5 次，问题的本质及其解决办法随即显而易见。"5why 分析法的关键在于：鼓励解决问题的人要努力避开主观或自负的假设和逻辑陷阱，从结果着手，沿着因果关系链条顺藤摸瓜，不停地提问，直到找出问题的根本原因。

在商界，人们逐渐认同 5why 分析法的价值。而且这种理念最近成了"精益创业"理念的一部分。精益创业理念的提出者埃里克·莱斯就是 5why 分析法的忠实拥护者。莱斯认为，这种方法是为真正攻克人类心理限制设计的。人们往往会为解答一个难题而去寻找最直接的、最显而易见的解释。只有考虑所有复杂的、相互影响的因素，尤其是那些深层次的真正原因，或许才能帮助企业解决问题、走出困境。通过 5why 分析法不断提问，洞察问题的本质，从而找到人性最深层次的欲望（want）。当然，这里的"5"只是一个概数，不代表一定只能是 5 个问题，这种方法只是在强调一定要多问为什么，直到找到真正的答案。

2. 用户画像

用户画像是一种勾画目标用户、联系用户诉求与设计方向的有效工具。用户画像是根据用户社会属性、生活习惯和消费行为等信息抽象出的一个标签化的用户模型。

作为实际用户的虚拟代表，用户画像所形成的用户角色并不是脱离产品和市场之外所构建出来的，形成的用户角色需要有代表性，能代表产品的主要受众和目标群体。

用户画像是大数据的发展带来的企业对于用户行为进行分析、探索及重塑的产物，它将用户的行为变得"可视化"，利用大数据来为精准营销服务，进而深入挖掘潜在的商业价值。只有最大限度地了解用户，才能最大可能地得到用户，用户画像为企业提供了足够的信息基础，可以帮助企业进行产品定位和快速精准地找到用户群体，制定个性化服务，提高服务质量和效率，积累良好的口碑，进而最大程度地获得收入。所以用户画像的重要性不言而喻。

用户画像是真实用户的虚拟代表，它基于真实的信息，而非具体的某个人。它根据目标的行为观点的差异区分为不同类型，并迅速组织在一起，然后把新得出的类型提炼出来，形成种类型的用户画像。一个产品大概需要 4～8 种类型的用户画像。PERSONA 是用户画像的七个要素的首字母缩写，这七个要素如下。

- ▶ primary：基本性，指该用户角色是否基于对真实用户的情境访谈。
- ▶ empathy：同理性，指用户角色中包含姓名、照片和与产品相关的描述，该用户角色是否能引起同理心。
- ▶ realistic：真实性，指对那些每天与顾客打交道的人来说，用户角色是否看起来像真实人物。
- ▶ singular：独特性，指每个用户是否是独特的，彼此很少有相似性。
- ▶ objectives：目标性，该用户角色是否包含与产品相关的高层次目标，是否包含关键词来描述该目标。
- ▶ number：数量性，指用户角色的数量是否足够少，以便设计团队能记住每个用户角色的姓名，以及其中的一个主要用户角色。
- ▶ applicable：应用性，设计团队是否能使用用户角色作为一种实用工具进行设计决策。

3. **用户体验地图**

用户体验地图（user experience map）也被称为用户旅程分析图，是产品优化的重要工具。它从用户视角了解产品流程，可以帮助我们找到用户的痛点，发现产品存在问题的阶段，从而有的放矢地进行优化。用户体验地图是通过"故事化+图形化"的方式，直观地展示用户在产品使用过程中的情绪曲线，帮助我们从全局视角审视产品。用户体验地图既是将调研收集的零散信息系统化的方法，也是创新团队成员之间加强沟通的手段。我们可以用它厘清典型用户的行动路径，以便于更好地理解用户，揭示用户与产品和服务的关系，寻找设计创新的机会。通过对用户体验过程细节的关注，我们可以更深入地建立用户同理心，识别用户的需求。

通过对用户调研、用户追踪的资料进行收集整理，提炼出用户行为，在白板上画出用户体验地图，用它来再现用户的一天或者描绘一次用户购买、服务体验的完整经历。在用户体验地图中，除了有对典型用户的描述，至少要有一条时间线。在时间线上，以节点定义用户的行动细节。用户的每一项活动都被置于场景中详细考察，尤其要关注反复呈现的模式与凸显的异常。根据对应阶段的用户行为，写下当时用户的思考和想法，将它们以便利贴的形式整理出来。提炼用户每个节点的情绪，通过用户每个阶段的行为和情绪曲线，整理出每个阶段的痛点和问题，并思考痛点背后的原因，思考此处是否可以采取一些措施来满足用户的目标，提升用户的体验，这就是机会点。后续还可以对体验地图进行整理和美化产出，然后整理出地图中的机会点，根据重要程度和难易程度来排出优先级并安排执行。最后优化用户体验地图中的痛点，帮助用户实现目标，或者确立新的产品功能的方向。

延伸阅读

[1] 蒂姆·布朗. IDEO，设计改变一切：设计思维如何变革组织和激发创新[M]. 侯婷，等，译. 北京：万卷出版公司，2011.

[2] 鲁百年. 创新设计思维：创新落地实战工具和方法论[M]. 2 版. 北京：清华大学出版社，2018.

复习思考题

1. 你是如何理解从问题中寻找创业机会的？
2. 设计思维的核心思维包括哪些？
3. 设计思维的三个层次分别包含哪些内容？
4. 谈一下你对设计思维流程的理解。
5. 为什么同理心很重要？
6. 如何进行问题识别？
7. 如何进行问题洞察？
8. 常用的问题洞察工具有哪些？

案例练习

"海盗船"核磁共振仪

通用电气公司医用成像设备设计师道格·迪兹发明了医用核磁共振仪（CT），他为自己的工作能拯救生命而感到骄傲。但在一次到医院回访机器使用情况时他看到了令他吃惊的一幕：一个将要接受检查的小女孩被 CT 设备吓哭了，完全不愿意做检查。他发现医院里将近 80%的儿童患者需要服用镇静剂才能做核磁共振。对孩子来说，神秘的 CT 机意味着"未知的恐慌"。这让他大为受挫，本来他觉得自己的这台机器能拯救生命，然而事实给了他很大的打击，这台机器带给孩子的是恐惧。

后来，道格到斯坦福大学哈索·普兰特纳设计学院（D. school）学习设计思维。

他学习了同理心，这促使他努力通过设计思维为这类设备的改进寻找灵感。"我在想，如果把这一工具拿过来，并组建一支跨专业的团队联合作业，它的威力到底能有多大？"他首先去了一家日间护理中心，观察并理解就诊的孩子。随后，他创作了第一个原型，就是后来的"冒险系列"扫描仪。道格把核磁共振成像扫描室改造成一个儿童历险主题公园，由患儿做主人公。他没有改变扫描仪复杂的内部技术，而是与团队一起为仪器的外部和房间的所有表面都印上彩色图案，包括地板、墙壁和所有设备；并为操作设备的技师创作了剧本，这样他们就可以引导患儿完成"历险"。对孩子来说，这变成了一次从未有过的独特体验。医务人员可以对孩子解释噪声和检查舱的运行，他们对前来检查的孩子们说："好了，你现在要潜入这艘海盗船，别乱动，否则海盗会发现你的。"结果是戏剧化的，需要服用镇静剂的孩子从80%降到了10%，甚至有个小女孩在做完检查后，还跑到妈妈那儿问："妈妈，我们明天还能再来吗？"医院和通用电气公司对此都很高兴，他们不用一直找麻醉师了，每天可以做的检查数量也大幅增加，效果十分显著。

资料来源：吴晶鑫，凌邦如. 大学生创新创业基础[M]. 北京：国家行政学院出版社，2018：131-132.

思考题：

1. 基于上面的案例，谈一下你对设计思维的理解。
2. 这个案例带给你什么启示？

实践训练

实践训练 6-1　你遇到的问题，真的是问题吗？

领导让你去河对岸取一个东西，你走到河边突然发现桥断了，通常情况下你会怎么做？

实践训练 6-2　举一反三

1. 问题画布练习——呈现你在生活中遇到的问题。
2. 说出你在生活中遇到的问题，使用 5why 分析法探寻其背后的原因。

实践训练 6-3　顾客画像

选择一款你喜欢的产品，画出该产品的顾客画像。

复盘与反思

回顾本章内容，请写出：

1. 学到了什么（三个最有启发的知识点）。
2. 有什么感悟（两个最深的感悟）。
3. 计划怎么去行动（一个行动计划）。

 课外练习

根据你们确定的创业项目，到用户中进行问题识别和问题洞察，确定用户的需求。

第7章 创意方案

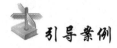

本章学习目标

▶▶ 了解创造力自信；

▶▶ 了解常见的创造思维；

▶▶ 掌握创意方法；

▶▶ 掌握创意方案的形成。

引导案例

斯坦福大学5元大挑战

斯坦福大学的课堂上，Tina Seelig 教授做了这样一个小测试：她给班上的 14 个小组分别发了一个装有 5 美元的信封，作为任务启动基金。学生们有 4 天的时间去思考如何完成任务，当他们打开信封时，就代表任务启动。每个队伍需要在 2 个小时之内，运用这 5 美元赚到尽量多的钱，并且在下一节课上进行 3 分钟的展示。

当教授在课堂上第一次向同学们提出这个活动时，底下传来了这样的回答："拿这5 美元去拉斯维加斯赌一把！""拿这 5 美元去买彩票！"这样的答案无疑引来了全班的哄堂大笑。这样做并不是不可行，但是他们必须承担极大的风险，也几乎是不可能完成的。

另外比较普遍的答案是先用初始基金 5 美元去买材料，然后帮别人洗车或者开个果汁摊。这些点子确实不错，赚点小钱是没问题的。不过有几组想到了打破常规的更好的办法，他们认真地对待这个挑战，考虑不同的可能性，创造尽可能多的价值。

挣到最多钱的几只队伍几乎都没有用上教授给的启动基金，也就是这 5 美元。他们意识到：把眼光局限于这 5 美元会减少很多的可能性。5 美元基本上等于什么都没有，所以他们跳脱到这 5 美元之外，考虑了各种白手起家的可能性。他们努力观察身边有哪些人还有未被满足的需求。通过发现这些需求，并尝试去解决，前几名的队伍在两个小时之内赚到的钱数超过了 600 美元，5 美元的平均回报率竟然达到了4 000%！对于这些没有用到启动基金的队伍，可以说他们的投资回报率是无限的！

他们是怎么创造这些奇迹的呢？

有一个团队发现了大学城里的一个常见问题——周六晚上某些热门的餐馆总是会排长队。这支队伍发现了这个商机，他们向餐馆提前预定了座位，然后在周六临近时将每个座位以最高 20 美元的价格出售给那些不想等待的顾客。那一晚，他们观察到了一些有趣的现象：① 团队里的女学生比男学生卖出了更多的座位，可能是女性更具有亲和力的原因，所以他们调整了方案，男学生负责联系餐馆预订座位，女学生负责去找客人卖出这些座位的使用权；② 当餐馆使用电子号码牌排队时，他们更容易卖出这家餐馆的座位，因为实物交换让顾客花钱之后得到了有形的回报，顾客感觉自己所花的钱物有所值。

另一个团队在学生会旁边支了个小摊，帮经过的同学测量他们的自行车轮胎气压。如果压力不足的话，可以花 1 美元在他们的摊点充气。事实证明：这个点子虽然简单但有可行性，同学们虽然可以方便地在附近加油站免费充气，但大部分人都乐于在他们的摊点充气，而且对他们所提供的服务都表示了感谢。

不过，在摊子摆了一个小时之后，这组人调整了他们的赚钱方式，他们不再对充气服务收费，而在充气之后向同学们请求一些捐款。就这样，收入一下子骤升了！这个团队和前面那个出售预订座位的团队一样，都是在实施的过程中观察客户的反馈，然后优化方案，取得了收入的大幅提升。这些团队的表现都很不错，班内其他同学对他们的展示也印象深刻。

有一个团队认为最宝贵的资源既不是 5 美元，也不是 2 个小时的赚钱时间，而是他们周一课堂上的 3 分钟展示。斯坦福大学作为一所世界名校，不仅学生挤破了头想进，公司也挤破头了希望在里面招人。这个团队把课上的 3 分钟卖给一家公司，让他们打招聘广告。就这样简简单单，3 分钟赚了 650 美元。他们发现：他们手头最有价值的资源既不是去售卖自己的时间，也不是去卖面子，而是售卖他们班上的同学——这些人才才是社会最需要的。

这种思维方式，就是现在人人都在追求的 "think outside the box"——格子外思维。

资料来源：蒂娜·齐莉格. 真希望我 20 几岁就知道的事[M]. 邢爽，裴卫芳，译. 西安：陕西师范大学出版社，2010：1-6.

通过设计思维的理念和方法，站在用户的角度，用同理心感受用户的问题，发掘用户的痛点。人人都有创造力自信，突破思维的约束，利用格子外思维，通过发散和聚敛，形成最终的创意方案。

7.1 创造力自信

7.1.1 创造力自信的内涵

创造力自信（creative confidence）也被译作创造自信、创意自信或创新自信力。不同的研究者给出了不同的定义，有人认为它是解决那些没有明显答案的混乱问题的自信力；有人认为它是在不知道答案甚至在不能确定是否可以找得到答案以前，就有自信去寻找答案，并相信自己一定会找到一个答案；还有人认为创造力自信是有勇气去承担创意的风险，并且坚信所创造出的解决方案有价值。斯坦福大学设计学院创办人之一、IDEO 公司创办人大卫·凯利认为，创造力自信就是相信自己拥有改变周围世界的创新才能，坚信自己所做的工作必有所成。他认为这种成竹在胸的创造力自信，是创新的核心。

是否拥有足够的创造力自信，对形成创意有非常关键的影响。当一个人有足够的创造力自信时，他就更敢于去创造，也更容易形成自己的创意。创造力自信带来的不仅是创意，还有各种各样的可能性。有了创造力自信，人们就会更勇敢地创造机会、创造改变，学会看见自己的价值，同时也能看见别人的价值，会更正面地去挖掘任何可能性。

大卫·凯利在一次访谈中提到一个现象："当你走进幼儿园的教室，你会发现创意根本就不是问题。小朋友们会做任何事，像是用头倒立、拿铅笔的另外一端来画画等。他们完全是自由的，而且每个人都觉得自己很有创意。当你问'有谁觉得自己是艺术家时，每个人都会举手。但是，当你走进小学四年级的教室，问班上的同学：'你们有谁觉得自己是艺术家？有谁觉得自己有创意？'可能会有一个女孩举起手，然后其他人露出有点尴尬的眼神看着她。"人们在幼儿时期都很有创意，孩子们玩的、"发明"的、试验的都是些稀奇古怪的东西，他们既不胆怯也不害臊。大卫·凯利认为，从小学四年级以后人们慢慢地开始丢掉了我们的创造力自信。

大卫·凯利认为每个人都有创意，如果每个人都有创造力自信，相信可以利用设计思维来解决各种问题，这个世界就会充满创造力。设计思维能让学生在面对问题时的态度从"天啊！这个问题我不知道该怎么解决"，变成"先用设计思维的流程来试试看，会得到什么结果"。大卫·凯利说过，他的使命就是希望帮助人们提升创造力自信，从而改变世界。

7.1.2 创造力自信的缺失

创造力自信的缺失已经成为世界范围内的一个普遍性问题。儿童时期还拥有创造力自信，长大了反而消失的原因主要表现在以下三个方面。

（1）在成长期间，曾在创造力自信方面受过严重的打击。比如，动手画了一幅画或做了一个东西，结果被老师或同学耻笑，从此再也不想搞创作。

（2）在某些方面有潜能，但从未有机会被挖掘和开发过。比如，一个工科的学生，上学期间只顾埋头苦学自己的专业课，从未想过、也未做过文学创作，就以为自己没有这方面的天赋。

（3）对创新存在一些错误的认知。比如，认为创新就必须是发明全新的事物，而事实上绝大多数的创新只是在原有事物基础上进行再设计。认为只有从事某些创造性职业的人所从事的工作，才算是创新，如发明家、设计师、广告创意人等。认为创意人才就是那些有艺术细胞的人，创新只是这类人的天赋，很多人天生没有创造力。

自信缺失看似不起眼，但当一个人认为"我天生不是那种有创造力的人""创新只是少数人能做到的""我怎么可能改变世界"时，他已经丧失了想要尝试去创新和创造的动力。在斯坦福大学设计思维在线课程中，第一个内容不是讲设计思维本身，而是关于信念和态度。导师会通过询问一些问题来调查学员是否具有创造力自信，比如："你认为自己拥有创造力吗？""在面对未知和变化时，你敢上前一步吗？""当你把创作成果拿出来时，你会害怕他人的负面评价吗？"一个人如果连创造力自信都没有，根本不可能学好与创造力相关的设计思维，更不可能会主动运用设计思维去创新实践。集体创造力自信的缺失，就如同一处蕴含巨大能量的矿藏，一直被掩埋，从未被点燃。但如果人们的集体创造力自信被唤醒，将给世界带来巨大的变化。

7.1.3　创造力自信的重要性

如果从设计思维的整个流程来看，创造力自信的重要性表现在：一个拥有创造力自信的人可以以自信的心态进入角色；能够从问题中看到机会，从局限中看到利好，更容易洞察用户需求；更愿意勇敢地尝试；遇到任何失败都更愿意以乐观心态面对。

由此可见，创造力自信是一个人敢于行动的根本动力。在解决问题的过程中，一定会经历重重困难，可能一开始摸不清问题的方向，可能绞尽脑汁却没有思路，也可能会经历一次又一次的失败，这些都需要依仗创造力自信的光芒来克服。设计思维非常强调解决现实世界中的问题，尤其是棘手的问题。这些问题来自社会生活的方方面面，有些问题看上去专业性很强，比如我们在第 6 章的引导案例中提到为贫困地区的婴儿设计一款成本低廉的保温箱。这个问题对非医学相关专业出身的人来说，如果没有创造力自信，也许根本不敢触碰。但如果你有创造力自信，就可以自信的从用户角度出发，努力尝试各种不同的解决方案，逐步把问题解决。

7.1.4　创造力自信的前提条件

斯坦福大学心理学教授卡罗尔·德韦克提出了成长型思维模式，他认为："具有成长型思维模式的人相信，人的真正潜能是未知的（也是不可知的）；长期的激情、辛劳和训练所能造就的才艺，也是无法预知的。"成长型思维模式认为，无论天资禀赋如何，甚至无论智商高低，人人都能通过努力和经验拓展自己的能力。

与成长型思维模式相对立的是固定型思维模式。固定型思维模式者心怀根深蒂固的成见，认为人的智力和天分的高低都是生而固有的。当被邀请进行有创造性的活动时，他们更愿意待在自己的安乐窝里，生怕在人前露出自己的短处。如果信奉这样的理念，以这样的逻辑指导自己的人生，或是总是把自己固定在一个小安乐窝里，不愿意去挑战自己，长此以往就会使创造力丧失殆尽。

与此相反，成长型思维模式是探索创新的通行证。当你开放思维，意识到自己的潜力是无限、未知时，你就已经穿上跑鞋，做好了奔向前方的准备。在现实中，我们往往同时兼具这两种思维模式。有时是固定型思维模式主导，你会觉得："我们从不擅长搞创意，何苦为难自己呢？"有时是成长型思维模式主导，你会觉得："我们至少该试一试吧。"问题在于，你更愿意听从哪个声音。获得创造力自信的一个前提条件是，相信自己的创新技巧和能力不是一成不变的，相信自己是可以学习与成长的。获得创造力自信需要丢掉固定型思维模式，启动成长型思维模式，坚信自己是有潜能的，并且努力突破自己以往的能力极限。

7.1.5　获得你的创造力自信

创造力自信者相信自己有能力改变周围的世界。拥有创造力自信的人会有很强的自我效能感，相信自己有创造力，敢于在不确定中尝试并且不惧失败。不是你没有创新力，而是你很少去启动它，认为自己做不到，不敢尝试，害怕失败。

加利福尼亚大学西蒙顿教授的研究发现，那些有创造性的人只是比常人做了更多次的尝试（或试验），这也就意味着勇于尝试和拥抱失败，比拥有创造力天赋更重要。按照心理学的观点，自信源于"经历"之后的"自我掂量"，获得（或重新获得）创造力自信首先还是要行动，在经历了一系列创造上的小小成功之后，就会逐步获得创造力自信的提升。事实上，在运用设计思维解决问题的实践中，你会逐步重新获得创造力自信。

第一步，展露积极的心态。在斯坦福大学设计学院，经常是来自不同专业领域的人组成一个团队，共同去完成一个项目。以人为中心的设计，把所有的关注力都聚焦在"人"的身上，无论什么样的专业背景，只要积极地去探索，从人性出发，就会获得非常多的感受和创造力自信。

第二步，放手去做。经历就意味着行动。因此，抛开内心的自我设限，抛开专业、职业背景，抛开性别、年龄和学历，抛开所有的"不会""不能""害怕"，停止对环境、资源、各种不利因素的抱怨，需要的只是去行动（Just do it）！释放创造力自信之后，你会发现改善现状的新机遇。一旦发现那些机会，就立刻抓住它们。记住：你永远比你所知道的自己更有创造力！当你获得创造力自信、一路前行时，也将有机会在世间留下自己的印记。

7.2　创造性思维

创造性思维是突破常规解决问题的思维模式，重新组合既定的感觉体验，探索新的规律，得出新的解决问题的思路和想法的思维活动。所以说，创造性思维就是突破传统思维和知识范围，产生解决问题的新的想法和思维。下面介绍几种常用的创造性思维。

7.2.1　格子外思维

格子外思维可以翻译成"think outside the box"或"think out of the box"，意味着从一个不同视角，给出一个不同寻常或独特的思考。格子外思维来源于 20 世纪 70 年代西方一家管理咨询公司，用于帮助客户突破常规的思维方式。格子外思维的意思是答案存在于我们所考虑的问题解决方案的范围之外。它打破了我们一直遵行的思维习惯。比如，著名的"九点连线难题"，即在笔不离开纸的情况下，用 4 条直线将 9 个点连起来。连线过程中，我们相信直线不能延伸到由 9 个点构成的大方格之外。虽然没有人说这是一条规则，但我们大多数人都会预先这样假定。九点连线难题有明确的目标，所有信息都是明确的，但如果用常规的思维方式，要解决这个问题很难，这就需要打破原来的思维方式。

我们大多数人都生活在一个格子里面，很难突破自己的生活惯性。格子有时候也代表一种基因和过去的工作经验。比如，有软件背景的人总想用软件解决问题，有硬件背景的人总想做一个不同的硬件，有教育背景的人总喜欢说教，有投资背景的人经常会从资本视角思考问题等。总之，每个人都有自己的格子，格子体现了一个人的优势，同时也会是一种限制和天花板，会限制一个人的思维、解决问题的方法、看问题的视角等。想要获得高质量的创意，就需要跳出格子来思考问题。

创新也是如此，创造力不是单纯的奇思妙想，它还需要把我们的思维从束缚中解脱出来。我们不能把自己的思维局限在格子中，不能让已有的知识或经验成为继续创新的桎梏，要突破格子的束缚，培养自己的格子外思维。

7.2.2　左脑思维和右脑思维

自 19 世纪起，人们就已经发现大脑两个半球的功能有所不同。诺贝尔生理学和医学奖获得者罗杰•斯佩里提出了左、右脑分工理论：左脑负责语言、逻辑、数字、顺序、局部和分析等功能；右脑负责节奏、空间、形象、想象、色彩以及整体综合等功能。现有研究发现，左脑的优势在于分析具体的问题，它被认为是语言、理性、分析的一半；而右脑则在分析画面、理解和识别上占优势，它往往被定位为有创新、直观、全面和情感的一半。左脑和右脑的具体职能分工如表 7-1 所示。

表 7-1　左右脑的区别

左脑（理性脑）		右脑（感性脑）	
语言/文字	逻辑、数学	空间/音乐	整体的
线性、细节	循序渐进	艺术、象征	一心多用
自制	理智的	敏感的	直觉的、创新能力的
强势的	世俗的	弱势的（安静）	灵性的
积极的	好分析的	感受力强的	综合的、完整的
阅读、写作、述说	顺序整理	辨认面目	同时理解
掌握复杂程序	掌握复杂动作顺序	感知抽象图形	辨识复杂数字

资料来源：孙洪义. 创新创业基础[M]. 北京：机械工业出版社，2016：80.

人脑的大部分记忆，就如同录像带的工作原理一样，将信息以某种图画、形象，像胶片似的记入右脑。思考就是左脑一边观察右脑所描绘的图像，一边把它符号化、语言化的过程。人们在进行思考时，首先需要右脑通过非语言化的"信息录音带"（记忆存储）描绘出具体的形象，然后由左脑发挥其工具性质，把右脑的形象思维转换成语言。

相比较而言，右脑思维更具有创造力，它具有将大脑中那些毫不相关的信息联系起来的能力。不相关信息之间的差异性很大，将它们联系起来之后可以迸发出很多新奇的设想。人并不能创造信息，所以创造力是对现有信息的加工和整合的能力。如果右脑本身尚未存储大量的信息，创造力也就无从谈起。人们常常强调"直觉""一闪念"的重要性，而这种"直觉""一闪念"的产生，首先要求与右脑思维直观的、综合的、形象的思维机能发挥作用，并且要有左脑很好地配合。简而言之，如果希望不断有新的设想产生，随着环境的变化而转变自己的认识，就必须充分使用右脑。

对左脑思维和右脑思维的理解，能够帮助人们更好地了解自身的思维方式。在创意的过程中，不仅要从左脑思维方面，即逻辑的、理性的角度考虑问题，也要从右脑思维方面，即想象的、空间的、创造性的角度看待问题。仅仅局限在一个方面的思维，往往会让人们限于一定的思维框架和思维范式中。只有适当地做出调整，才有利于帮助人们更好地、创新性地解决问题。

左脑人和右脑人并不是根据大脑物理属性的不同所做的区分，而是指使用偏好。左右脑本身并无优劣之分，只是各有所长，没有一个人可以做到只用左脑或只用右脑。左脑思考和右脑思考的切换就好像换挡一样，各个领域做得出色的人是可以做到充分调动左右脑的。过去的教育和工作方式使得左脑被过度使用了，从适应未来需要的角度看，右脑需要被更多地开发。右脑是直接与创造力相关的，像设计师一样思考，就意味着重启你的右脑。著名趋势专家丹尼尔·平克更是在他的著作《全新思维》中提到，右脑人将统治未来。

7.2.3　视觉思维

视觉思维是设计思维中经常被用到的一种方法。视觉思维也称图像思维，简单地说，就是用地图、图解等方式来表达想法、概念、流程及关系等。通过视觉思维可以将相关的信息视觉化，把信息更直观地呈现出来。对于一份会议记录，可以按照一定的格式用文字写出来，可以包含会议名称、召开时间、出席人员、会议内容等；也可以用更加视觉化的方式来展现，用图画的形式表达出会议的主要内容。人们习惯用语言文字来做表达，画画常被看作是纯粹的艺术性娱乐。文字表达有自己的优势，但是当你发现文字和图表也不能充分表达意思的时候，可以拿出马克笔在纸上形象地把它画出来，借助图像来更好地表达。

相比于文字，图像表达的好处在于以下几点。① 直观。文字的表述比较抽象，有时不能很好地表达出要传递的内容。大段的文字更是让人头疼。图画可以包含大量的信息，而且一目了然，抽象的概念和复杂的关系在图画中也变得更容易理解。② 有趣。文字的堆砌使人们看起来费劲，读起来晦涩难懂，大脑要对文字信息进行再加工。图像通过各种形状和颜色来表达，看上去更直观，有助于刺激大脑，激发灵感。③ 易于理解，促进共识。语言不同的人通过文字沟通是困难的，但可以通过用手比划或在纸上画画的方式来让对方理解。现实生活中，每个人的成长背景、心智模式不同，对文字包含意思的理解也可能有偏差，但是图画却是一种通用的、老少皆宜的"语言"，可以避免因群体理解的偏差而产生纷争。视觉形式由于具有趣味、直观、易理解的优点，受到越来越多的公司的欢迎。

在视觉化表达时，首先要明确目的，然后选取合适的视觉表达方式。要用尽量少的视觉元素简单地呈现出整盘信息的逻辑，在"简单表达"和"充分表达"之间找到一个平衡。视觉思维并不等同于图画，图画只是图像思维或者视觉思维的重要组成部分，是一种视觉化的表达方式。视觉化表达的形式多种多样，要结合实际的用途选择最合适的表达方式。借助视觉化的思维工具，可以很好地起到引导思维的作用。除了常用的纸、笔等工具之外，还会经常用到一些思维导图类软件。

相比语言文字记录，当我们在创建图像的时候，大脑的注意力是高度集中的，这本身就已经产生意义了。另外心理学研究表明，人类大脑 50%以上的信息处理能力都是用来处理视觉信息的。因此我们很有必要改变一下固有的思维习惯，更多地运用图像、视觉的方式来表达。

7.2.4 情境思维

情境思维，也称情景思维或场景思维，是一种以"场景中的人"为思考对象、以交互关系为思考核心的思维方式。它强调从用户的真实需求出发，以人为中心进行思考。左脑思维会把人、物、环境分开来看，按照人口统计学特征对人群做标准化的分类，直线式思考人与物的关系，不考虑环境的因素。如今，需求越来越个性化，这种整齐划一的线性思考方式仅从数据层面去分析和理解消费者，已经不能适应"关系为王"的新时代了。

在这个互联网时代，各种事物之间的关系得到前所未有的发展，人和物、人和环境、物和环境、物和物的连接关联了情感、关系和需求。人、物、环境三者形成一种动态关系，在特定的场景中产生特定的价值，同一个人在不同的场景下产生的需求也不同。因此在分析消费者的需求时必须考虑情境的影响。

情境思维能够基于场景去观察人，这样能帮助我们更好地理解场景中人的需求。情境思维还可以帮助我们转变单一的、以物为中心的思维局限，在人、物、环境三者的交互关系上做文章，为消费者营造更好的体验。在使用情境思维时要掌握以下三个技巧。

（1）观察。观察用户的实际生活，从他们未被满足的需求中寻找新的机会点，进而研发出面向未来的革命性产品。创业者们要像艺术家一样，学会观察。基于情境的观察，能让观察者更真实地去观察、体会消费者在情境中的行为细节，避免加入主观的判断和理解。

（2）讲故事。故事可以让情境变得鲜活，故事也能够因为此情此景引发共鸣，让我们更好地认识和理解一个人。通过情境故事，设计师可以更好地带入情感和角色体验：一方面可以厘清自己的思路，产生共情；另一方面也便于他人理解，触发想象。讲故事有助于洞察设计构想中需要包含的任务属性、用户关注的东西、用户在达成目标的过程中觉得对他们有帮助或有阻碍的东西。讲故事的方式多种多样，可以口头讲，也可以将故事写出来或将故事情节画出来，还可以通过照片、视频的方式来展示。

（3）造景。造景是情境思维更高级的运用。观察是感知场景，讲故事是表达场景，造景则相当于设计和布置一个场景。造景就好比是搭建了一座精心设计的舞台，通过物理环境的变化，改变物、人与场景之间的关系，让身在其中的人能够拥有更好的体验。好的空间设计对人有非常积极的影响，面对环境的改变，使用者的行为会跟着改变，将人置身于情境中的思考方式，更能够让我们换位思考、理解他人，为人际关系创造惊喜。从商业的角度看，造景使得企业更加融入用户的真实生活，将其注意力拉到产品和服务的体验设计上，重新定义价值创造。

7.3　创　意　方　法

创造力（creativity）是创业者应该具备的一项关键能力，是具有新颖性、独创性、实用性并能够创造社会价值、艺术价值、科学价值或经济价值的能力。创意（creative idea）是指有创造性的意识、意念、主意或想法，是创造活动的结果。创造的过程就是产生创意的过程，创造力就是产生创意的能力。下面简单介绍几种常用的创意方法。

7.3.1　发散聚敛法

发散思维和聚敛思维最早源自美国心理学家吉尔福德提出的智力模型中的两个对立的维度。发散思维的目的是针对一个特定的话题，在短时间内尽可能产生更多新的想法和主意。发散思维是自由流动的，通常情况下，众多想法的生成是连续的、随机的。聚敛思维在解决问题的过程中，尽可能利用已知的知识和经验，把众多信息和解题的可能性逐步引导到条理化的逻辑序列中，最终得出一个合乎逻辑的规范的结论。

通过发散思维产生更多的新想法，在此基础之上应用聚敛思维在众多的解决方案之中，识别和选择最为有效的方案。在实践中，首先进行发散的过程。团队成员进行头脑风暴，从一个问题出发，沿着不同方向，顺应各个角度，提出各种设想，寻找解决问题的途径；之后通过假设推演、因果论证、实际模拟等方法排除干扰、筛选可能，不断进行"聚敛"，获得最优的解决方案。通过"发散—提出创造性设想"和"聚敛—对创造性设想进行评估"，反复交叉进行，即按照"发散—聚敛—再发散—再聚敛"的方式循环往复，直至形成一个可行方案，达到预期目标。

怪洞之谜

　　某山区的一位牧羊人发现了一个山洞，于是他带着猎狗走进山洞。没走多远，狗就瘫倒在地，挣扎了几下就死掉了，而牧羊人却安然无恙。消息传开，引起了科学家研究的兴趣。科学家们来到山洞进行实地考察，他们用更多种类的动物进行试验（发散），发现了这样一些结果：① 类似于狗、猫、老鼠这样的小动物，进入洞内都会死亡；② 人在洞里不会死亡；③ 马、牛、骡、驴等大牲畜，在洞里不会死亡。都是动物，为什么有的死亡，有的没死亡呢？科学家开始了如下的思考：进入洞内死亡的狗、猫、老鼠等动物，虽种类不同，但有一个共同的特点，就是小（聚敛）；进入洞内没死亡的人、马、牛、骡、驴也有一个共同的特点，就是大（聚敛）。于是，科学家做出了这样的猜测：动物进入洞内死亡的原因就是小。为什么小就死亡，大却不死亡呢？进一步的考察发现，这个岩洞的地下冒出许多二氧化碳气体。因为二氧化碳比空气重，洞内又不通风，二氧化碳都沉积在地面附近，所以地面附近没有氧气，小动物的头部距离地面较近，吸不到氧气，当然就要死亡了。而头部离地面较高的人和大牲畜，仍然可以呼吸到氧气，因而不会死亡。怪洞之谜就这样被解开了。

　　资料来源：漆明智. 浅谈对小学生学习数学兴趣的激发[J]. 心事·教育策划与管理，2014（8）：119.

7.3.2　联想法

　　联想法是以丰富的联想为主导的创意方法。以一个核心事物为起点，将与之有关的元素进行联想，以一种放射性的方式向外延展。联想思维就是根据当前感知到的事物、概念或现象，想到与之相关的事物、概念或现象的一种思维活动。当有重要的新发现突然出现时，联想和联想思维能帮助人们很快地在原有知识经验和有待改进发明的事物之间建立有效联系。联想法包括横向联想、纵向联想和关联联想。

　　横向联想是指围绕核心事物进行发散，只考虑与核心事物有直接关联的事物。比如，以"火"为主题，进行横向联想，可以想到火种、火焰、火灾、火把、烟火、火锅等。这些都是与"火"直接关联的事物。

　　纵向联想是指从核心事物开始，联想的后一样事物要与前一样事物有关联，深挖下去，找到与核心事物层层关联的事物。比如，还是以"火"为主题，进行纵向联想，可以想到"火把、篝火、野营、晚会、舞蹈、欢乐"等。这些都是与"火"间接关联的事物。

　　关联联想是指联想两事物之间的共同之处。比如，说出"火"与"风"的 10 个共同之处。可以想到火与风都是无形的，摸不着、抓不住，可以感受到，有破坏性，都是大自然中的，可以产生能量，难以控制，可人为产生，可大可小等。

任意两个看似风马牛不相及的词汇，都可以将联想作为媒介，在 5 个词之内使它们发生联系。这种联想非常普遍。因为每个词语，都可以找到 10 个甚至更多的可以发生直接关联的词，那么第一阶段就有 10 次联想机会，第二阶段就会有 10^2 次机会，逐次累积，机会会以几何级数增长。

7.3.3　现实映射法

现实映射法是指从现实世界中受到启发，跳出原有的环境和思路，找到解决问题的途径和方法。从现实世界借鉴灵感，并不意味着一定要完全还原物理世界的真实质感。从现实中提炼、抽象出的，可以是形态、色彩、质感，也可以是运动方式、光学力学特性等，一般是现实事物中最有特点的部分。例如，假肢"刀锋"的设计灵感就来源于猎豹：当猎豹的腿弯曲，其肌腱受到压力时，后肢肌腱将产生惊人的推力，这一发现促使菲利普斯设计出了颠覆传统假肢概念的"刀锋"。

中国国家大剧院的设计

说起大剧院的设计灵感来源，竟是一颗种子。在一次飞赴北京的国际航班上，设计师保罗·安德鲁无意间拿起自己从非洲带回的猴面包树的种子，在手中把玩。凝望着这枚神奇的、黑黝黝的椭圆形大种子，他突然灵光一现，脸上露出了欣喜的表情。他立刻拿出铅笔，在纸上勾勾画画，几个小时后，飞机落地北京，安德鲁的手中已经有了国家大剧院最初的雏形。安德鲁认为："中国国家大剧院要表达的，就是内在的活力，是在外部宁静笼罩下的内部生机，里面孕育着生命。这就是我的设计灵魂：外壳、生命和开放。"

资料来源：艺绽. 建筑师保罗·安德鲁去世，他设计国家大剧院的灵感竟是一颗种子[EB/OL].（2018-10-13）[2019-11-22]. https://www.sohu.com/a/259212352_556612.

7.3.4　元素组合法

元素组合法是指旧元素新组合或者加入新的元素。在自然界中，元素可以通过组合形成各种各样的新物质，如氢气和氧气可以变成水。将不同的旧元素进行新的叠加组合，也可以产生新的创意，同时使价值快速增值。有时元素的组合也不是简单的叠加，而是在原有基础上的一种创新。比如传统插排加 USB 接口、充电宝加风扇等。在进入互联网时代后，元素组合更是被应用得淋漓尽致，随处都可以看到"互联网+"的产物，线上与线下、人工与智能、商业与公益，不同的产品、公司甚至行业都可以结合。组合观念的培养是非常重要的，它往往能给人们带来意想不到的灵感和创意。

带橡皮的铅笔

　　一个叫海曼的美国少年，为了改善贫困的家庭生活，通过卖肖像画来挣钱。但是，画画的时候，海曼总是弄丢橡皮擦，而频繁地找橡皮擦也分散了他的注意力。"如果在铅笔旁边，有个橡皮擦该有多好……"某一天，他突然开始那么想。很快他的脑海中就出现了一个主意。"在铅笔端贴上橡皮，会怎样？"海曼在铅笔端贴上橡皮，然后用铁丝缠上。这样，他在画画的时候，就不用再找橡皮，可以专心地画画了。几天后，他的朋友威廉来他家玩。威廉经营一家小型文具店。当他看到海曼带橡皮的铅笔时，觉得很好玩。听到它的使用方法之后，更是惊讶异常。"海曼，我们做这些带橡皮的铅笔，然后拿去卖吧。相信我，一定会大卖的。"就这样，在朋友威廉的帮助下，海曼于 1867 年 7 月获得了带橡皮的铅笔的专利。得到专利的海曼来到一个铅笔生产公司，并把带橡皮的铅笔的专利卖给了这家公司。此后，这家公司依靠这项专利得到了迅速地发展，成为了美国数一数二的公司。而海曼在把专利卖给铅笔生产公司之后，从铅笔生产公司那里拿到了约 17 年的发明费，其数目最少也有 1 000 万美元。

　　资料来源：金祺. 枪法再差多放也可命中[J]. 企业文化，2000（2）：42.

7.4　创意方案的形成

　　创意方案阶段是指通过对用户的洞察，构思创意，形成创意方案的过程。针对某个特定的问题，创意方案的形成是一个由发散到聚敛的思维过程。通过前一个阶段的共情，了解了用户的需求，并对问题有清晰的认知和定义，从而为问题寻找创新性的解决方案。

　　在创意阶段要结合前期观察得到的灵感，围绕对问题的核心判断，通过特定的创意流程，在短时间内相互激发，产生尽可能多的创意，形成各式各样的解决方案，然后通过对众多方案的评估分析，识别和选择最为可行的创意方案。设计思维在这个阶段最常用的是发散聚敛法（见图 7-1）。

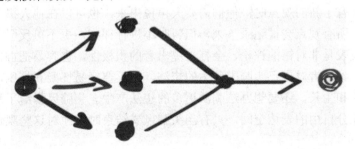

　　发散：头脑风暴　　　　　　聚敛：IDEO 创意可行性分析

图 7-1　发散聚敛法

7.4.1 创意发散

创意方案阶段首要的任务就是产生尽可能多的想法。如果想要找到好的解决方案，前提一定是先拥有大量的可供选择的方案，所以这个环节最重要的一点是"寻找可能性"，过程中一切会损害寻找可能性的做法都要被喊停。

头脑风暴法是最常用的一种产生创意的方法。头脑风暴法是由美国创造学家亚历克斯·奥斯本提出的一种激发创意思考的方法。奥斯本认为，人类在长期解决问题的过程中总是企图走捷径，遇到问题时习惯于本能地过早进行评判。但这种评判的结果，总是指向与原先行为相同的思路和方式，这样就无法突破思维定式，无法创造性地解决问题。因此，在创造发明过程中，要控制这种评判，可以采用群体对话的方式集思广益。在群体环境下，创意的快速聚集能够创造出热情，有助于刺激新的问题解决方案或创新性想法的产生。

头脑风暴法的具体实施步骤如下：① 明确议题阶段。头脑风暴法的应用是围绕中心议题展开的，选题要清晰明确，可操作性强。② 准备阶段。根据议题确定参与人员，明确会议分工；通知会议参加者时间、地点及任务；提前布置好会议环境等。③ 热身阶段。营造宽松氛围，使参与者能更快、更好地参与讨论。④ 自由发言阶段。这是头脑风暴法的主要阶段，主持人宣读议题和规则后，引导大家进入讨论，参加者自由发挥，互相启发，畅所欲言，记录员做好详细记录。⑤ 筛选阶段。讨论结束后对讨论记录进行整理、筛选和比较，确定最佳方案。

比如，一个曲别针，你会想起它有多少种用途？你是用它来固定纸张？或是把它当成发夹？或是用来封口食品袋？或是把它当成支架？或是用它来开锁？又或是换一种方式，你还能把什么其他特征跟它结合在一起？比如把它做成项链吊坠？或是做成装饰艺术品？通过头脑风暴，人们会想出曲别针各种各样的用途。

头脑风暴法没有拘束，人们能够更自由地思考，从而产生很多新观点和解决问题的方法。同样是进行头脑风暴，未必每个人都能引导一场富有成效的头脑风暴，或成为其中的主要贡献者。有"讲究"和没"讲究"所产生的结果差异是非常大的。世界著名的设计公司 IDEO 为确保员工发散思维的质量，设计了头脑风暴的七条原则。

1. **暂缓评判**（defer judgment）

当参加者有了新的观点时，他们需要大声说出来，也可以在他人提出的观点之上建立新观点。所有观点会被记录下来，但暂时不进行评判，更不可反驳。如果急于对别人的观点发表是非对错的评论，会打击提出者的积极性，也容易把群体思维的联想和延展打断。参加者对自己头脑中萌生的想法，也不要轻易怀疑和打压，让想法尽可能自由地产生和生长，还要想办法刺激更多的想法产生。头脑风暴给了那些与常规不符的新思路充分自由的表达空间，只有当头脑风暴结束时，才对这些观点和想法进行总结和评估。

2. **自由畅想**（encourage wild ideas）

有人总是怕自己说错话，在别人发言时，脑子想的是"我要怎么讲是对的""我要怎么讲才能表现我的水准"。只有自由畅想，才能鼓励每个人真正去思考，产生创新的想法，而不是思考自己的对错和水准。

3. 借"题"发挥（build on ideas of others）。

有些时候有人会提出很疯狂的主意，虽然你是专家，知道行不通，但群体中很多人不是专家，说不定他们中有的人能从中得到启发、获得灵感，在此基础上提出更切合实际的方案。所以只有在"暂缓评判"的环境下，才能让更多的人借"题"发挥。前面这三个原则是创意激发的环境基础。

4. 聚焦主题（stay focused on topic）

随着讨论的深入，产生越来越多的想法，很容易使我们偏离主题。每一次讨论要定一个清晰明确的中心议题，避免漫无目的、没有计划、任意发挥的讨论。必要时，可以在开始讨论前，将要讨论的主题制作成大型海报或横幅，张贴在显眼处提醒大家。

5. 一次一个人表达（one conversation at a time）

发言的时候，每一次只能有一人进行表达，否则不仅七嘴八舌不方便记录，而且大家可能都把注意力放在表达自己的观点上，而没能有效地倾听他人的观点。

6. 可视化（be visual）

发言时，鼓励参与者尽量把自己的想法用图文并茂的方式表达出来，这样显得更形象、更直观，有利于他人的理解与个人的记忆，同时有利于讨论信息的保存。有时候只有文字会想不起来这到底是什么，而画图可以帮助记忆，甚至可以激发灵感。

7. 追求数量（go for quantity）

在思维发散的过程中，追求创意数量的积累是首要任务。在规定的时间内，鼓励参与者提出尽量多的想法。更多的想法，涉及更多的领域，会给成员更多的启发，也有利于群体摆脱格子思维的束缚。

头脑风暴方式除了团队头脑风暴之外，个人也可以进行头脑风暴。此外，还可以用其他一些方法帮助产生创意，如身体风暴、思维导图、故事板等。在一些模糊的节点，通过动手制作简易模型的方式，也可以带出新的想法。但无论使用哪一种方法，都需要把握一个共同的原则：暂缓评判，尽可能追求数量。

7.4.2　创意聚敛

创意发散结束后，可先将收集到的想法进行分类，接着再进行下一轮的"聚敛"过程。从众多解决方案中，选择 2～3 个解决方案，并以此为基础进行下一步"原型制作"。这个筛选过程是喜悦而痛苦的：为众多好点子而喜悦，为选择而痛苦。头脑风暴产生的各式各样的想法虽然可能非常新颖，但是该产品是否符合人们的潜在需求、是否可以实现、成本有多高、是否能被大众接受，都是我们要考虑的问题。这就需要我们对发散产生的创意进行筛选，选出最合适的创意方案。IDEO 公司提出了一个非常好的实现创意聚焦的可行性分析工具，即从需求性、技术可行性和商业永续性三个维度对创意进行评估，其中需求性是创意聚敛的起点，而最终方案出现在三个要素的交汇处。

1. 需求性

能否满足用户需求，意味着我们是否真的知道用户的问题和内心深处的需求。创新的产品、服务或内容首先一定要满足用户的需求。如果创新的成果违背这一点，那么创新将可能毫无意义。此外，有时现实中很多需求其实并非是显性的，在出现该产品或某项功能之前，用户自己可能都没有意识到有这方面的需求。人类很多时候并未意识到不便利，即便意识到了，安于现状和不愿改变的惰性，也会催使人类不自觉地使用一些应激手段来应对它们。充分理解用户使用解决方案的场景，可以更好地判断解决方案是否可以解决用户的问题。设计思维强调发掘用户潜在的需求，并以富有创造力的方式解决相关问题。

2. 技术可行性

有了满足用户需求的解决方案，并不代表这个方案就一定能实现，还需要有技术和实力保证，证明创意具有可行性。天马行空的创意梦每个人都会做，但最关键的是要能付诸行动，将创意与技术相结合，让梦想落地。技术可行性评价是技术与目标的匹配性，有时需要有全新的技术，有时只需要利用现有的技术。用户的需求有周期性，超过用户需求周期的解决方案也不是可行的解决方案。

3. 商业永续性

将独一无二的创意落地，并且确保其在技术上可行，仍然不足以称为设计思维孕育的创新。因为如果一项创意成本过高，价值没有得到充分体现，就很难在市场上大规模推广及运用。这样的创意，其生命是有限的，因为没有一个投资者愿意做亏本的买卖，也没有用户愿意付出超越产品价值的金钱，因此充分考虑创意的商业价值，分析产品的生命周期，对于创新来说同样是不可缺少的一部分。如果是公益项目，还要考虑其自我造血能力、运营管理能力等。

团队在选定创意方案时最常用的是投票的方式，比如每人三票，分别投给"最喜欢的""最具创新性的""最可能成功的"想法。当投票结果出来后，团队有必要在此基础上做一些讨论，按照以上原则，来决定将这里面的哪些想法付诸行动，最好能选出两个或三个解决方案进入原型制作阶段。有时发散聚敛的过程会是一个循环的过程，不一定一次就能得到想要的结果，需要在实际应用中通过发散、聚敛的反复进行，逐步实现创意聚敛，并最终聚焦到最可行的创意方案上。

 延伸阅读

[1] 蒂娜·齐莉格. 创意力：11 堂斯坦福创意课[M]. 秦许可，译. 长春：吉林出版集团股份有限公司，2016.

[2] 汤姆·凯利，戴维·凯利. 创新自信力：斯坦福大学最受欢迎的创意课[M]. 赖丽薇，译. 北京：中信出版社，2014.

复习思考题

1. 谈一下你对创造力自信的理解。
2. 造成成年人创造力自信缺失的原因是什么？
3. 谈谈你对格子外思维的理解。
4. 右脑思维与左脑思维有什么不同之处？
5. 常用的创意方法有哪些？
6. 如何进行创意发散？
7. 头脑风暴的原则有哪些？
8. 创意聚敛的原则是什么？

 案例练习

醒目药瓶

河海大学研究生宋迪颖凭借着设计"醒目药瓶"，摘得了素有"设计界奥斯卡"美誉的 2011 年度"国际红点奖"概念设计类奖。在她提供的设计图上，常见的塑料瓶盖的顶部一圈变为一块圆圆的玻璃。"这是一面凹凸镜，有放大的功能。"她解释说。有了这个药瓶盖，老年人不需要带上老花镜来区别药的类别、服用量等。她的设计灵感来源于生活中对中老年人的关注。有一天，有位老人要吃药，可是药瓶上的字太小了，原本挂在脖子上的老花镜却不见了，急得这位老人团团转。就这样，该同学很长一段时间沉浸在老人的世界中。突然有一天灵感迸发，想到"醒目药瓶"这个点子。有了灵感后，从设计，到写英文翻译说明，再到制作动画展示，一共才用 3 天时间。也许有人要问，这样的设计看上去很简单，为什么能拿"国际红点奖"呢？她坦然，设计很简单，关键在于设计前把自己想象成老人，这一设计胜在实用。按照测算，不会给药品本身带来额外的成本，推广起来很容易，使用方便。"希望将来这款设计能推向市场，让更多人得到帮助。"这位研究生说她没有想当名人的"野心"。只期望能从生活中的小处入手，用自己的设计改变生活，让生活更加美好。

资料来源：潘静，张春平，蔡蕴琦. 河海大学学生设计醒目药瓶获得"设计界奥斯卡"奖[N]. 扬子晚报，2012-03-17（A37）.

思考题：

创意源自生活，试着找出生活中某个亟待解决的问题，给出你的创意方案。

 **实践训练**

实践训练 7-1　格子外思维

在笔不离开纸的情况下用 4 条直线把下图中的 9 个点连起来。如果可以，再试一下用 3 条直线、2 条直线和 1 条直线把 9 个点连起来。

实践训练 7-2　元素组合法应用

以小组为单位，在 5 分钟内列举出用教室中任意两个物品组合生成新事物的例子，看哪个小组组合的新事物多。

实践训练 7-3　头脑风暴法应用

以小组为单位利用头脑风暴法在 10 分钟内列举出某一物品（如铅笔、曲别针等）的 50 种用途。

 **复盘与反思**

回顾本章内容，请写出：
1. 学到了什么（三个最有启发的知识点）。
2. 有什么感悟（两个最深的感悟）。
3. 计划怎么去行动（一个行动计划）。

 课外练习

根据本章所学内容，确定创业项目的创意方案。

第8章 用户测试

本章学习目标

▶ 了解用户测试的内涵；
▶ 掌握精益创业的主要内容；
▶ 了解精益创业和设计思维的异同；
▶ 掌握产品原型的内容；
▶ 掌握测试与迭代的内容。

引导案例

Zappos 的创业案例

Zappos 是全球最大的 B2C 鞋店，年销售额超过 10 亿美元，是目前公认的全球最成功、顾客最青睐的电子商务公司之一。

Zappos 的创始人尼克·斯威姆开始创业时，注意到虽然市场上电子商务公司众多，但没有集中出售鞋类的电商公司。于是，他灵机一动，决定创建一个能提供多种鞋类的网站，给顾客提供一种新的消费体验。按照传统的创业思路，他需要做一个功能齐全的网站、提供完善的仓储物流服务、与供货商和分销商建立良好的合作关系，并且策划实施各种促销措施。但是斯威姆没有这样做，他使用创业思维，预先假定顾客愿意从网上买鞋。为了证明他的假设，他首先建立了一个简易网站，然后去寻找那些愿意让他对库存产品进行拍照、并将照片放到网上销售的本地鞋店。网站上的鞋如果销售出去，他就从本地鞋店中全价买下这双鞋，然后快递给顾客。

Zappos 网站刚开始运营时产品数量很少，并且种类单一，它的主要目的是测试顾客能否接受网上购鞋这种消费模式。同时，通过这种方式，Zappos 还能获得顾客的其他信息。

（1）明确的顾客需求信息。这些信息包括顾客在购买之前的询价、下单、支付、购买后对产品是否满意的信息反馈和退货等。在购买及售后过程中客服与顾客的沟通、顾客在网站的留言，都能提供最真实的、第一手的顾客需求信息，从而能更好地满足顾客需求。

（2）顾客对促销的直观反应。比如，有些顾客比较青睐打折商品、有些顾客更关注品质而不太关注价格。由此，可根据顾客对不同折扣策略的反应，确定对不同价格区间的商品采用什么样的折扣定价策略。

（3）发现被忽视的问题。企业在实际运行中可能会遇到意料之外的问题，比如承诺顾客 7 天无条件退货，结果有的产品使用 6 天后客户要求退货，对此应该怎么处理？

Zappos 早期的网站收集到了明确、真实的顾客需求：虽然有很多消费者不从网上买鞋，但是也有很多消费者愿意从网上买鞋。同时，网站的运行还让 Zappos 了解到很多其他宝贵的顾客信息。尽管 Zappos 开始时建立的网站页面非常简陋，但是它收集的有关信息最终让它大获成功。2009 年，Zappos 被亚马逊以 12 亿美元收购。

资料来源：埃里克·莱斯. 精益创业：新创企业的成长思维[M]. 吴彤，译. 北京：中信出版社，2012：39-40.

用户测试是设计出满足市场需求的产品的重要一环。到用户中间，通过与客户深刻共情来理解客户面临的问题，用敏锐的市场洞察力来定义问题，再抽离出能够满足用户需求的创意方案。即便你设计的创意方案看起来完美无缺，但产品是不是用户真正需要的呢？这就需要到用户中去进行快速、低成本的测试，收集用户反馈的信息，根据用户的反馈进行产品迭代，从而做出真正满足用户需求的产品。

8.1　用户测试、精益创业与设计思维

找到符合消费者需求的产品或者发现有创意的解决方案只是创业者的理想假设，在没有经过用户测试之前，最好不要进行大规模的生产，因为想象与现实往往相去甚远。

创业等于一场试验，从大量的想法中选出可行的产品进行开发。企业界曾流行这样一句话：三千个想法等于一个商业成功。创业者需要付出极大的努力才有可能开发出一个成功的产品。

IBM 公司曾经从它建立的在线平台中收集了 104 个国家超过 37 000 个创意，但最后，仅从中选择了 10 种产品和服务进行开发。创业者在创业时可能会有很多创意，由这些创意产生的项目是否可行，需要进行市场验证，但创业者往往缺乏时间和资源去验证这些创意。据调查，42%的创业公司倒闭是因为其产品或服务没有人需要。创业者降低风险的一个行之有效的方法就是用户测试。

8.1.1　用户测试的内涵

用户测试是指将产品创意通过抽象的描述或制作出具体的实物展示给用户，给用户介绍产品的相关设计，然后听取用户反馈意见的过程。根据用户对产品原型的反馈意见，进一步完善产品设计，对产品原型进行多次迭代。用户测试的目的是对创业者开发出的产品原型进行验证，然后根据用户反馈完善产品设计。

冰山理论告诉我们，企业失败的原因有些是能被创业者看见的部分，被称为冰山上的部分；有些是创业者看不见的部分，被称为冰山下的部分（见图 8-1）。多数创业者失败的真正根源是那些容易被创业者忽略的看不到的潜在因素，也就是冰山下的部

分。用户测试的另一个目的就是发现更多水面下的潜在因素，从而减少创业过程中不可预测的因素，提高创业成功率。

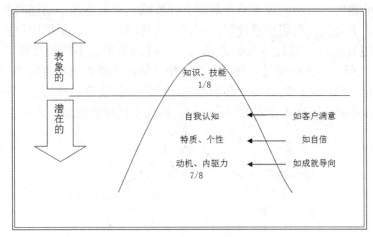

图 8-1　冰山理论模型

一般来说，用户测试是由创业者来进行的，因为早期的产品更多是由创业者设想开发出来的，包含了创业者的期望和创意，其他人无法替代。

用户测试可以只用图片和文字描述，也可以用具体的实物展示。实物展示会增加用户测试的可靠性。用户测试能帮助创业者选定最有吸引力的开发方向，同时还能提供其他信息。需要注意的是，人们往往由于种种原因言行不一，所以实际情况与测试结果可能相去甚远。因此，测试获得的数据可作为创业者决策时的参考，但不能完全以此为依据。

8.1.2　精益创业

过去那种新产品需要严格保密、经过长时间的打磨、一问世就让世界震惊的商业模式已经不再适合现在的创业者。因为市场需求瞬息万变，经验再丰富、考虑再周全的创业者也不可能在产品开发时做到万无一失。每个创业者都需要不断修正产品以适应市场，所以更适合创业者的创业逻辑是精益创业。

1. 精益创业思想来源

20 世纪 70 年代，日本丰田公司提出了精益生产的思想。精益生产的原则是减少生产过程中耗费的资源（人力或物力），消除不必要或多余的活动和支出（如减少存储空间）。这一战略使汽车工业的生产过程发生了革命性的变化。

精益创业思想最初来源于计算机软件行业的快速开发管理模式。计算机软件开发时要求首先进行"原型建模"，然后开发出"最小可用品"，进行用户测试，通过用户反馈信息改进原型，整个开发过程"追求快速迭代"。

斯蒂文·加里布兰克在《四步创业法》一书中提出了"客户开发"方式，这种方式对硅谷创业家埃里克·莱斯影响很大。莱斯受此启发，根据自己的创业体验在 2012 年写了一本书——《精益创业：新创企业的成长思维》。在这本书中，埃里克·莱斯第一次提出了"精益创业"的概念。

2. 精益创业的核心思想

精益创业的核心思想是发现顾客的潜在需求，根据顾客的潜在需求构建产品概念，用最快的速度、最小的成本将产品概念开发成一个具备最小功能的产品原型。开发出原型后，去寻找天使用户进行用户测试，获得用户反馈。根据用户反馈的信息，迅速对产品进行迭代，通过多次快速迭代，最终创造出能不断提高顾客满意度的产品，如图 8-2 所示。简单来说，就是尽快将想法转化为能被用户感知到的产品原型，也就是最小可行性产品。然后将产品原型呈现给用户，收集用户信息，不断对产品进行迭代。主旨是降低大规模投入的商业风险，以较小代价实现预定的商业目标。

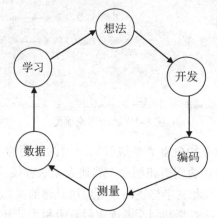

图 8-2　精益创业的核心思想

精益创业的基本逻辑是：构造产品概念→制作产品原型→用户测试与反馈→迭代。

精益创业的步骤如下。

第一步：确定顾客的潜在需求。

顾客的潜在需求是指顾客有某种需求，而市场上还没有产品能满足顾客的这类需求。有时候，创业者认为理所当然的需求有可能没有市场，因此创业者需要对其发现的顾客潜在需求进行验证，把不确定的因素全部罗列出来，通过市场调查或其他方法确定顾客的潜在需求。

摩托罗拉钛星手机

摩托罗拉公司有一位员工到非常偏僻的地方出差，需要打电话时发现手机没有信号。这让摩托罗拉公司意识到有些顾客需要能在极端条件下进行通话的手机，比如坐飞机的时候、到深山老林探险的时候。当时市场上没有这种手机，摩托罗拉认为这是一部分顾客的潜在需求。为开发满足这种需求的产品，摩托罗拉公司投入大量资金，研究开发出钛星手机。钛星手机保证顾客在南极也能拨打电话，但是后来推向市场时发现购买这种手机的顾客很少。因为需要在极端条件下通话的目标客户数量不多。研究开发钛星手机耗资巨大，结果产品的销量极低，最终投入的大量开发资金血本无归。

资料来源：作者根据网络资料整理。

第二步：制作最小可行产品。

用最小的成本、最快的速度制作一个检验顾客潜在需求的最小可行产品。最小可行产品可以是生产出来只具备基本功能的产品原型，也可以是一段视频、一张故事草图。其目的是让进行产品测试的用户更好地了解产品的核心价值。

第三步：确定用来检验顾客潜在需求市场价值的衡量指标。

顾客的潜在需求很多，开发出满足顾客潜在需求的产品能否获得成功还与其他很多因素息息相关，包括：具有同样潜在需求的顾客的数量、产品开发的难度、企业是否有能力进行产品开发等。所以制作出产品原型后，需要进行用户测试，收集相关数据以确定产品是否具有市场价值。

第四部：生产或放弃。

分析用户测试的反馈信息，如果发现顾客的潜在需求具有市场价值，就开始筹备进行产品设计与生产；如果不具有可开发的市场价值，就需要果断放弃。

来自美国硅谷的 Facebook、Instagram、Pinterest，来自中国互联网的微信、微博、豌豆荚……一系列耳熟能详的企业或产品通过这种模式在短短两年内获得了数千万甚至上亿名的顾客。精益创业思想被互联网时代的众多成功案例不断验证。

Facebook 的创业过程

2004 年 2 月，哈佛大学学生马克·扎克伯格借鉴硅谷的开创性社交网络 Friendster 开发了一款针对大学生的社交网站 Facebook。Facebook 的第一个版本只有一个功能，就是男女生看对方头像是否好看，然后彼此投票。根据网站用户的反馈信息，后来陆续增加了照片评选、分享传播、个人网站等众多功能。Facebook 的功能是根据用户要求不断迭代增加的，因此极受网民喜爱，其传播速度像病毒一样令人震惊，迅速席卷全球。

经过短短的 6 年，Facebook 的流量甚至一度超过了当时互联网的龙头老大——谷歌！Facebook 成为创业界的神话。神话的背后，使用精益创业式思想进行新产品开发功不可没。

资料来源：埃里克·莱斯. 精益创业：新创企业的成长思维[M]. 吴彤，译. 北京：中信出版社，2012：58.

3. 精益创业的三大工具

（1）最小可行产品（minimum viable product，MVP）。传统的产品开发通常要花费很长时间去设计，反复推敲，尽量把产品做到尽善尽美。最小可行产品是指以最小的成本、最快的速度制作出能测试最多顾客信息的产品原型。最小可行产品的目的是确定顾客的潜在需求、测试产品的市场价值、探索可行的商业模式。在 Zappos 的创业案例中，尼克·斯威姆就利用最小可行产品验证了他的商业模式，并获得了成功。

一般来说，最小可行产品有四个特点：能说明产品或创意的内涵，具备最简单的功能，制作成本最低，能进行用户测试并收集用户反馈的信息。

（2）用户测试与反馈（user test and feedback）。用户测试与反馈是指将开发出的原型展现给用户，然后收集用户对产品的反馈信息。通常需要收集的关键信息包括：用户对产品的感觉如何，是否喜欢该产品的设计风格；用户喜欢产品的哪个功能，不喜欢产品的哪一部分；用户是否对产品功能有更高的要求；用户对该产品的心理价格等。

（3）快速迭代（iteration）。快速迭代是指针对用户反馈以最快的速度进行调整，尽快推出新的版本。面对瞬息万变的市场环境，产品的更新速度和质量同样重要。因此，精益创业不追求一次满足用户需求，而是通过快速迭代完善产品，不断满足客户新的需求。

8.1.3　精益创业与设计思维

设计思维与精益创业的思想有一定的相似之处。设计思维也是通过确定用户需求，然后设计适当的解决方案。其同样以用户为中心，进行广泛的用户研究，不断反馈循环和快速迭代，以解决复杂问题并产生创新解决方案。二者的区别在于，设计思维过程是以线性方式排列的，而精益创业过程是以循环为周期的。设计思维以"同理心思考"开始，而精益创业没有明确的开始和结束，它以连续和循环的方式进行学习和改进。

1. 精益创业和设计思维的相似性

（1）用创新性思维解决问题。创业者的创新不仅要包含新的创意，还需要在经济上有价值、在技术上可行、在市场上成功。因此一个新的想法必须是可取的、可行的、有价值的。精益创业和设计思维的目标都是发现用户需求，然后用创新性思维去找到解决方案，设计产品。

（2）以用户为中心。设计思维和精益创业都是从用户出发，同时考虑其他利益相关者，并广泛关注用户测试，然后完善自己的创意。

（3）使用最小可行产品进行用户测试。精益创业和设计思维都要求在流程的早期阶段收集用户信息，确定顾客需求，避免浪费大量的资源去设计和生产没有市场的产品。两者的显著相似之处是都利用制作的粗糙原型进行用户测试。

（4）强调快速迭代。精益创业和设计思维的开始阶段面临的是极端不确定的情况，所以开发原型的过程中都强调进行快速、广泛的迭代。两者都提出了"尽早失败"的观念，都认为创业者或设计者越早开始对创意进行用户测试，就越能快速地更新换代并重新测试，这样可以节省时间和金钱。

2. 精益创业和设计思维的差异性

精益创业和设计思维在很多方面都有差别，如表 8-1 所示。

表 8-1　精益创业与设计思维的差异比较

	设计思维（DT）	精益创业（LS）
目的	寻求创新式解决问题的方案	创业
流程形态	线性+局部循环	环形
开始前的背景	想法还未形成，需求还比较模糊	创始人已经有了初期的商业愿景
研究性质	定性研究为主（如观察法）	定量研究为主（如基于度量的分析）

续表

	设计思维（DT）	精益创业（LS）
典型方法及工具	用户研究、头脑风暴、制作原型	创新核算、A/B 测试、精益创业画布
过程主线	沿所定义问题（锚定洞察到的需求）向前	用最小可行产品探测，需求是可变的非固定的
考虑要素	人	市场要素
技术侧重	侧重用户研究技术、创想（头脑风暴技术）	侧重用户测试技术

资料来源：张凌燕. 设计思维——右脑时代必备创新思考力[M]. 北京：人民邮电出版社，2015：180.

精益创业主要是针对初创企业，商业理念一开始就已经存在，使用精益创业的方法来验证项目的可行性与有效性，更侧重于想法是否为市场和顾客所接受。

设计思维寻求的是一般创新，然后转化为初创企业或者以其他方式加以利用。项目通常是从一个问题或一个挑战开始，通过创造性思维设计一个方案来解决某一个群体的问题，比如，Jane Chen 在完成斯坦福大学课堂项目时设计的 Embrace 保温袋，就是设计思维的典型案例。

3. 精益创业和设计思维的互补性

（1）使用阶段互补。精益创业和设计思维有相似的目标，但是这两种方法使用阶段不同。如果有人已经有了一个商业想法，需要将商业想法市场化，那么精益创业是正确的选择。如果还没有找到正确的商业理念，或者是用户问题仍然模糊不清，不能确定解决用户需求的产品是什么，那么使用设计思维恰如其分。这两种方法相辅相成，可以互相学习，取长补短。

（2）用户测试理念互补。精益创业和设计思维都注重用户测试，但它们做用户测试的时间不同。精益创业在产品开发的早期就开始进行用户测试，而设计思维则是在产品制作出来之后才进行用户测试。在这方面，设计思维可以适当学习精益创业，在原型制作之前就做一些用户测试工作，以避免制作的原型不符合要求而浪费时间和精力。

另外，人们对抽象的概念描述可能没有感觉，或者不确定自己是否需要这个产品，不过当具体的产品原型制作出来后，用户就能直观地确定产品是否是自己所需要的。所以，什么时候制作原型、什么时候做用户测试需要综合平衡。如果原型制作耗费时间不多，成本也不高，那么可以考虑先做出原型；如果原型制作代价高昂，那么可以先将产品概念进行市场测试。另外，设计思维在制作原型时可以学习精益创业，将要开发的产品做一个商业模式画布，来测试该商品的商业价值。

（3）技术手段互补。在项目早期研究用户时，精益创业需要向设计思维学习。设计思维中的"用户画像"方法，能帮助创业者进一步理解目标客户的特点、偏好以及他们的需求。精益创业还可以学习设计思维的创意发散，精益创业开始时的商业想法可能不是最佳方法，使用设计思维能帮助创业者开拓思路，找到更可行的商业构想。

（4）研究方法互补。设计思维在进行用户测试、收集反馈信息时，多采用访谈法，在对信息的处理上更多使用定性研究方法。而精益创业在进行用户分析时，更多是利用软件进行一些定量分析。在研究方法上，两者也可以互相借鉴，取长补短。

现在，已经有公司将精益创业和设计思维合并使用来进行商业创新，比如谷歌风投，它将这个新的方法命名为"创业冲刺"。精益创业的核心理念是快速迭代和不断反馈循环，而设计思维的精华是对客户的定性研究以及对收集的信息进行创意发散。两者互相结合，取长补短，能更好地实现创业者的理想。

将精益创业和设计思维合并使用似乎能解决创业者的所有问题，但是它们两者都是一种指导思想、一种思考模式，提供的只是解决某些问题的一些工具，如商业模式画布和客户画像。问题能否得到解决，关键在于使用策略的地方是否恰当。比如，创立一个新的企业，即使严格按照精益创业的指导思想来设计产品原型、进行用户测试，但它是否成功的关键还是建立在对客户需求的深刻洞察上，不可能无中生有地产生一个创意、一个产品。而设计思维也只不过是提供解决问题的一种思路，要开发符合用户需求的产品和服务还需要后续进行商业化运作。

8.2 原　　型

8.2.1 原型概述

1. 原型的定义

产品原型（prototype）是指早期的用来测试产品概念或流程的样品。而制作产品原型的目的是为了进行用户测试和迭代，以便对产品设计进行修改和完善，进而进行产品的大规模生产和制造。

当我们经过大量市场调研或通过观察得到了认为有价值的商业创意后，需要将创意转化为产品，在对产品进行商业化生产之前需要对商业创意进行测试。而对抽象化的概念进行测试的结果往往与现实相去甚远，所以需要快速制作能体现创意、成本低廉的原型，邀请用户或其他利益相关者来对原型进行评估。

2. 原型的表现方式

原型是将头脑中抽象的创意通过一定的媒介在现实世界中展示出来的方式。因此原型可以有多种表现方式，可以是一个与产品相关的故事版草图、一段产品介绍的视频、一个产品使用场景的表演、一个打印的 3D 模型等。原型制作实际上是将创意具体物化，将看不见、摸不着的创意变成现实中具体的一件物品、一张草图、一种服务或一次体验，从而让抽象的创意有具体的承载对象，给人留下更加深刻、直观的印象。

3. 原型制作需要考虑的问题

开始制作原型时，团队成员必须考虑一些问题：制作原型的目的是什么？在什么场景下使用制作出的原型？如何向受众传达原型的相关信息？希望收集到哪些信息？如何收集测试信息的反馈？还有哪些变量需要加深理解？在创意构思阶段未想到、未发现的问题，在原型制作过程中会逐一浮出水面。因此，在制作原型时不仅需要考虑使用合适的媒介将创意构思表达出来，还需要一边制作一边进行创新性思考，以解决原型制作过程中出现的新问题。

4. 原型制作的核心

原型制作的核心在于"快速、低成本"，不要花费太多时间去深思熟虑、精雕细琢，不需要去刻意寻找合适的材料。原型制作可以利用身边的任何材料来进行，哪怕只是几张白纸，也完全可以制作原型。"快速"是原型制作的重点，不要在细节方面投入过多精力：一方面是不需要，另一方面是投入过多的精力会影响你接收反馈的心态。

5. 原型制作的阶段性要求

项目进展的阶段不同，原型制作的精度也会不同。在项目的初期阶段，一般制作低精度的粗糙原型来获得快速反馈。随着项目的进展，产品的功能要求逐渐增加，对外观的把握也更加精确，这时可能就需要制作较高精度的模型。在确定产品最终设计时，还需要对产品进行打样，也就是按照 1∶1 的比例制作产品，在产品最终投产前进行最后的测试与微调。

8.2.2　原型的作用

原型是将想法具现为可视、可感的现实模型，它是团队进行深入沟通交流的载体。设计团队内部沟通时，具体、可视的原型能让团队成员更加清楚产品概念，能群策群力，使设计更加完善。同时也能发现产品的缺陷，比如哪些功能是不必要的，哪些功能是无法实现的，哪些部分是装饰性的，哪些部分是可有可无的，等等。原型沟通的针对性和目标感越强，越能提升工作效率。在用户测试阶段，终端用户也能够通过原型更直观地理解创意要点，从而能提供更有价值的反馈信息。原型的主要作用有以下几个方面。

1. 用户测试

原型制作的一个主要目的就是用来进行用户测试。用低精度、低成本的原型来探索创意构想商业实现的可能性，然后针对反馈信息快速进行更新换代。一般来说，创意构思还存在哪些方面的问题，就在原型制作时重点考虑这些方面的测试，同时设计出一个使用粗糙原型和用户进行交互的简单场景。制作一个粗糙原型会帮助创业者探索创意构思的各个不同方向，避免在早期就将大部分精力放在某一个创意上。

如果过早地确定了某个发展方向，你会执着于这个方向而不舍放弃；如果过早地对产品进行精细化制作，则会限制你的思路，阻碍你进一步探索其他的可能性。所以在早期，要尽量保持原型的低精度状态。早期原型制作一般遵循 3R 原则，即 rough（粗糙）、rapid（快速）、right（准确）。总之，不必投入大量精力将原型做得十全十美。创业者可以制作不同的原型来探索创意构想的各种可能的发展方向，也可以尝试对要测试的要素进行分离，专门针对某个具体要素制作原型然后进行针对性测试，如消费者满意度测试、产品功能测试、设计可行性测试、使用便利性测试等。

2. 与用户进行更深刻的共情

原型制作除了可以进行用户测试获得用户反馈外，还可以通过制作的原型与用户进行更深刻的共情。

通常，无论用户测试在什么场景下进行都可以获得两类信息：一类是关于产品本身的信息，另一类是关于被测试者对产品的看法、态度等信息。与用户访谈和实地观察相比，使用原型进行用户测试能获得用户体验的深刻共情。有时候，创业者制作一个原型可能不是为了测试产品的某项功能或者设计外观，而仅仅是为了获得用户使用产品的情感体验，这也被称为积极共情。这时，创业者的定位不仅仅是一个观察者，还是一个创建某种场景和条件以获得对用户需求更深刻洞察的共情体验者。一般来说，功能性原型帮助创业者更好地理解设计概念；共情性原型帮助创业者更深入地认识创意构思的设计空间和人们对某一方面的观念、看法。

共情原型在制作时，首先要明确需要获得哪些方面的更深刻洞察，然后通过团队协作或者团队头脑风暴的方式确定如何制作共情原型。共情原型不仅是面向最终用户的一个测试工具，还是创业团队内部加深理解创意构想的媒介。

3. 探索和激发灵感

动手实践是创意构思在现实的延伸，同时也能激发新的创意灵感，所以我们经常把制作原型称作"用手思考"。手能思考吗？这里更多强调的是心手合一，想到哪里做到哪里，做到哪里想到哪里。在现实中，我们经常发现，在制作原型阶段通过"用手思考"会开发出很多在创意阶段没有想到的功能效果，制作原型能帮助创业者探索更多可能发展的方案。

制作原型时，创业团队需要进行反复尝试以探索不同方案，而不同的方案能给团队成员带来不同的体验。所以，制作原型的过程也是团队成员不断学习、不断提升的过程。每一个有意义的想法都能很快地在现实中呈现出来，然后得到信息反馈并对设想进行验证，不管结果是成功还是失败，都是一种积极的反馈。

原型制作是帮助团队厘清思路、明晰概念的好方法。当团队观念出现冲突，或没有新的设计构想时，动手实践也许会带来新的灵感，能进一步发展原来的创意构想。原型制作能帮助团队加强合作，厘清重点，挑出最有价值的创意来进行商业化呈现。

4. 尽早失败，发现不足后完善改进

在玩游戏时，通关失败是家常便饭。游戏失败可能会有一些失落，但很少有玩家因为游戏失败而伤心绝望，某些时候他们甚至乐于失败。因为暂时的失败让他们更加了解游戏规则，不断试错的过程也是通向成功的过程。因此，很多游戏玩家都有一种乐观的精神，当然这也跟游戏失败代价不高有关。

在 IT 行业，早期开发采用的是"瀑布模型"，整个开发周期就像瀑布一样顺流而下，直到开发完毕才能看到开发结果。这种模式花费的时间长，对结果修正难度高。现在 IT 行业越来越倾向于快速开发、精益管理。在进行项目开发时，先提出假设，然后开发原型进行验证、测试和迭代。IT 行业精英认为，原型是解决问题的一个过程性产品，它不能完美实现你的构想，但能为发现最终解决方案提供帮助。原型失败得越早、越快，越能尽快找到最终解决方案，越有利于最终产品的成功。

快速制作原型的另一个重要目的就是让设计师快速、低成本地试错。通过制作原型不断对创意进行思考，然后对原型进行测试，根据信息反馈进行循环迭代，在不断失败的过程中尽早找到最优解决方案。失败是成功之母，尽早失败能尽早发现创意的短板，然后寻求解决方案。快速原型能让创意更贴近现实，能解答疑难问题，能校正

解决方案的方向。所以制作快速原型不怕犯错、不怕失败，但是要尽量低成本试错、尽早失败，然后才能尽早成功。

　　项目进展的阶段越靠后，投入的经费和时间也越多。如果在项目后期再制作原型进行测试，一旦发现问题，那么之前投入的所有经费和时间都付之流水。因此，需要在项目早期甚至创意还不太明朗的阶段就开始制作原型、测试学习、迭代产品，尽早失败、低成本试错，以避免大的投资损失。

8.2.3　原型的类型

　　所有创意实现方案都可以进行原型制作，不管你的创意是产品、服务，还是一种消费体验、一种新的商业模式。越抽象的创意方案越需要利用适当的方法将它转化成具体、可感知的东西。原型并不是物理意义上的概念，不一定是具体物品。所有对创意构想、解决方案进行呈现，可以被感知并用来进行用户测试的东西都是原型。

　　原型的种类多种多样，可以是几幅手绘的故事版草图，可以是拍摄的一段视频，可以是一个具备简单功能的装置，也可以是贴在墙上的便利贴。精益创业鼓励利用现有材料进行创意呈现，达到预期目的。通常，运用较多的制作原型的方式有纸质原型、故事板、立体模型、角色扮演、视频制作等。

　　1. 纸质原型

　　纸质原型即用纸张制作的原型，它是使用最多的一种原型制作方法。制作纸质原型大多只需要用到简单的工具，如纸、胶棒和剪刀。当需要对产品的外观形状、大小、属性特点进行测试时，制作纸质原型能很好地达到目的。

　　纸质原型既可以制作粗糙模型，也可以制作精细模型。在说明定性问题时，大多只需要制作粗糙的模型用于说明概念。但当需要进行定量分析时，就需要制作比例恰当、相对完善的精确模型。

　　斯坦福大学的设计思维课堂上曾经有一个体验项目：帮你的同伴设计一款理想的钱包。这个项目是以钱包为载体，一个人喜欢的钱包在某种程度上能反映这个人的性格特点，所以可以通过钱包在一定程度上来了解钱包的主人。比如，他/她从事什么工作？喜欢什么颜色？有什么样的偏好？经常出入哪些地方？重要的人际关系有哪些？存在什么困境？基于对同伴的了解和观察，为他/她设计一个理想的钱包。在这个体验项目中，一般只向参与者提供纸、剪刀、胶棒等简单材料，鼓励大家制作纸质的理想钱包原型。

　　2. 故事板

　　故事板是指用一系列手绘草图或者照片来描述一个故事。故事板最初应用于影视行业，借用故事板，可以将不同的角色、场景和事件串联起来，给人们展示一个完整的故事或带来一个完整的体验。比如，有一款保险的目标客户是年龄 25 岁左右、刚刚毕业开始从事第一份工作的年轻人。这类客户处于从父母帮自己购买保险到自己独立购买保险的转型期，他们往往不熟悉保险产品，缺乏购买保险的经验。为了让这些用户了解并选择购买保险，保险公司通过绘制故事板，列出了顾客购买不同类型保险的典型场景。例如，坐飞机前收到旅游保险介绍短信，从而决定购买旅游险；在保费到期前收到车险到期续费通知，从而再次进行汽车保险购买；等等。

一般来说，这种原型方式是创业者把情境、用户、需要、资源、方案画到一张纸上，然后去给潜在的客户做讲解，听取他们的反馈意见，如图 8-3 所示。

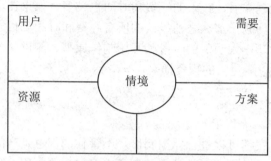

图 8-3　故事板的核心要素

3. 立体模型

立体模型是将创意立体、直观地呈现出来的模型。随着 3D 打印技术的发展，好的创意能够迅速转变成模型呈现在大家面前。如果精度要求不高，那么设计、建模、打印等不需要花费多长时间，费用也不高。即使不使用 3D 打印机，利用便于修改的材料，如水杯、花盆、书籍以及其他泡沫板、硬纸板和废旧布料等也可以迅速制作创意所要展现的立体模型。快速制作模型的目的是展现设计的核心理念，不需要过多关注细节。

IDEO 公司曾经在一次与医生的交流过程中，讨论了好久也没有结果。这时 IDEO 的一位员工用办公室的夹子、胶棒做了一个简单的原型，医生发现这就是他想要的东西，于是在此原型的基础上开发出了新的医疗工具。如果要制作精确的模型，可以使用 CAD 软件制作数字模型，然后通过 3D 打印技术将数字模型打印出来。制作精良的模型不仅能展示产品的外观和内涵，还能提供更精确的用户测试反馈信息。在某些行业制作模型时，还有可能用到一些非常专业的材料，如汽车油泥等。

4. 角色扮演

角色扮演是指根据测试的需要，参与者扮演不同的角色进行互动。当需要展示的是一种服务或体验时，角色扮演能取得较好的效果。团队成员可以分别扮演该服务或体验项目的相关人员，通过角色扮演的方式将服务或体验场景进行呈现。角色扮演方式生动形象，能直观、具体地呈现项目提供的服务或价值。角色扮演过程往往富有戏剧效果，用户可以迅速了解项目并提出自己的想法与建议。

羊多多的角色扮演

"羊多多"是一个以健康牛羊肉为主打产品的互联网品牌。它拥有内蒙古锡林郭勒盟的优质牧场，产品质量有充分的保障，致力打造从产地到餐桌的全程绿色生态链。与此同时，羊多多实施产销一体，努力做到健康、有机和平价，打造社区生鲜肉食销售的新模式。为了实现一年内达到 100 家连锁店的目标，羊多多需要提升顾客到店的购货体验。

大多数购买牛羊肉的顾客实际上并不那么熟悉牛羊肉的烹饪方法，所以很多顾客经常在销售新鲜牛羊肉的冷柜前犹豫很长时间也不知道该买哪块。因此，项目团队在向决策层进行项目陈述时，使用角色扮演的方法，生动形象地展示出了顾客在购买过程中选择困难的问题。在角色扮演中，顾客和店员反复进行听起来非常愚蠢的对话。演员们夸张的动作和表情以及专门设计的台词将顾客购买体验中的痛点暴露无遗，观看的听众在捧腹大笑的同时也深刻理解了顾客购买的难点。

资料来源：王可越，税琳琳，姜浩. 设计思维创新导引[M]. 北京：清华大学出版社，2017：198.

5. 视频制作

视频制作是指将测试的目标用视频制作出来。如果一张图能表示一千个字的意思，那么一段展示用户体验的视频能表达一万个字的意思。视频能大规模扩散，可以得到不同地点甚至远距离的更多用户的反馈意见。

目前信息技术迅速发展，普通人用手机也能非常方便地拍摄视频。市场上有众多软件可以辅助进行视频剪辑、给视频添加简单特效。在抖音和快手上面，点击播放量最高的视频并不是精雕细琢、画面精美的视频，而是内容精彩、能引发人们共同情感的视频。视频内容比视频制作的精度更加重要，有好的创意后可以选择进行角色扮演，也可以选择动画视频展示。

Dropbox 的视频原型

Dropbox（多宝箱）公司在进行产品开发时希望获得顾客反馈，了解顾客真正的需求。但是当顾客听到 Dropbox（云存储服务）的概念时，完全不知所云。创始人休斯顿在筹措创业资金时也到处碰壁，在遭遇多次挫折后，休斯顿意识到他的理想王国难以被人理解，风险投资家对休斯顿描述的产品完全没有概念。但休斯顿坚信，如果这个软件能"神奇地运行"，那么自然会有用户蜂拥而至。为了避免开发出用户不需要的产品，休斯顿拍了一段视频来介绍他的构想。

短短 3 分钟的视频非常普通但直观，主要是向技术圈内的早期用户展示该项技术的运作状况。休斯顿亲自给视频做旁白讲解，视频中可以看到他如何用鼠标操作计算机，将不同种类的文件进行同步共享。当然，如果仔细观察，你会发现他挪来移去的文件里有很多搞笑的幽默元素，这更受圈内人的青睐。据统计，这个视频吸引了几十万人访问休斯顿的网站，产品公测版测试申请人数一天之内从 5 000 人上升到 75 000 人。如今，Dropbox 的身价据说已超 10 亿美元，是硅谷最炙手可热的公司之一。

资料来源：埃里克·莱斯. 精益创业：新创企业的成长思维[M]. 吴彤，译. 北京：中信出版社，2012：73-75.

原型制作的方法还有很多，如电子原型、智能 APP 等，但不管选择哪种方法，只要能够将抽象的创意有效呈现出来，就达到了目的。

8.3　用户测试与迭代

8.3.1　用户测试概述

1. 用户测试的定义

原型制作出来以后就要开始流程的下一步——用户测试（test）。用户测试是以用户为中心设计的一套体验流程。在用户观察和使用产品原型时，观察用户如何使用产品，询问用户对产品的感受与评价，记录用户的反馈信息，从而为进一步改进原型提供依据。

2. 用户测试的作用

（1）收集用户信息。用户测试给设计师提供了一个了解用户的好机会，通过用户测试收集用户信息，为进一步修正原型提供依据。当然，用户测试并不意味着下一步就是成功的，在测试之后，很可能需要根据用户反馈的信息重新制作原型，再次进行用户测试，不断修正、迭代。也可能测试之后发现当初的构想不对，需要重新去挖掘客户需求，重新寻找要解决的关键问题，然后又从创意开始，进入一个新的再循环过程。不管是哪种情况，测试都意味着距离正确的解决方案又近了一步。

（2）为团队下一步决策提供依据。用户测试对设计团队来说是值得期待的一个环节。在经过前期的大量调研、需求挖掘、问题定义、创意构思及原型制作之后，终于有机会将创意成果呈现出来。大多数情况下，团队成员的心情既激动又期待，迫切希望得到测试者的认可。因此，在原型制作结束后，创业团队需要设计一个呈现方式向利益相关者进行介绍，获得测试者的反馈，而这些有价值的信息反馈将是下一步决策的基础。

（3）验证商业创意是否可行。当然，并不是所有的项目都能幸运地得到测试者的认可。如果没有及时、多次地进行测试，很多看起来很有前途的创意往往以失败告终。一个妙手偶得的天才创意，如果没有经过原型制作和用户测试就直接上市，很可能由于对服务对象需求的误判，而最终宣告失败。

项目在推向市场之前进行用户测试可以获得用户反馈，从而验证你的创意是否能被市场接受，并对解决方案进行修正。用户测试之后很可能会推翻原来的构想，产生更加精彩的创意。所以用户测试能帮助创业团队提升创业项目的市场成功率，避免在项目前景不明朗时就盲目大量投入资金，到最后却因为某些前期未被发现的因素而创业失败，使投资血本无归。

（4）洞察用户深层次的真实需求。在用户测试时，创业团队成员要尽可能地忘掉自己的"专家"身份，要站在用户的角度去思考问题，虚心利用用户测试的机会向用户学习，发现产品的不足。用户测试需要遵循一定的规则，例如，一次测试注重一个方面；参与测试的最好是真实用户；多设计开放式问题；不要只提供一个原型让用户进行评论，给用户提供多个原型让其做比较；设计可以实际体验的场景让用户去感受；观察用户如何使用产品，哪里会造成使用不便；不需要对产品进行过多解释；除了记录用户的语言反馈，还要善于发现他的身体语言；最重要的是记住顾客永远是对的。只有与用户进行持续的深刻共情，才能对用户的需求产生深层次的洞察，为新一轮的迭代提供源源不断的灵感。

8.3.2 测试方法

设计思维强调以人为本，关注用户的真实需求而不是冷冰冰的数据，所有的测试都要在真实场景下进行，用真实的用户来进行测试。通常，原型的形式不同，测试的方式也不同：实物原型，可以通过用户实际动手操作、尝试使用的方式来进行测试；体验式的服务原型，可以设计模拟场景让用户进行体验，也可以通过角色扮演或完成任务的方式来进行测试。在用户测试时，设计思维强调创业团队成员要与用户真实接触，而不是自己主观臆想用户的需求。

用户测试的目的是了解我们的产品或服务能否满足客户的真实需求，并通过用户反馈得到新的创意灵感。这需要用合适的测试方法帮助设计团队快速、有效地获取有价值的信息。常用的测试方法有原型功能性测试、团队交叉测试、极端用户测试和专家测试等。

1. 原型功能性测试

原型功能性测试主要用来测试用户能否理解和使用原型提供的功能。功能性原型一般是根据前期调研和创意构想设计出来的，具有具体功能、能够解决用户某方面问题的原型。在进行功能性测试时，最好一次只测试一个方面的功能以获得有针对性的用户反馈。比如，在测试一些商场的电子信息导航栏时，可以单独测试导航菜单的设计是否合理，然后根据反馈进行改进优化；也可以单独测试导航屏幕大小是否合适，是否便于实际浏览操作。

2. 团队交叉测试

团队交叉测试是指不同设计团队之间相互进行测试并分享信息反馈，这种方法可以在项目的各个阶段使用。同一个项目可以设立两个或多个小组共同进行设计，每个阶段进行小组之间的交流分享能保证项目的进度一致。即使是同样的创意构想，不同的小组对创意的理解不同，关注点也会有所差异，因此会呈现多样化和开放式的解决方案。在项目的不同阶段，小组之间进行团队交叉测试，给出信息反馈，能进一步提高制作原型的质量、优化创意构思，在最终进行用户测试时获得更好的效果。

3. 极端用户测试

极端用户是指高频率使用产品的用户，也包括过度使用甚至超负荷使用产品的用户。极端用户测试是指让那些高频率使用产品的用户来进行用户测试，以获得用户极端体验的信息，从而获得新的启发。对于极端用户来说，他们对产品的需求极为迫切，因此他们能容忍有瑕疵的产品，并有可能在产品出现问题时采取一些临时补救的方法，这些行为能为设计团体提供信息。从极端用户那里获得信息反馈后对产品进行迭代，能满足普通用户一些不明显的"隐性需求"。

4. 专家测试

专家测试就是请相关领域的资深专家来对设计出的原型进行测试。专家一般会长期在一个方向上进行研究，对这一方向有较为深入的了解。专家给出的专业性反馈意见，可以帮助创业团队加深对创业设计的理解，提供新的问题解决思路。在进行专家测试时，创业团队不需要说服专家接受构想，而是要向专家呈现出一个可能的创意方案。创意方案在开始的时候可能看起来异想天开，但专家对新事物的接纳能力相对较强，通常会带着好奇和期待进行进一步交流。听完创业团队的介绍和简单互动后，专家会对原型做一些研究，然后仔细思考，给出如何提高该原型的建议。

8.3.3 测试反馈

1. 测试反馈的定义

测试反馈是指进行用户测试后，设计者收集到的反馈信息。对任何测试对象进行用户测试时，他们都期待看到一个新鲜事物，并且大多数人都愿意根据自己的感受给出反馈。在此要注意的是，如果希望得到用户有价值的信息，那么就要给用户说话的机会，不要用推销产品的方式进行沟通，而是要用访谈的方式来交流，认真倾听、仔细观察，以获得更多更真实的信息反馈，让更多机会自然浮现。

2. 收集更多测试反馈信息的方法

设计者不能滔滔不绝地说个不停，要给用户说话的时间和空间。当被测试用户提出质疑时，不要用掩饰性的话语搪塞过去。如果在用户测试时，设计者口若悬河地介绍产品的各种功能，以及这些功能的作用，不容用户反对和质疑，直到用户说："嗯，这个产品不错……"这样的结果就是，用户测试结束后我们发现用户已经完全了解我们的设计方案及产品功能，但是我们了解的用户反馈信息微乎其微。即便用户表面上赞同你的观点，实际上并不一定会选择你的产品，因此反馈的过程应该是访谈而不是推销。

在用户测试的过程中，创业团队成员最好表现得笨拙一些，让用户显得比我们聪明，这样用户会乐于提供给设计团队更多有价值的信息。对原型进行用户测试的目的是为了获取信息反馈，所以要尊重每一个信息反馈，而不是凭自己喜好去进行取舍。如果说原型制作的假设前提是创意构想是正确的，用强烈的信念支持自己想出更多解决方案；那么在测试环节就要假设创意构想是错误的，去虚心倾听用户的每一个反馈来获得原型提升的信息。只有当旧的设想被"打破"，提升才真正开始，始终以用户需求为中心，就会离成功越来越近。

3. 用测试反馈图整合反馈信息

当收集到用户测试的信息反馈后，要趁热打铁，在创业团队内部对这些反馈信息进行整合，信息整合可以使用可视化工具——测试反馈图（见图 8-4）。将原型中比较有用并且对用户有价值的地方列在左上方；根据用户反馈需要做出改进的地方列在右上方；将用户提出的疑问和困惑列在左下方；用户给出的意见和建议列在右下方。

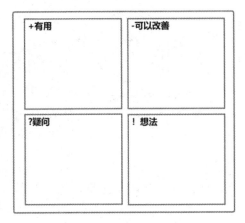

图 8-4　测试反馈图

　　将用户测试的反馈信息进行可视化呈现后，团队内部成员进行讨论、评估，选出那些对项目有价值的信息，然后将这些信息添加到新的原型设计中。如果对信息反馈进行分析后发现用户需求的定义不准确，那么就需要重新回到"共情"阶段整理信息，重新定义问题。

8.3.4　迭代

　　迭代是指根据用户的测试反馈，对反馈信息加以评估和筛选，以最快的速度进行调整，然后打造新的产品原型。在精益创业的过程中，面对瞬息万变的市场环境、日新月异的用户需求，产品的新颖性与产品的质量同等重要。因此需要通过多次迭代的方式不断完善产品，趋近用户需求，而不是采用传统的开发模式花费大量时间和成本去生产一个用户不需要的东西。

　　传统开发模式为"瀑布模型"（见图 8-5）。企业根据自己的理解分析客户需求，根据客户需求设计开发产品。直到最后一天，新产品在发布时才能与客户见面，结果可能是客户并不需要你开发的产品。这种模式的明显缺点就是开发者自认为是完美的产品，客户可能完全不买账——这不是我需要的东西，而此时开发者已投入大量的成本，失败的代价非常高，甚至会导致企业破产。

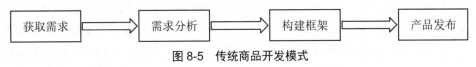

图 8-5　传统商品开发模式

　　与传统的开发模式不同，迭代开发模式（见图 8-6）会在早期就拿出一个产品原型。虽然这个原型还很不完善，功能比较单一，甚至不稳定。但用户会提出更详细的修改意见，开发者可以根据用户修改意见进行产品迭代，直至产品在功能和质量上都能接近用户的需求。所以说，迭代开发模式是通过快速建立原型、获取修改意见、完善产品、多次循环后才进行产品发布的，产品在功能和质量上都能够逐渐逼近客户的要求。

图 8-6　迭代产品开发模式

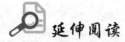 延伸阅读

[1] 阿什·莫瑞亚. 精益创业实战[M]. 张玳，译. 2 版. 北京：人民邮电出版社，2013.

[2] 张凌燕. 设计思维：右脑时代必备创新思考力[M]. 北京：人民邮电出版社，2015.

 复习思考题

1. 谈一下你对用户测试的理解。
2. 精益创业的步骤包括哪些？
3. 精益创业的核心思想是什么？
4. 精益创业和设计思维有什么不同之处？
5. 原型的价值主要体现在哪些方面？
6. 原型的类型有哪些？
7. 常用的测试方法有哪些？
8. 在测试反馈时应该注意哪些问题？

 案例练习

吉列公司的用户测试

吉列公司于 1901 年创立于美国的波士顿，它主要经营可替换刀片的剃须刀。吉列公司的用户测试主要由公司员工进行。这些员工既是公司的生产者了解产品的详细信息，又以产品消费者的身份使用本公司的剃须刀，所以能提供积极的用户反馈信息。

在吉列的生产工厂，每个工作日都有来自公司不同部门的众多志愿者参与用户测试，他们成群结队地来到工厂测试区，进入有盥洗池和镜子的小隔间，听从测试人员的指令依次使用吉列剃须刀和剃须泡沫。志愿者使用剃须刀剃须后需要对剃须刀片的锋利性、泡沫的润滑性、刀架的掌控性等进行详细评价。

吉列公司还专门设计有供女性用户测试用的淋浴室。在淋浴室内，女性志愿者同样根据测试人员的指令，使用剃须刀剃掉腋下、腿部等地方的毛发。为了消费者能够在家安全舒适地进行剃须，志愿者即使在测试过程中刮破皮、流血也在所不惜。

吉列公司深入用户的测试使他们的产品能最大程度地满足消费者需求，从而使产品迅速风靡全球。1920 年，吉列剃须刀在美国的市场份额超过 80%，市场销售额超过 1.2 亿美元。

资料来源：加里·阿姆斯特朗，菲利普·科特勒. 市场营销学[M]. 吕一林，等译. 9 版. 北京：中国人民大学出版社，2010：214.

思考题：
1. 谈谈你对用户测试重要性的认识。
2. 你认为还有什么更好的用户测试方法？
3. 吉列剃须刀用户测试方法的优点有哪些？

 **实践训练**

实践训练 8-1　为你的伙伴设计一个钱包

利用 4 张不同颜色的 A4 纸，为你的同伴设计一个钱包，体验设计思维的全过程。

实践训练 8-2　棉花糖游戏

在 18 分钟内，利用 20 根意大利面、1 米长的线、1 米长的胶带、1 块棉花糖，搭建一个独立结构，棉花糖必须位于该结构的顶端。

实践训练 8-3　纸飞机游戏

用 2 张 A4 纸制作纸飞机，将价值 1 元的硬币放在飞机上面，制作时间为 5 分钟，看谁的飞机飞行距离最远。

 复盘与反思

回顾本章内容，请写出：
1. 学到了什么（三个最有启发的知识点）。
2. 有什么感悟（两个最深的感悟）。
3. 计划怎么去行动（一个行动计划）。

 课外练习

根据本章内容，将确定的创意方案做成原型，到用户中去进行用户测试，并在此基础上进行产品迭代。

第9章 商业模式

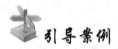

本章学习目标

▶▶ 了解商业模式的本质与逻辑；
▶▶ 掌握商业模式画布的主要内容；
▶▶ 掌握商业模式的设计与创新；
▶▶ 了解精益画布的主要内容。

引导案例

《囧妈》免费看，新电影发行模式是囧路还是坦途

2019 年 11 月，横店影业以 24 亿元的价格获得了《囧妈》的发行权，欢喜传媒从这笔交易中获得了至少 6 亿元的保底收益。如果影片放映的票房收入高于 24 亿元，那么超出部分 35% 的收益归欢喜传媒所有，其余 65% 的收益归横店影业所有。据欢喜传媒的公告，《囧妈》的拍摄成本为 2.17 亿元。这意味着电影还没上映，欢喜传媒就赚了 3.83 亿元。

从预售情况来看，《囧妈》市场反响平平，外界估计不能达到 24 亿元的保底收入。为了确保影片能够抢得先机，获得更大的市场份额，《囧妈》打破了国内影院放映的惯例，首映日期从大年初一提前到大年三十。此举饱受争议，为此徐峥道歉，并承诺给院线从业者发放红包。受此影响，多部贺岁片不得不跟进，将首映日期提前到大年三十。

2020 年 1 月 23 日，受新型冠状病毒肺炎疫情影响，《囧妈》《唐人街探案 3》等电影纷纷撤档。1 月 24 日欢喜传媒官方公告称，欢喜传媒将终止与横店影业的保底发行协议，改为与字节跳动订立合作协议。最终，欢喜传媒以 6.3 亿元的价格授权给字节跳动。字节跳动将在旗下多个平台免费播出《囧妈》，《囧妈》成为春节期间第一部网络在线播出的热门电影。这一行为受到网友的热烈欢迎，但大大损害了院线的利益。全国多家院线联名致信国家电影总局，呼吁电影总局阻止《囧妈》在线播出的行为。

免费在线播出《囧妈》对欢喜传媒和字节跳动来说是一个双赢的操作。此前徐峥因为《囧妈》提档至除夕而备受非议，在线免费播出后形象反转，很多网友留言"从此欠徐峥一张电影票"。字节跳动也受益匪浅，消息公布之后几个小时，公司旗下的 12 个 APP 下载量直线上升，全部占据下载排行榜前列。开播几天，《囧妈》线上播放量就超过 6 亿。但一些线下影院从业者却怎么也笑不出来，《囧妈》的前期热度离不开线下影院不遗余力的宣传，没想到"竹篮打水一场空"，宣发费用花出去了，电影却跑到了线上免费上映。

马丁·斯科塞斯执导的大作《爱尔兰人》在流媒体平台奈飞（Netflix）在线播出后，引起轩然大波。传统院线经理对此强烈抗议，流量媒体与院线在市场对峙和眼球竞争上都变得更加激烈。《囧妈》的免费在线播出，在商业层面上的影响甚至超过《爱尔兰人》。如果《囧妈》为各方带来的收益达到理想水平或超越预期，那么中国市场电影播放的商业模式可能会因此改变。

如果没有新型冠状病毒肺炎疫情，新的商业模式可能因为传统的观影习惯、院线的利益分配以及其他因素而推迟。2013 年的"非典"改变了人们部分购物习惯，让网络购物迅速普及。2019 年的新型冠状病毒肺炎影响了消费者去影院观影的习惯，一旦观众习惯于在线上免费观影，这将会对院线经营造成巨大打击。

2 月 28 日，在爱奇艺某电话会议上，爱奇艺创始人、CEO 龚宇回应《囧妈》免费网络播映："免费给用户播放，依靠广告收入，这不是一种可持续的、健康的商业模式。"出于拓展新用户等营销目的，这种模式还是可取的。目前视频行业不会产生模式上的变化，也不会有持续性影响。

资料来源：柳谦，黄勇军. 重庆：流媒体电影发行放映模式是囧路还是坦途[N]. 社会科学报，2020-03-16（6）.

创业通常需要有好的创意，然后设计适合企业的商业模式和运行机制，脚踏实地地做品牌。企业创造的价值取决于它采取的商业模式，同样的技术采取不同的商业模式结果可能大相径庭。商业模式的设计如果充分考虑客户的利益，能切实为客户带来价值，那么就一定会有理想的商业回报。

9.1 商业模式的本质与逻辑

9.1.1 商业模式的定义

管理学大师彼得·德鲁克认为："当今企业之间的竞争，不是产品之间的竞争，而是商业模式之间的竞争。"前时代华纳 CEO 迈克尔·邓恩认为："在经营企业过程中，商业模式比高技术更重要，因为前者是企业能够立足的先决条件。"

1. 商业模式的重要性

据一份有关中国企业调查资料显示，在创业失败的原因中，战略决策失误占 23%；战略执行不力占 28%；占比最高的是没找到合适的商业模式，高达 49%。所以，创业企业在确认需求、进行创意识别和论证后，必须慎重考虑并设计出符合实际、切实可行的商业模式。20 世纪 90 年代以来，"商业模式"得到广泛关注。

微软从事软件开发，海尔生产家用电器，沃尔玛经营百货超市，可口可乐生产销售各种饮料，小肥羊是火锅连锁，它们在这些普通行业中的商业活动都成绩斐然。这些企业的科技含量也大不相同，但它们都能成功。

长期以来的事实证明，创业成功的企业，多数并不拥有高深的项目技术，而是因为他们找到了一套适合自己的卓有成效的商业模式，比如阿里巴巴提供的第三方平台。所以，创业成功的关键因素是找到适合自己的商业模式，并最大化地挖掘这种商业模式的盈利能力。

2. 商业模式定义

商业模式的早期经济类定义认为商业模式就是企业的盈利模式，即企业是通过什么方式获取利润的；中期运营类定义认为商业模式是企业通过调整内部结构设置，以企业内部流程和基础结构设计来创造价值的；近期价值类定义认为商业模式是企业向顾客传递价值理念，并从中获取收益的方式。商业模式定义的发展过程说明企业关注的重心早期在财务、利润方面，后来逐渐转向企业战略和创造价值方面。

具体来说，商业模式是指能把企业内外各要素整合起来，形成一个完整、高效、具有独特核心竞争力并能最大化实现客户价值的系统。商业模式致力于用最好的方式满足客户需求、实现客户价值，然后达到自己持续盈利的目标。它与企业战略不同，企业战略多数描述了企业的愿景和预期目标；而商业模式是以价值创造为核心，描述企业如何创造价值、传递价值和获取价值的基本原理。

9.1.2　商业模式的本质

要了解商业模式首先要了解商业模式要解决的主要问题。一般来说，商业模式主要涉及三个方面的问题：如何为顾客创造价值？企业的价值来源于哪里？如何建立企业到顾客之间的价值传递渠道？

1. 如何为顾客创造价值

如何为顾客创造价值是指企业如何在一个既定价格下，提供能给顾客创造价值的产品或服务。所有企业运行的基础都是拥有自己的商业模式，提供独特的产品和服务是企业生存的方式之一。在技术水平日新月异的今天，产品和服务同质化的速度越来越快。企业必须拥有他人无法模仿的独特价值，提高顾客的转换成本，让顾客对你的产品和服务产生深度依赖，才能获得成功。目前，通过法律、技术、设计等设置的模仿障碍越来越脆弱，企业必须拥有自己独特的、难以模仿的价值才能长期在市场上占据一席之地。

企业通过商业模式的创新可以解决被模仿的问题。顾客的一种显性需求的背后往往隐藏着另一种隐性购买需求，甚至隐性购买需求之后还隐含着一种或多种更加难以被察觉的隐性需求。普通企业大多只能发现顾客的显性需求，并且花费大量精力来满足这种显性需求。卓越的企业往往能够深刻洞察顾客的隐性需求，甚至是顾客自己都未意识到的隐性需求。这种被深刻洞察并充分还原的顾客需求就是"客户价值主张"，它是所有商业模式的基础。

苹果公司 iPod 产品的成功策略

2001 年，苹果公司推出一款数字播放器 iPod，其零售价为 399 美元，这个价格对于大部分美国人来说也属于高价产品，但因为它深刻洞察了顾客的隐性需求——顾客希望能随身携带自己所有的音乐。这个隐性需求需要产品满足两个要求：体积足够小，便于随身携带；容量足够大，能容纳顾客喜欢的所有音乐。苹果开发的 iPod 像卡片一样大小，不用附带任何碟片，易于携带；具有 5GB 的超大容量，能容纳 1 000 首歌曲。这满足了顾客对数码随身听产品的需求，一上市就大受欢迎，很多"苹果迷"纷纷慷慨解囊，上市 50 天，销售 12.5 万台；上市 5 年，销售超过 6 000 万台。

资料来源：杨蔚. 美国苹果公司 iPod 产品的定价及营销策略分析[J]. 中国物价，2007（02）：38-41.

---

2. 企业的价值来源

企业的价值来源是指企业在为顾客创造价值的同时如何为自己获取价值，也就是如何盈利。企业在考虑自己的价值来源时需要考虑以下问题。

（1）收益模式：营业收入=价格×数量，数量不仅是指产品数量，还包含交易规模、市场规模、购买频率、附加性产品的销量等。

（2）成本结构：也就是企业的成本由哪些部分组成。一般来说，企业的成本主要包括：人力成本——主要是员工的工资及奖金等支出；直接成本——为了企业经营所直接支出的成本，如为生产产品采购的原料、生产设备等；间接成本——为企业经营所间接支出的成本，如生产设备的修理费、办公费、水电费等。

（3）盈利模式：企业靠什么赚钱或者说赚钱的套路。这里企业应考虑其每笔交易产生多少净利润才能实现预期利润。

（4）资源的周转速度：为实现预期产出，企业资源该以多快的速度进行周转？这通常跟库存周转率、固定资产及其他资产的周转率有关，同时还需考虑总体资源的计划调度。

3. 如何建立企业到顾客之间的价值传递渠道

价值传递渠道就是企业将自己的产品或服务传递给顾客的通路。顾客价值和企业价值都设计好以后，下一步就是建立良好的企业到顾客之间的价值传递渠道。

清楚明确的创意构思有时会错估企业自身资源与能力的局限，它可能确实蕴含着机会，但也许是其他企业（具有相应资源和能力的企业）的机会。顾客价值主张和企业价值主张必须有相应的资源（生产能力、技术能力、客户、资金等）和能力来实现，否则就无法形成商业模式，无法获得持续的盈利。

从以上论述可知，商业模式的核心问题是明确：产品的目标顾客是谁？顾客的核心需求是什么？这项业务如何赚钱？由谁来付费？商业模式的核心就是企业的盈利模式，也就是企业在什么价格水平上，以什么方式为顾客提供价值。

9.1.3　商业模式的逻辑

商业模式是企业价值创造的核心逻辑，商业模式的逻辑层层递进，如图 9-1 所示，主要表现在三个方面。

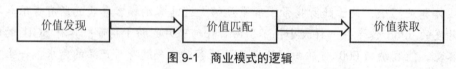

图 9-1　商业模式的逻辑

资料来源：张玉利，薛红志，陈寒松，李华晶. 创业管理[M]. 4 版. 北京：机械工业出版社，2017：141.

1．价值发现：明确价值创造的来源

是否拥有顾客是企业最终能否盈利的关键。创业者在对创意构思、创新产品和技术进行识别和论证的基础上，要进一步明确自己的目标顾客，找到顾客核心价值所在，这是商业模式成功的关键环节。

很多创业者总是喜欢从自己的角度出发，但"我以为"是一个错误的逻辑。创业者经常忽视价值发现的思考过程，想当然地认为只要生产出产品就有顾客来买，这种错误理念是创业实践失败的重要原因之一。成功的创业实践往往是发现了潜在的顾客需求，然后设计新的产品或服务来满足潜在的顾客需求。比如，黄峥创立的拼多多，虽然不是那么高大上，但是它满足了价格敏感人群的消费需求，所以能在竞争激烈的电商市场站稳脚跟。

2．价值匹配：明确合作伙伴，实现价值创造

创业企业资源相对匮乏，如果自己去筹集和构建满足顾客需求的所有资源和能力，需要花费巨大的精力并面临很大的风险。因此，在机会出现时要想取得先发优势，并将成本和风险控制在一定范围内，需要与其他企业合作。合作时要明确合作的具体方式，权责明确，合作共赢，以使商业模式有效运行，实现价值增值。

3．价值获取：制定竞争策略，获取创新价值

价值获取是企业创造价值的目标，也是创新企业生存下去并获得竞争优势的关键所在。许多创业企业对获取创新价值不够重视，结果虽然是他们首先开发出了新技术或新产品，但却没成为创新利益的获得者，最终"为他人做嫁衣裳"。

获取价值的关键因素有两个：一是创新企业要占据价值链中的核心位置，二是尽最大可能保密自己的商业模式细节。一方面，价值链中的不同环节拥有的价值增值空间不同，谁占据了增值空间较大的环节，谁就能获得整个价值链中较大的利益，这对获取创新价值具有直接影响。另一方面，商业模式被模仿将在一定程度上损害创新企业的利益，因此创新企业的创意构想保密的时间越长，占有的创新利益会越大。

总的来说，价值发现、价值匹配和价值获取是有效商业模式的三个逻辑性原则。创新企业在开发新的商业模式时，每一个阶段都要重视，这样才能开发出符合市场需要的创新性商业模式。

9.1.4　商业模式的类型

商业模式的类型有很多，奥斯特瓦德提出了五种类型的商业模式。

1. 非绑定式商业模式

非绑定式商业模式是指一个公司不同类型的业务分离成相互独立的实体。比如，产品创新型业务、客户关系型业务和基础设施型业务不要用同一个组织运行，注重核心竞争力。

移动公司将业务分拆，由设备制造商承包网络运营业务，同时与竞争者共享网络。因为品牌和客户关系才是它们的核心竞争力。

2. 长尾式商业模式

这种商业模式的核心是多样少量，每种产品销量不大，但是种类多样，总的销售量比较可观，这种商业模式适合库存成本较低和平台较高的企业。乐高玩具 2005 年推出由用户参与设计产品内容的商业模式，即乐高工厂模式。客户可以在乐高工厂自己组装他们在线订购的乐高套件，也可以自己设计满足个性需求的汽车、主题产品、人物模型，甚至可以自己设计包装，而乐高公司只提供必要的协助。这种商业模式让乐高迈出了超大规模定制的关键一步。

3. 多边平台式商业模式

建立平台，将两个或多个类型不同但是又相互依赖的客户群体集合起来，为不同客户之间提供互动通道，然后通过客户间的互动获取价值，并吸引更多用户，成为网络效应。

企业在百度搜索引擎页面发布广告，网民搜索类似关键词时，发布的广告会显示在搜索结果中，这种模式对广告主具有极大吸引力。但这种模式，只有很多人使用时才能运转起来。所以百度用一个强大的搜索引擎来迎合第二个客户群体（网民），同时还开发百度地图、百度百科等来进一步扩大覆盖面。

4. 免费式商业模式

公司为一个庞大的客户细分群体提供免费服务，通过参与该模式的其他客户细分群体获取利润。例如，百度地图和 360 免费杀毒软件，免费式商业模式让它们获得了大量活跃用户，从而可以通过流量赚钱。

5. 开放式商业模式

通过与外部伙伴的系统合作来创造和获取价值，可以将外部创意引入公司内部，也可以将内部的创意和资产提供给外部伙伴。例如，宝洁通过网络向退休专家征求知识，IBM 公司专门建立了一个平台来收集新的创意。

9.2 商业模式画布

亚历山大·奥斯特瓦德提出的商业模式设计框架可以帮助我们更深刻地理解商业模式。该框架包含九个关键模块：客户细分、价值主张、渠道、客户关系、收入来源、核心资源、关键业务、重要伙伴（重要合作）和成本结构，如图 9-2 所示。这九个模块覆盖了设计内容的三个主要方面：价值发现、价值生产、价值占有，这包含了商业模式涉及的三个主要问题。参照这九大模块就可以描绘、分析乃至设计和重构企业的商业模式。

图 9-2 商业模式画布

资料来源：朱燕空，祁明德，罗美娟. 创业如何教：基于体验的五步教学法[M]. 北京：机械工业出版社，2018：247.

9.2.1 价值发现

价值发现解决的是为谁生产的问题，包含客户细分、价值主张、渠道和客户关系。

1. 客户细分

客户细分是按照一定的标准将客户划分为不同群体的过程。不同的客户需求不同，要想更好地满足客户的需求，需要对客户群体进行细分。每个细分群体中，客户需求有一定的共性，包括共同的行为、共同的需求或者共同的偏好等。创业企业必须将客户进行一定的细分，然后根据该细分群体的需求特点来设计相应的商业模式。在客户细分时要考虑以下问题。

（1）企业的目标客户是谁？

（2）企业最重要的客户是谁？

按照不同的方式可以将客户细分为不同的群体。比如,按年龄的不同,可以将客户划分为中老年市场、青少年市场、婴幼儿市场;按照收入的高低,可以将客户划分为高收入市场、中等收入市场、低收入市场;还可以按照消费特点、心理、行为等进行划分。

汉堡王的客户细分

客户细分可以按照客户使用产品的频率来将客户细分为轻度、中度和重度使用者。快餐连锁店企业汉堡王按照这种方式进行客户细分,然后选择它的"超级粉丝"也就是重度使用者作为目标客户。目标客户的共性特点为年龄在 18~35 岁、吃饭狼吞虎咽的男性。这类客户只占整个连锁店客户数量的 18%,但是他们光顾汉堡王的次数却占总次数的 50%以上,平均每个人每月在汉堡王消费 16 次以上。针对这类客户的特点,汉堡王推出了一款含有大量肉类、奶酪多的能让人呕吐的巨无霸汉堡广告来吸引客户到店消费。

资料来源:加里·阿姆斯特朗,菲利普·科特勒. 市场营销学[M]. 吕一林,等译. 北京:中国人民大学出版社,2010:155.

2. 价值主张

价值主张是指企业能为客户创造价值的产品或服务,重点说明企业产品或服务能满足客户的哪些需求或者能为客户解决什么问题。在这一模块,企业需要考虑以下问题。

(1)企业向客户传递什么样的价值主张?

(2)企业能给目标客户提供什么样的产品和服务?

(3)企业产品或服务主要为客户解决什么问题?

(4)企业产品或服务能满足哪些客户需求?

3. 渠道

渠道是企业生产的产品或服务从生产者到顾客所经过的通路。渠道模块的主要内容是企业通过什么方式、什么路径将产品和服务送达顾客那里。在这一模块,企业需要考虑以下问题。

(1)通过什么方式接触细分客户群体最有效果?

(2)如何提高渠道通路的效率?

(3)性价比最高的渠道有哪些?

(4)如何整合渠道与客户的接触和沟通过程?

企业可以选择的渠道模式有自建渠道、使用合作伙伴渠道或者混合渠道来与客户接触。自建渠道包括自建在线销售和自建销售队伍;合作伙伴渠道则是使用合作伙伴的店铺和批发商。

丸万公司另辟蹊径的渠道通路策略

在日本，打火机一般都是在百货商店或者杂货店里销售，但是日本丸万公司推出瓦斯打火机时却别出心裁地放到钟表店里销售。一直以来，钟表店一向被认为是卖贵重物品的高级场所。在这里卖打火机，人们就会下意识地认为它是高档货。在暗淡的杂货店、香烟店里，上面蒙着一层灰尘的打火机和摆在闪闪发光的钟表店中的打火机相比，这两者给人的印象当然是天壤之别了。

丸万公司采取在钟表店销售打火机的方式收到了惊人的效果，他们的打火机十分畅销。由于采取的是反传统的渠道通路，他们的打火机出尽风头，令人们产生了丸万公司的打火机非常高级的印象。丸万公司的打火机目前风行到世界的每一个角落。

资料来源：赖丹声，高目，文洁. 百岁孪生姐妹做广告[J]. 财经界，2006（11）：120-125.

4. 客户关系

客户关系是指企业如何跟客户接触、沟通进而建立稳定的关系。在这一模块，企业主要考虑以下问题。

（1）目标客户希望与我们建立和保持何种客户关系？

（2）企业已经与哪些客户建立了哪些关系？

（3）已经建立的客户关系花费的成本如何？

（4）如何把客户关系与商业模式的其他部分整合在一起？

9.2.2 价值生产

价值生产是指企业如何生产实现创意构思的产品或服务，它涉及商业模式的基础设施，主要包括核心资源、关键业务和重要伙伴。

1. 核心资源

核心资源就是商业模式有效运转所必需的关键资源。核心资源一般有四种类型：实物资产，包括厂房不动产、机器设备、销售网点和分销网络等；无形资产，包括品牌、知识产权、专利和著作权、客户数据和合作关系等；金融资源：包括现金、信贷额度、股票期权等；人力资源：能为企业创造价值，做出贡献的人，是企业所需人员具备的能力，即通常所说的人才。在这一模块，企业主要考虑以下问题。

（1）哪些资源能实现企业的价值主张需要？

（2）哪些资源能构建企业的渠道通路？

（3）哪些资源能帮助建立企业的客户关系？

（4）哪些核资源能保证企业的收入来源？

2. 关键业务

关键业务是指企业主要经营的业务，是企业实现价值主张和维护客户关系必须要做的最重要的工作。在这一模块，企业主要考虑以下问题。

（1）哪些业务能实现企业的价值主张？

（2）哪些业务能保证企业渠道畅通？

（3）哪些业务能维护企业的客户关系？

（4）哪些业务能提高企业的盈利？

3. 重要伙伴

重要伙伴是指创业企业的主要合作对象，包括供货商、分销商、投资人、专利技术所有人等。在这一模块，企业主要考虑以下问题。

（1）我们的重要伙伴是谁？

（2）重要伙伴能为我们提供哪些资源？

（3）重要伙伴可以承担哪些业务？

（4）重要伙伴能从合作中获得什么利益？

9.2.3 价值占有

价值占有是指投入与收益的问题，主要涉及财务方面的指标，包含收入来源和成本结构。

1. 收入来源

收入来源是指企业从每个细分客户群体能获得的利润（销售收入减去成本）。收入来源模块是商业模式的核心。在这一模块，企业主要考虑以下问题。

（1）企业的哪种产品或服务是顾客愿意付费的？

（2）顾客目前使用哪种同类产品或服务？

（3）顾客愿意使用哪种付费方式？

（4）每个业务的收入占总收入的比例是多少？

2. 成本结构

成本结构是指企业成本的组成部分。在这一模块，企业主要考虑以下问题。

（1）商业模式中花费最大的固定成本是什么？

（2）企业的直接成本有哪些？

（3）企业的间接成本有哪些？

将上述九个模块结合起来，就构成了商业模式画布。在这个画布上任意组合能够变化出各种各样的商业模式。它能直观地表达出你的商业想法，易于沟通和交流。

9.3 商业模式的设计与创新

9.3.1 商业模式的设计思路

商业模式的设计思路可以从以下三个方面着手。

1. 产品或服务创新

产品或服务的创新是通过满足消费者深层次需求、降低消费者的成本、提高消费者的便利等措施来创新商业模式。

德鲁克在《管理实践》一书中提出："企业目的在于创造客户，为客户提供产品或服务，而不是利润的最大化。"企业能生存并盈利的关键是能够创造和实现客户价值，这也是商业模式设计的关键环节。

因此，设计商业模式应当以满足客户需求为出发点和立足点，从市场竞争和创业者现有资源的实际出发，以发现客户价值、创造客户价值、传递客户价值和最大化获得客户价值为目标。客户价值最大化之后自然能带来企业盈利，并且与企业盈利多少成正比。企业产品和服务的设计路径通常从以下几个方面出发。

（1）满足消费者深层次需求。消费者深层次需求是指消费者自己尚未认识到的高层次需求，现有产品无法满足、需要长时间的变革才能被认识的一种需求。满足顾客需求的产品种类繁多，那么他们如何在如此众多的产品和服务中进行选择呢？这就需要产品能更好地满足消费者深层次需求，只有满足顾客深层次需求才能在众多竞争产品中脱颖而出。"饿了么"创始人张旭豪就是洞察到客户对在线外卖的需求，在2015—2017年两年间，"饿了么"团队扩张超50倍。

（2）降低消费者的成本。企业产品能否为市场接受，很大程度上取决于公司提供的产品或服务能否降低消费者成本。消费者成本是指消费者为了实现消费品或服务的效用过程所付出的代价，包括金钱成本（由产品或服务价格决定）、时间成本（为购买所花费的时间）、精力和体力成本等。价格是企业产品或服务在竞争中最敏感的因素，产品或服务能否为市场所接受，很大程度上取决于产品或服务的价格。沃尔玛超市出现之后迅速发展，除了它的战略定位准确之外，也得益于它采用的"每日低价"的价格策略。低廉的价格、可靠的质量是沃尔玛最大的竞争优势，吸引了大批顾客的到来，给沃尔玛带来了丰厚的回报。

（3）提高消费者的便利。消费者从订货到使用到维修的方便性是提高企业产品或服务被接受的重要原因。戴尔公司的顾客可以直接从公司网页上根据自己的要求订购计算机，极大提升了戴尔的竞争能力；一辆标准的、容易替换零部件的汽车具有很高的维修便利性，会极大提高其市场份额；互联网购物也是因为其购物的便利性，使网上购物的消费者与日俱增。

2. 资源利用的创新

通过拓展合作关系、转变现有资源（原料、渠道、技术、关系等）利用模式等措施来创新商业模式。创业者可以在重要的原材料、关键渠道、核心技术等方面通过改变原有的游戏规则来建立独特的商业模式。设计路径如下。

（1）改变资源的利用模式。多数创业者资源有限，在资源匮乏的情况下如何寻找创造性的开发机会去整合资源建立企业，并推动企业的发展是非常重要的。

改变资源利用模式可以考虑以下几个方法。

①　整合现有资源：根据创业团队的现状，积极寻找和整合所能利用的现有资源，尽量开创利用现有资源的新思路。

②　开拓新资源：寻找合适的新资源加入，用创新思维去寻找可以利用的创业资源。

（2）合作关系拓展。创业企业在设计商业模式时需要多角度考虑合作关系，寻找可能的合作伙伴，并从合作伙伴那里获得需要的资源，达到双赢甚至多赢。

合作关系的类型：①　与非竞争者建立适当的战略联盟关系；②　与竞争者建立战略合作关系；③　与投资者建立合资关系；④　与供应商建立可靠的供求关系。合作关系可以降低经营中的风险和不确定性，实现规模经济和商业模式优化，获得特定资源和业务。

四川航空"免费车辆"模式

四川航空曾实施了一项营销策略，乘坐四川航空飞机的乘客可以乘坐"免费大巴"进入市区。四川航空宣布：只要乘客购买了五折票价以上的机票，就可以免费乘坐大巴车到机场乘坐飞机或者下机后进入市区。"免费大巴"活动没有让四川航空花钱，甚至还赚了钱。

原来这些"免费大巴"是四川航空以低于市价近 6 万元的价格（9 万元/辆）买入的汽车，汽车厂商之所以同意以这么优惠的价格销售，是因为四川航空承诺为该汽车厂商做广告。之后四川航空又以高于市价近 2 万元的价格（17 万元/辆）卖给了客车司机，客车司机愿意接受这个价格的原因是因为四川航空承诺司机每载一个乘客给予 25 元的提成。司机觉得机场客源和收入较为稳定，也乐意掏这笔钱。

资料来源：连玉明. 羊毛出在谁身上[N]. 农村大众，2016-01-11（B3）.

3. 收入模式的创新

收入模式的创新是指通过改变现有的收入结构和定价机制等措施来创新商业模式。其构成要素及设计路径如下。

（1）收入对象：向谁收钱？

设计路径：①　对现有收入对象进行深度开发；②　开发新的收入对象。

（2）收入介质：通过向消费者提供哪些产品或服务来获取收入？

设计路径：①　将原有介质的功能进行拓展；②　开拓新的收入介质。

（3）收入渠道：从哪个途径来获得收入？

设计路径：①　改变现有渠道结构；②　拓展新渠道。

（4）定价机制：定价方法和策略。

设计路径：①　分解定价策略；②　组合定价策略。

金吉列诱钓模式收费

1904 年，金吉列推出第一款可替换刀片剃须刀，并采取极低的价格甚至免费赠送的方式销售剃须刀架，目的是为吉列剃须刀片创造市场。虽然剃须刀架价格极低，甚至白送，但是企业可以在后续销售一次性刀片中获得高额利润，这后来被称为"剃刀与刀片"的诱钓模式。

采用这种模式的关键在于找到初始产品与后续重复使用产品之间的紧密联系——后续产品通常是一次性的，需要多次购买。企业通过销售这些一次性的产品获得暴利。这种销售模式如今被应用到很多产品中，如喷墨打印机。惠普、佳能等企业以较低价格销售打印机，然后通过后续配套墨盒获得良好的利润收入。

资料来源：克里斯·安德森. 免费：商业的未来[M]. 蒋旭峰，冯斌，璩静，译. 北京：中信出版社，2009：7-8.

9.3.2 商业模式创新的设计方法

商业模式创新常用的设计方法有六种：客户洞察、创意构思、可视化思考、原型制作、故事讲述和情境推测。

1. 客户洞察

企业往往投入大量人力、物力进行前期的市场调查，但是在产品设计、提供服务和规划商业模式时却忽略了客户的意见。商业模式应适应市场需要、深入了解客户的需求，这包括客户需要在什么场景下使用产品或服务，以及客户关注的焦点和客户对产品或服务的期望。

当然也不能完全听从客户的意见，因为不同的客户有不同的观点，而且有时候客户表达的意见未必准确，甚至他自己都不确定需要的到底是什么产品。哪些客户的意见可以被采纳，哪些客户的意见应该忽略，创业者应该有自己的判断。商业模式创新者要扩展自己的视野，不要只盯着现有客户细分群体，还要注意新的、需求未被满足的客户细分群体。很多商业模式的成功都在于它们满足了客户未被满足的需求。任何商业模式都需要描述出所需满足的客户细分群体的大体特征。可以通过共情图来更好地理解客户的行为、心理、环境、关注点和愿望等特征。

2. 创意构思

创意构思就是收集与筛选创意的过程。设计开发新产品或新的商业模式，首先需要有大量的创意，然后从中筛选，找出最好的创意。寻找好的创意构思，可以使用发散聚敛法：首先用思维发散法去努力想出足够多的创意，然后用聚敛法缩减，找到一个或几个可行的、有价值的创意构思。

创意构思分为创意生成阶段和创意合成阶段。前一阶段需要生成大量新的创意，以数量为重，越多越好；后一阶段对所有创意进行讨论、组合，缩减到少量可行的创意方案，然后从中择优选择。选择的创意构思方案不一定是颠覆性的商业模式，也可以是对现有商业模式进行扩展，以增加竞争力。

生成创新性商业模式的创意，可以使用商业模式画布来分析。商业模式画布的九个模块都可以是进行创新的起点，商业模式创新也会影响到多个模块。通常，商业模式创新按驱动方式不同可以分为四类：产品服务驱动、资源驱动、财务驱动和客户驱动。这四个模块都可以成为创新的起点，其中每一个模块开始变化之后都会对其他八个模块造成巨大的影响。有时候，商业模式的创新也可能是多个模块一起驱动的，在设计创新模式时可以利用假设的问题来挑战传统思维。假设出来的问题可以帮助我们发现使假设成立的商业模式。

3. 可视化思考

可视化思考是指利用图表、图片、便利贴、草图等可视化工具来描述和讨论事情。商业模式是由九个模块以及模块间的相互关系组成的一个复杂概念，只通过抽象描述，很难让人真正理解其具体逻辑，所以需要可视化思考。

通过可视化描述，人们可以把其中隐含的逻辑关系转变为明确而有形的关联信息，便于讨论和改变。常用的可视化思考方式是通过在商业模式画布草图上添加便利贴来进行描绘的，不同的需求需要不同类型的可视化设计。

商业模式可视化思考的另一个有效方式是故事草图。使用商业模式画布将完整的商业模式链条呈现出来可能过于复杂、难以理解，那么可以用一张故事草图或一个PPT介绍一个模块。

比较好的一种可视化思考方式是用便利贴预先设计好所有元素，然后在介绍商业模式的过程中，在不同的模块中贴上预先设计的便利贴，这样便于观众跟随你的思路理解商业模式的构建过程，并且你的解释也有视觉上的补充认知。

4. 原型制作

原型制作是一种使概念形象具体、促进创新创意构思的一种方法。原型是讨论、调查和验证概念目标的工具，是从创意到产品的中间过程。原型的形式多种多样，但它只是一个思维工具，用以帮助我们探索商业模式可以尝试选择的方向。

原型制作可以制作纸质原型，可以是一个草图，也可以是功能齐备的产品样品。原型制作不仅与商业创意有关，还与如何实现这个商业创意有关。原型制作可以通过对模型每个元素的添减，来探索新的、异想天开甚至是荒谬的创意构想。根据创意的完善程度可以用不同层次的原型进行试验探索。

5. 故事讲述

故事讲述能让创意更加生动形象、便于理解。单纯地介绍一个全新的、未经实验验证的商业模式如同只用单一色彩去描绘一幅画作。故事讲述可以用通俗易懂的方式让听众明白商业模式价值创造的过程，将商业模式的逻辑链条融入趣味横生的故事讲述中，能激发听众的兴趣。故事描述可以清楚地介绍你的商业模式为客户解决了哪种问题、如何为客户解决问题，并为下一步详细介绍你的商业模式做良好的铺垫。在故事讲述时，可以鼓励员工参与其中，这样能调动员工积极性，故事比抽象的逻辑更能打动和吸引听众。

6. 情境推测

情境推测是在原有模型创新和商业模型设计的基础上，把创意构思的抽象概念变成具体的模型。情境推测可以帮助创业者探索、反思未来的商业模式。在瞬息万变的市场环境中，结合具体情境来推测商业模式是一种行之有效的方法。情境推测有助于创业者打破常规思路，在设计好的情境中，它们可能还会激发参与者的创造力。为了能在研讨时取得最佳效果，最好能设计出多种不同的情境推测，开发多个衡量标准，并为每个情境设计加上标题，用简短、形象的描述突出主要元素。

9.3.3 商业模式的讲述方式

商业模式常用的讲述方式有两种：市场驱动的讲述方式和技术驱动的讲述方式。

1. 市场驱动的讲述方式

市场驱动的讲述方式在讲述时首先从客户细分开始，客户细分是重点。首先确定客户定位，发现客户存在的问题和需求。其次确定其价值主张，明确能够提供的产品或者服务。再次分析客户关系和渠道建设，预估可能产生的收入来源。再次考虑核心业务价值链的构建，基于核心业务价值链来分析关键资源的获取和利用。如果自己的核心资源不能满足要求，就需要寻找重要伙伴来一起完成。最后从成本角度来分析盈利和财务健康情况，如图9-3所示。

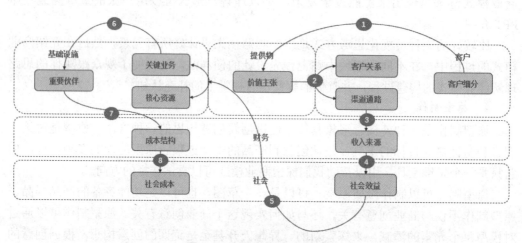

图9-3 市场驱动的讲述方式

2. 技术驱动的讲述方式

技术驱动的讲述方式首先是根据关键业务和核心资源来主动考虑价值创造，然后寻找重要合作伙伴一起来完成价值主张，这需要分析成本的构成。之后再考虑细分目标市场和客户，明确客户关系和销售渠道，估计可能产生的收入来源，如图9-4所示。

商业模式画布从左到右宛若一条服务客户需求的供应链。所有环节一起合作，为满足客户的需求而协调运作。市场驱动的讲述方式像是客户拉动的供应链，从客户的需求出发，整个链为客户服务；技术驱动的讲述方式像是一条推动式的供应链，从企业拥有的核心资源出发，生产出满足客户需求的产品。两种讲述方式对应不同的具体情况，如果你是从市场出发，需要从细分顾客的分析入手，找到客户需求的痛点，进而找到满足客户需求的方案，很多企业都采用这种商业模式。技术驱动的讲述方式的前提是创业者自己有一定的技术优势，从自己有优势的地方出发去寻找市场　机会。

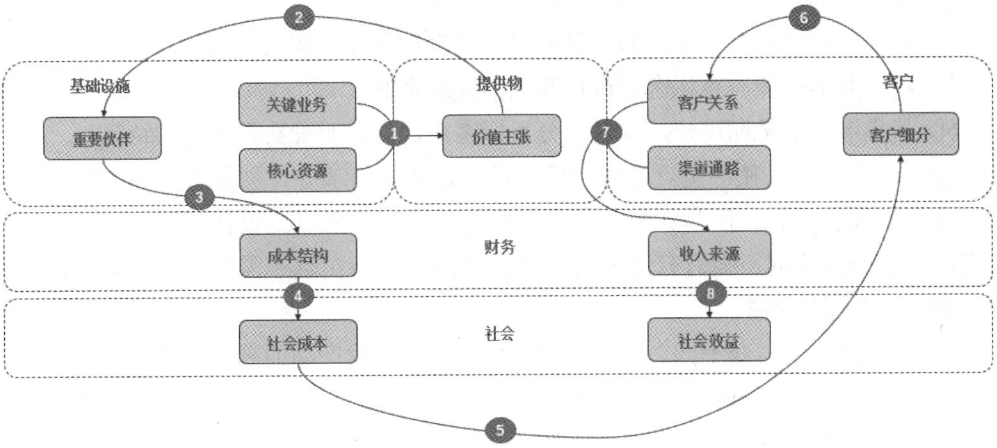

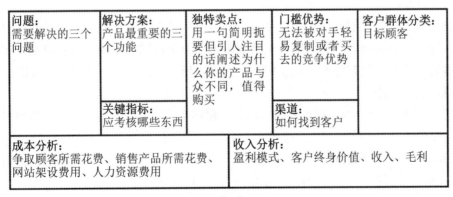

图 9-4　技术驱动的讲述方式

9.4　精益创业画布

9.4.1　精益创业画布的基本要素

莫瑞雅研究了奥斯特瓦德的商业模式画布九要素框架后，认为商业模式画布不适合没有创业和企业经营经验的群体。他将精益创业和商业模式综合在一起，提出了新的设计框架——精益创业画布（见图 9-5）。他认为创业者必须关注的商业模式要素有问题、解决方案、关键指标、独特卖点、门槛优势、渠道、客户群体分类、成本分析和收入分析九项。

问题： 需要解决的三个问题	解决方案： 产品最重要的三个功能	独特卖点： 用一句简明扼要但引人注目的话阐述为什么你的产品与众不同，值得购买	门槛优势： 无法被对手轻易复制或者买去的竞争优势	客户群体分类： 目标顾客
	关键指标： 应考核哪些东西		渠道： 如何找到客户	
成本分析： 争取顾客所需花费、销售产品所需花费、网站架设费用、人力资源费用		收入分析： 盈利模式、客户终身价值、收入、毛利		

图 9-5　精益创业画布

资料来源：孙洪义．创新创业基础[M]．北京：机械工业出版社，2016：217.

（1）问题和客户群体。创业的基础是解决用户问题，商业模式设计的核心是预解决的问题是否与客户群体相匹配。

① 发现目标客户最迫切需要解决的 1～3 个问题。

② 列出现存备选方案，你的产品未出现时客户是如何解决这类问题的。

③ 找出其他可能与目标客户进行互动的竞争企业。

④ 找出潜在的早期用户，尽量细分目标客户群体，明确典型客户的特征。

（2）独特卖点。独特卖点是商业模式设计最关键的部分，创业者面临的第一个挑战不是将产品卖出去，而是如何获得潜在用户的关注，所以要设计独特卖点。独特卖点要精练、与众不同，要有打动人的创意。当然，独特卖点不需要也不可能一开始就很完美，需要逐步完善。

① 发现产品的与众不同之处，从客户角度出发寻找产品的独特卖点。

② 专注于产品能带给客户的好处。

③ 设计能打动客户的宣传词汇。

④ 明确阐述你的产品是什么，客户是谁，为什么选择你的产品。

（3）解决方案。针对每个问题，提供简单的解决方案，不要急于制定详细的解决方案，制作一个最小可行产品就可以了。因为，随着对提出问题的验证和测试，可能会重新定义问题，这是创业活动中常见的现象。如此循环往复，不断完善解决方案。

（4）渠道。项目开始的时候，任何能把产品推荐给潜在客户的渠道都可以利用。在项目的初期就要考虑好客户渠道如何扩张的问题，要尽早建立客户渠道并进行测试。在建立早期客户渠道时，需要考虑以下问题。

① 免费与付费。

② 内联与外联。

③ 亲力亲为地进行推销。

④ 不要过早地寻求合作伙伴。

⑤ 做口碑之前先留住客户。

（5）收入分析。创业初期的产品是一件最小可行产品，是否适合一开始就收费销售呢？这是很多创业者在初期阶段感到很困惑的一个问题。收费是检验商业模式风险中最重要的部分，只有将产品真正销售给用户，用户愿意为该产品付费才能真正检验商业模式的可行性。

① 产品价格商业模式最重要的一部分，根据用户对不同价格的反应，调整产品价格和商业模式。

② 不同的客户有不同的心理价格预期，客户群体的细分决定了商品的价格策略。

③ 初级形式的商业模式验证是让用户付费购买产品。

（6）成本分析。把从产品生产到市场销售过程中的各种成本支出都列出来。当然，要准确预测将来公司具体有哪些支出是非常困难的，所以应该把重点放在当下的成本支出上，比如：

① 对 30～50 个客户进行访谈需要花费多少钱？

② 制作产品原型并进行简单测试需要花费多少钱？

③ 投入资金的消耗率多大？

④ 把成本和收入结合起来进行分析。

（7）关键指标。找出评估公司经营状况的关键指标。这些指标既可以衡量你公司的发展状况，也可以帮助你找出产品生命周期的转折点。戴夫·麦克卢尔提出的"海盗指标组"是一个经常用到的关键指标评估框架。最初"海盗指标组"是为软件开发行业设计的，但这个指标组在衡量其他行业时也卓有成效。这个指标评估框架分为五个阶段。

① 获取。吸引普通浏览的访客并把他们转化为对产品感兴趣的潜在客户的过程。

② 激活。对产品感兴趣的潜在客户对产品满意并转化为实际购买客户的过程。

③ 留客。客户的"回头率"，产品实际购买客户对产品满意并重复购买，提高客户忠诚度的过程。

④ 收入。评估用户支付费用、企业营业收入情况。

⑤ 口碑。口碑是用户使用产品后的感受，满意度高的客户会向其他潜在用户推荐你的产品，从而扩大市场规模。

（8）门槛优势。在商业模式分析时，很多人把"首创"作为竞争优势。事实上，"首创"未必是优势，因为"第一个吃螃蟹"的必然面临更大的市场风险，而后来的市场追随者却可以免费获得你的大部分试水经验——除非你的创新速度非常快，能一直保持市场领先的优势。贾森·科恩认为，"任何可能被山寨的东西都会被山寨，特别是别人看到你的商业模式盈利丰厚时。"所以真正的竞争优势是门槛优势，门槛必须是无法轻易被模仿或购买的。

9.4.2　精益创业画布的原则

（1）快速起草第一张画布。不要消耗太多时间在第一张画布上，最多不超过 15 分钟。制作画布的目的是把脑海中的想法记录下来，然后分析哪个部分风险最大，再进行验证。

（2）不追求内容的完整性。不要追求"正确"的答案，部分内容可以空着。产生的想法马上写下来，没有解决方案的部分就空着。空着的部分或许就是风险最大的部分，在验证时可以从这里开始。比如，"门槛优势"这类内容就需要花费较长的时间去寻找。利用画布来分析非常灵活，可以随着时间的推移逐渐完善它的内容。

（3）尽量短小精干。画布空间有限，可以让你提炼出商业模式的精华部分，目标就是用一张画布、一张纸来完整描述你的商业模式。

（4）着眼当下。很多商业计划书往往花费大量力气对未来进行预测，但是准确预测未来是不可能的。所以制作画布时应该着眼当下，以务实的态度根据目前的状况和项目的发展阶段来填写内容。

（5）以客户为本。精益画布以客户为中心，在描述商业模式时主要围绕客户来讲解。很多时候，仅仅调整一下目标客户群体，整个商业模式就会发生翻天覆地的变化。

9.4.3 制作精益创业画布的步骤

第一步：绘制精益画布。参考制作商业模式画布的方法，根据精益画布设计框架，绘制两张以上的精益画布，用来进行商业模式分析。

第二步：找出商业模式中风险最高的部分。创业风险很高，创业者要做的一件重要的事情就是有效降低创业风险。在创业的不同阶段，创业者面临的风险也不一样。莫瑞亚认为，创业可以分为三个阶段：第一个阶段要匹配问题和解决方案，重点是找到值得解决的问题；第二个阶段要匹配产品和市场，重点考虑你的产品是不是市场所需要的；第三个阶段是扩张，这个阶段的核心问题是怎样才能加速壮大。

第三步：系统地测试计划。对精益创业画布涉及的每一个模块进行深入研究，通过多种方式探索商业模式的可行性、创意的市场价值，从而增加创业成功的概率。

 延伸阅读

[1] 亚历山大·奥斯特瓦德，伊夫·皮尼厄. 商业模式新生代[M]. 王帅，等译. 北京：机械工业出版社，2011.

[2] 孙洪义. 创新创业基础[M]. 北京：机械工业出版社，2017.

 复习思考题

1. 谈一下你对商业模式的本质的理解。
2. 商业模式的逻辑是什么？
3. 商业模式画布包括哪些内容？
4. 谈一下你对商业模式画布的理解。
5. 如何设计商业模式？
6. 如何讲述你的商业模式？
7. 精益创业画布包含哪些要素？
8. 如何制作精益创业画布？

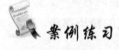 **案例练习**

滴滴的商业模式

2012 年 6 月，北京小桔科技有限公司成立，滴滴打车系统于 9 月份上线。滴滴为了推广市场实施了一系列措施，如免费给出租车司机安装软件、给使用滴滴软件的出租车司机巨额的补贴、给用滴滴打车软件的消费者许多优惠券，这些方法使得滴滴打车的用户群迅速增加。2013 年 10 月，艾瑞集团发布的行业报告显示，滴滴打车市场份额为 59.4%，占整个市场份额的一半还多。

一般来说，互联网产品多数需要有足够的用户基础，在大量用户的基础上形成一个比较可行的商业模式，这个商业模式会带来丰厚的回报。滴滴解决了出行用户打车难的问题，满足用户多样化出行的需求。它首先通过低成本、低门槛的服务，吸引大量用户群体，培养了一种新的打车消费习惯。当有大量用户开始使用滴滴后，滴滴就不仅能通过用户使用赚钱，还可以通过流量翻倍赚钱。目前，滴滴的盈利有：出租车司机的提成、手机支付、地产及商业规划咨询推广、大数据与信息、广告和广告精准投放等。2019 年胡润百富榜排行中，滴滴以市值 3 600 亿元人民币在中国企业中排行第八。滴滴通过商业模式的创新实现了又一个创业企业的神话。

资料来源：闻博，宋豆. 移动支付视阈下新商业模式探究：以"滴滴打车"为例[J]. 对外经贸，2015（04）：101-102.

思考题：
1. 滴滴成功的原因有哪些？
2. 滴滴进行了哪方面的商业模式创新？
3. 商业模式创新最关键的因素是什么？

 **实践训练**

实践训练 9-1　商业模式画布模块重要性排序

根据对商业模式画布的理解，对商业模式画布的九大模块按照其重要性进行排序。

实践训练 9-2　麦当劳的盈利模式分析

观看电影《大创业家》，分析麦当劳的盈利模式。

实践训练 9-3　设计商业模式

观察学校的煎饼摊（或奶茶铺等），小组讨论它可以有哪些盈利模式，并画出其商业模式画布。

 **复盘与反思**

回顾本章内容，请写出：
1. 学到了什么（三个最有启发的知识点）。
2. 有什么感悟（两个最深的感悟）。

3. 计划怎么去行动（一个行动计划）。

 课外练习

根据本章内容，以小组为单位利用商业模式画布或精益创业画布设计出创业项目的商业模式。

第10章　创业计划书

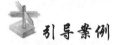

本章学习目标

▶ 了解创业计划书的目的与作用；

▶ 掌握创业计划书的基本结构和核心内容；

▶ 掌握创业计划书的撰写与展示；

▶ 了解商业呈现的技巧。

引导案例

今日头条的融资历程：一张餐巾纸和一份26页的商业计划书

TMD一词是移动互联网时代对今日头条、美团、滴滴三家公司的简称，被称为继百度、阿里巴巴、腾讯三大互联网巨头之后占领互联网市场的第二梯队互联网创业公司。字节跳动成立已有7年时间，2012年1月至7月，短期内完成总计330万美元的天使轮、A轮、A+轮融资，投资方为海纳亚洲及多位个人天使投资人。

此后，字节跳动先后完成了B轮、C轮、D轮、E轮融资，并于2018年年底完成30亿美元的Pre-IPO轮融资（投后估值750亿美元）。据国外媒体报道，今日头条母公司字节跳动（Byte Dance）正考虑进行首次公开募股（IPO），上市后市值有望突破1 000亿美元，并将与阿里巴巴和腾讯构成中国的新BAT。

今日头条最早的商业计划书：一张餐巾纸

2012年大年初七，当时还在九九房担任CEO的张一鸣与海纳亚洲创投基金的董事总经理王琼约在知春路的一家咖啡厅里见面。张一鸣告诉王琼，他想抓住当时移动互联网的浪潮，在九九房之外再做点别的有意思的事情，但做什么，又没完全想好，只有一个大致的构想。于是用咖啡厅的一张餐巾纸，在纸上画线框图，跟王琼讲解他构想中的产品原型，大体上，就是现在今日头条的样子。王琼虽然似懂非懂，但觉得这件事很新鲜，当即就敲定了对今日头条天使轮和A轮的融资。

为什么在商业模式和产品逻辑都没搞懂的情况下，仅凭一张餐巾纸，王琼就投资了张一鸣呢？其实，王琼认识张一鸣是在2007年，当时张一鸣任酷讯网技术委员会主席。那时，张一鸣对技术的理解与驾驭，以及他的视野和格局，就已经得到了王琼的认可。

所以，早期投资，关键是基于对创始人能力与认知的认可。投资人可以不懂他要做的方向，但相信他具备选择正确方向的能力，而商业计划书就显得不那么重要了。

今日头条最用心的商业计划书：一份 26 页的商业计划书

虽然凭借个人魅力和私人交情，今日头条很顺利地拿到了早期投资，可一旦公司达到数千万美元的估值，就必须要让接下来的投资人能够看懂公司实实在在的商业逻辑。

在今日头条完成 A 轮融资后，一个很现实的问题是，整个资讯内容市场，基本上已经被瓜分殆尽。网易、搜狐、腾讯、凤凰这些新闻客户端，已经覆盖了几乎全部用户。投资人会问："已经有门户了啊？新浪、网易、搜狐都号称自己有几亿用户了。此外，还有很多垂直媒体客户端，如鲜果、无觅、ZAKER 之类的，今日头条到底还有没有空间？"

2012 年 10 月，张一鸣带着产品出去转了一圈，不是很顺利，这个时候，必须要有一份更详细和更有说服力的商业计划书了。

而这份商业计划书，可以说是今日头条最用心也是最重要的一份商业计划书。毕竟，那个时候，今日头条虽然业务有些起色，但内容创业并不是当时的投资风口，而今日头条相比其他名义上的竞争者，也似乎没有什么优势。因此，必须有一份商业计划书，能够把自己的投资价值，以及与竞争者们的差异化优势，清晰而有说服力地给投资人讲明白。

凭借这样一份商业计划书，当然，也非常幸运地遇到了能够看懂今日头条商业价值的 DST，今日头条拿到了非常重要的 B 轮投资，而再往后，就是今日头条的一马平川了。

此后，上了轨道的今日头条，即便没有商业计划书，或者在商业计划书中无须再对投资亮点进行详细解释和反复阐明，也已经能够让后来的投资人很清晰地看到方向，并做出投资决策。

资料来源：科技无忧. 新 BAT 明年诞生：缘于一张餐巾纸和一份 26 页的商业计划书（附 BP）. [EB/OL]. （2016-10-11）[2019-11-22]. https://www.sohu.com/a/354922776_100268748?scm=1019.e000a.v1.0.

1995 年，贝索斯也是这样在餐巾纸上画下自己的思路，用一份最简单的商业计划书获得了 20 万美元的天使投资，创立了亚马逊。后来，亚马逊成为全球市值最高的公司，高峰时超过万亿美元。基于了解和信任，张一鸣只用一张餐巾纸写出创业的构想，就获得了投资。当面临更多融资和更多的不理解时，张一鸣用精心撰写的 26 页的商业计划书获得了 1 000 万美元的 B 轮融资，公司开始了快速的扩张。创业计划书在公司的发展过程中起到了重要作用。当公司的商业模式清晰以后，即便没有商业计划书，也会引得投资商的投资。

10.1 创业计划书概述

10.1.1 创业计划书的定义

商业计划书（Business Plan，BP），也称为创业计划书，创业计划书是创业团队在创业初期集思广益，大家一起探讨、提炼、梳理出来的创业思路。撰写计划书的过程可以帮助团队明确创业项目未来的发展战略和资本部署，指导其细分市场、明确目标顾客、准确市场定位和制定资金规划。创业计划是给投资人看的，更是给自己看的。在头绪纷繁的创业初期，把想法落在纸上，迫使团队自我检查自己的运作构思是否可行，改正不切实际的想法，降低试错的代价，能够让创业者加深对创业核心要素的思考和记忆，如行业竞争、营销策略等，可以大大提高创业者的经营管理能力和专业知识。因此，创业计划书是一份全面说明创业构想、阐述如何实施创业构想的文件，是描述所要创立的企业是什么以及将成为什么的故事。

大学生创业初期，更需要系统地思考项目的可行性，通过撰写创业计划书，一方面，建立团队内部分工合作和沟通交流的机制，形成对项目的共同认知；另一方面，可以更广泛地扩大与外部的交流，获取信息和资源。例如，市场分析和竞争分析环节的市场调研、专业老师给予的技术支持和管理咨询等。适合大学生创业项目的创业计划书，一般可以按照相对标准的文本格式进行编写，具体包括项目背景、产品和服务、市场分析、竞争分析、项目运营、团队管理、财务分析和风险退出等。一份详尽的创业计划书，就是未来创业过程中的行动纲领，指导创业者应该做什么、注意什么问题、规避什么风险。创业计划书不是一成不变的，它是建立在预测基础上的，随着时间的推移、企业的发展和环境的变化，计划要不断调整，因此，一份好的创业计划书应该具有灵活性和适应性。

10.1.2　撰写创业计划书的目的

撰写创业计划书可以迫使创业者系统的思考创业，或者在融资和合作的过程中向其他个人或组织介绍创业项目，这是撰写创业计划书的两个基本目的。

（1）撰写创业计划书可以迫使创业者在项目发展的不同阶段和场景下更加系统地思考创业的核心要素和逻辑。在创立企业之前，创业计划书可以帮助创业团队梳理思路，迫使团队成员一起努力工作，全力以赴地解决创业过程中的各个细节问题。当创业项目落地或真正创办企业实现商业化后，撰写创业计划书可以帮助创业者分析和判断未来企业的发展、所面对的市场及潜在的风险等，并指导未来的创业行为。

（2）创业计划书是企业的推销性文本，可以引申出资源需求计划、融资计划、合伙人招募计划等，作为向潜在的投资人、供应商、合伙人和其他人介绍创业项目和新创企业的一种方法，它和宣传手册、公司介绍、网站等的作用有相似性。

很多人错误地认为只有创业者在融资时才需要一份创业计划书，实际上，公司发展的每个阶段都需要一份相应的创业计划书，它不仅有助于诸如向外部融资等企业的资本运作，而且有助于企业整理、思考并确定其中长期的战略目标和发展规划。

10.1.3　创业计划书的作用

创业计划书具有明显的商业价值，是一种国际通用的商业文本。其商业价值主要从以下几个方面体现出来。

1. 指导作用

创业计划书是创业的战略构想和战术部署，是指导创业从想法变为现实的纲领性文件。因此，创业计划书对产品和服务特色的挖掘、市场调研和分析、商业模式创新，衍生计划的形成和新企业开办都具有指导作用。具体表现为指导创业团队使用科学合理的方法和工具思考问题，让创业者少走弯路，使计划更具有可执行性。例如，战略分析使用 SWOT 工具、竞争分析使用波特五力模型、市场分析使用 STP 方法，等等。

2. 聚才作用

创业计划书的聚才作用是很宽泛的。这个"才"，可以理解为专业人才、股东、管理团队、基金公司、投资人等对创业项目感兴趣、并能让项目快速发展和成长的组织和个人。

3. 整合作用

创业计划书的整合作用是一个最根本、最重要的作用。在创业初期，各种生产要素、信息杂乱无章地混在一起，创业者的思路也是千丝万缕。编写创业计划书的过程，让创业者从纷杂的信息中提炼出有用的信息，将生产要素归类整理，并进一步完善信息、梳理思路、找出各阶段的关键环节，最终把各种资源有序地整合起来、调动起来，进行最佳要素的组合，形成商业价值。这种整合，能够把各种分散的资源聚拢起来，形成一种增量资源，从而产生明显的经济效益。

4. 融资作用

资金是企业的血液，是创业的要素，是创业企业快速成长和迭代的重要资源。大量的创业案例说明：创业过程中的各个阶段都会需要外部资金的支持，且随着规模的扩大，这种资金需求会更迫切，数额会更大。很多刚开始创业的大学生，对资金存在误区，总认为自己没有钱，有多少钱就做多大的事情。实际上，企业的发展离不开外部资金的支持，银行贷款、风险投资、合伙人入股等形式都可以为企业注入更多的资金，这些合作都是从审验你的创业计划书开始的。因此，写好创业计划书对获得更多资金支持具有重要的作用。

10.2 创业计划书的基本结构和核心内容

10.2.1 创业计划书的基本结构

创业计划书形成了相对固定的格式、规范，也形成了广为采用的基本内容结构。完整的创业计划书一般包括封面、目录、执行概要、正文和附件等，主要结构如图 10-1 所示。

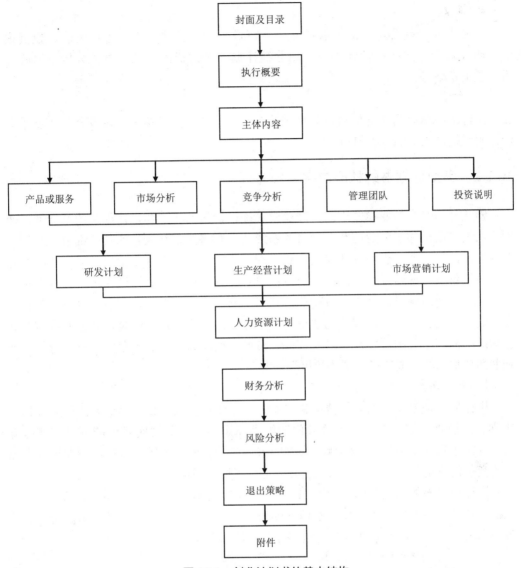

图 10-1 创业计划书的基本结构

资料来源：李时椿. 创业管理[M]. 3 版. 北京：清华大学出版社，2015：226.

1. 封面

封面设计要美观，兼具艺术性，除了项目名称、地址、联系人姓名、联系方式等，还可以有公司的 LOGO。

2. 目录

创业计划书的各主要章节题目。

3. 执行概要

执行摘要浓缩了创业计划书的精华，涵盖了创业计划全部要点，简明扼要、精练、有说服力，让投资者能在最短的时间内评审计划并做出判断。

4. 正文

正文内容包括公司产品或服务介绍、市场分析、竞争分析、管理团队、投资说明、研发计划、生产经营计划、市场营销计划、人力资源计划、财务分析、风险分析、退出策略等。

5. 附件

支持上述信息的文件资料，如详细的报表、团队成员简历等，以及其他需要进一步说明或提供佐证的事实材料。

10.2.2 创业计划书的核心内容

创业计划书与商业模式不同，商业模式探讨价值的传递和价值创造的可能性，而创业计划书则阐述了创业团队对项目的系统认知和将要怎么执行的具体细节。在创业准备阶段，一定要多思考商业模式，想一想，能为顾客创造什么价值，怎么让顾客知道，并把价值传递给顾客，怎么做得更快更好。创业进入实质性运作阶段，要把项目呈现给他人或组织时，就得准备创业计划书，面对不同的对象，创业计划书的侧重点会不同，形式也不一样，因此无法形成一个通用的内容结构。但是，其核心内容应该包括：产品和服务的新颖性，以及价值、市场发展潜力、核心竞争力。每一份创业计划书都是唯一的，关键在于把"故事"讲明白。

1. 执行摘要

执行摘要是创业计划书的精华和浓缩版，能让投资人一目了然地看清创业计划书的要点。摘要应该对以下几个关键问题给予简短回答，即说明我们的项目有哪些亮点，解决了哪些未被解决的问题，未来的市场前景如何，采用什么样的商业模式，项目的竞争优势是什么以及项目为什么会成功。篇幅一般不超过 2 页。

执行摘要要能在短时间内激起别人的兴趣，让他们想去了解更多的信息。因此，在撰写时要深思熟虑，不仅要传达清晰的信息，也要传递创业者的坚韧与激情，让读者看到项目未来发展的清晰思路。这部分要在计划书完成后撰写。

2. 愿景、使命和核心价值观

愿景是指企业长期的发展方向、目标、目的、自我设定的社会责任和义务。使命是指企业在社会经济发展中所应担当的角色和责任。核心价值观是指企业在长期的生产经营活动中逐渐形成的，组织成员或群体成员分享的同一价值观念。

利益相关者会关心具体的创业项目和团队，也会关心创业者的理想和抱负，关心企业能创造多大的经济价值，能做出什么样的社会贡献。愿景和使命是创业者的内在动力，会反映出未来企业的核心价值观，对企业文化的形成也会起到决定性的作用。

3. 产品和服务

这部分内容应该解释项目可以提供哪些产品和服务，有什么独特性和创新价值，未来的发展空间有多大，是否具有产生利润的潜力。这就需要讨论项目的背景、所在的行业、目标顾客以及新技术、新材料的使用等，因为正是这些条件才能显示出你现在正努力开发的创意或项目的价值。

这部分内容还应该包括产品和服务的更新迭代计划。已经研发的产品或服务能够满足消费者的需求，而更新和迭代计划的目的是让投资人或者相关方看到创业项目的发展空间和团队的创新精神。

4. 市场分析

这部分内容主要包括以下方面。

（1）创业项目解决了消费者的哪些痛点问题，或者满足了哪些未被满足的需求。比如，设计一种新款的药瓶，这种药瓶的大小、外观、材质等都没有太大的改变，只对瓶盖表面进行改进——改用放大镜，就可以帮助老年人在没有老花镜的情况下，借用瓶盖上的放大镜，看清说明书。非常简单的改变，但是可以非常准确地定位目标顾客。项目评审方和投资者都更偏好具体化。

（2）说明项目的目标市场。在行业分析的基础上进行市场细分，结合项目特色明确目标市场，并进行市场定位。创业初期，创业者常犯的一个错误就是对市场的判断不准确，往往过于宽泛。就上面药瓶的例子而言，只表述药品的市场规模是不充分的，还应该包括老人对药品的特有需求、社会老龄化情况等方面。

（3）说明现实顾客很可能花钱买这种产品或服务。在目标市场明确的前提下，设定基本的销售预期。多数情况下，应该借助市场调研的数据，说明潜在的销售收入，依据应包括详细的财务预算、统计数据以及潜在顾客的相关信息。

创业计划书的这部分内容应该有调研数据支撑并进行量化分析，说明创业者已经为该项目的产品或服务做过市场调研，并且有证据显示，当这种产品上市时，会有消费者打算购买它。创业者应该尽最大努力说明人们为什么想购买或使用他们的产品，这是建立在科学预测的基础上进行的数据分析。对经验丰富的投资者来说，是可以判断数据的真实性和科学性的。

5. 竞争分析

通过借用波特五力模型识别当前竞争者、潜在进入者、替代品的竞争和与上下游相关方之间的议价能力，来构建竞争优势；通过解释产品和服务的创新性，与目标市场的动态匹配性，来展示创业团队的知识素养和能力水平；说明创业项目准确识别并捉住了此类机会，结合产品和服务的更新迭代，足以能够创造近期或长期优势的核心特征。

这部分需要说明本企业与现有解决方案存在哪些差异。如果存在竞争者，需要比较产品和技术之间的不同。

6. 项目运营计划

这部分要详细描述产品的开发设计、生产计划、营销计划、人力资源计划和商业模式等。

（1）开发设计环节，要明确目前项目中的产品或服务已经进行到什么阶段，是处在产品评估阶段，还是设计阶段，或是已开发、上线，正准备生产。如果正准备生产，那么预期成本以及制造产品或提供服务的时间表是什么。无论处在哪个阶段，都要为后续的量化生产制定一个详细的时间进度列表。

（2）生产计划环节，要为产品和服务量化生产做好规划，包括厂址选择、制造流程优化、生产工艺和方法、品质管控以及物料需求计划和外部协作等。对于这些问题，企业进展得越深入，对潜在投资者的吸引力就越大。这不仅是因为企业的发展已经跨越了最初的开办阶段，而且还因为这表明企业的运营方式合理、高效。如果每件事都处于合理状态，便可以确保企业快速向前发展。

（3）营销计划环节，主要包括制定销售目标、营销策略，权衡销售目标与利润目标之间的关系。其中销售目标要具体到细分市场；营销策略可以运用"4P"理论，从产品、价格、渠道和促销四个方面制定详细的营销策略；权衡销售目标与利润目标时产品结构要合理，将产品销售目标具体细分到各层次产品，并通过数据列表的形式呈现。

（4）人力资源计划环节，要与组织的发展战略相匹配，分析现阶段的人员结构，制定未来人才引进、人员流动、内部晋升、员工培训等人力资源的预测和规划安排，包括人力资源开发和管理的所有内容。

（5）商业模式的描述，既是对项目的核心价值、价值传递以及盈利模式的系统思考，也是通过模型对项目进行系统形象地展示和项目运营的整体规划。具体内容已在商业模式一章详细介绍。

7. 团队管理

团队管理这一部分内容主要对团队成员的学历背景、工作经历以及团队成员分工进行详细描述。具体包括：团队成员个人简历、团队成员职务分工和职责划分、团队成员之间如何能力互补、创业团队的优势和劣势、职责是否划分明确和股权结构等，还要思考除了团队本身，可以分配或者获取的其他资源有哪些？例如，大学生创业项目可以补充一些其他资源，包括专业老师的研究成果、创业导师的指导经验等。

在评估创业项目时，许多投资人非常关注团队管理，会重点阅读这一部分内容。有些天使投资人甚至认为，宁愿投资具有二流创意的一流团队，也不愿投资具有一流创意的二流团队。由此可以看出，团队成员的能力互补、团队竞争、创新意识、创业精神对于创业成功是极其重要的。

8. 财务规划

首先，要明确项目的资本构成，包括自筹资金、银行贷款、基金、募集资金等的金额和比例。说明先期投入资金的使用情况，并将详细清单列在附录中。需要融资的，要有投资说明。

其次，提供财务报表，包括现金流量表、利润表和资产负债表。还没有注册成立公司的，可以提供预编制的 6 个月的报表信息；已经注册成立公司且开始运营的，要提供运营期间的财务报表，并预编制未来 1～3 年的报表。预编资产负债表可以显示权益负债率、营运资金、存货周转率和其他财务指标是否在可接受限度内，还可以证明对企业的初始和未来投资是不是合理。预编利润表记录销售收入、直接成本、综合费用、财务费用、利润或亏损，提供运营结果的合理规划。预编现金流量表显示预期随时间变化现金流入流出的数量，分析下一步的融资需求和时机以及对营运资金的需求。

最后，要进行盈亏平衡分析，通过分析产品成本、销售量和销售利润这三个变量之间的关系，掌握盈亏变化的临界点。另外，还可以从静态和动态两个角度进行投资回收期分析，这种方法计算比较简单，在一定程度上反映了资金周转的速度。

9. 关键风险

经营企业会有很多风险，创业计划书除了预测企业良好发展的一面，还要充分考虑投资计划可能附随的风险或企业发展中面临的不利因素。风险分析的目的是让创业者清晰地认清风险的类型以及存在的可能性，并向投资人说明可采取的风险应对策略。通常风险的类型包括客户接受程度风险、管理风险和竞争风险等。大学生创业的风险还包括团队分歧风险、创业认知风险和核心竞争力风险等。

10. 退出策略

创业企业发展到一定阶段，都存在投资人的退出及投资回报问题。在这一部分需要描述创业者如何被取代，以及投资者退出战略，即他们如何收获资助创业企业所带来的利益。例如，出售业务、与其他企业的合并、IPO，或者重新募集资金，使所有者和投资人能够通过先前的投资获益。

11. 时间表和里程碑

创业计划书正文的最后部分应该说明主要活动的起止时间、已经取得的成果、计划完成目标、关键里程碑何时达到。从投资者观点看，这个部分表明创业者的确仔细关注了企业的运营，并且已经为企业的未来发展制订了清晰的计划。要选择那些无论是从企业资源还是从所在产业的角度看都有意义的里程碑。

12. 附录

创业计划书的正文应该相对简短，只要提供所有重要信息即可，许多项目的信息最好包含在单独的附录部分。附录中可以包括大学生创业项目中的比赛获奖证书、专利信息、调查问卷及结果、团队成员完整简历以及财务报表等。

10.3　创业计划书的撰写与展示

10.3.1　创业计划书撰写的原则

一份逻辑严密、结构完整、要点突出的创业计划书，可以让创业者系统思考创业的现在和未来，吸引相关方和投资人的关注。尽管创业计划书的用途各有不同，结构也不尽相同，但是在撰写时要遵循一定的原则，具体应该注意以下问题。

1. 突出重点、简明扼要

从篇幅和内容上看，一份创业计划书少则二十多页，多则上百页，既要把创业故事讲清楚，又要讲得精彩，吸引观众。怎样才能做到这一点呢？实际上，任何创业项目一定是存在创新点的，常见的有新材料、新技术推动的产品和服务的创新、新市场推动的营销形式的创新、价值创造和价值增值形式的变化推动的商业模式创新等。创新是创业的原动力，因此，创业计划书中的创新部分应该重点突出，并简练而睿智地说明创新带来的价值和市场空间，让投资人或者相关方能在短时间内捕捉到项目的亮点，并被项目的价值所吸引。特别是经验丰富又富有远见的风险投资人，没有那么多时间把创业计划书从头读到尾，因此必须在一开始就吸引住他们，引导他们继续读下去，不仅看到项目的价值，还要看到创业者的创新意识和创业精神。

2. 结构完整、脉络清晰

从结构上看，一份完整的创业计划书，正文部分包括执行摘要、产品和服务、市场分析、竞争分析、项目运营、团队管理、财务分析、风险管理和退出机制。无论创业计划书的篇幅如何，其结构都应该是完整的，要件应该齐备，而且各部分之间是有逻辑关系的。很多大学生创业团队是分工完成创业计划书的，每个同学撰写一两个部分，这时更应该明确创业计划书各部分之间的逻辑关系，否则很容易出现自相矛盾或者逻辑不清的错误。

通常我们可以这样理解各部分之间的逻辑。首先，在产品和服务、市场分析和竞争分析部分，说明我们要做一个创业项目，项目的产品或服务是什么样的、可以满足消费者的哪些需求，指出市场空间并进行市场定位，目前市场上有没有类似的产品和同行业的企业，并分析项目在竞争中的优、劣势，如果产品有优势，并且核心竞争力明显，则说明有市场发展潜力。接下来，在项目运营、团队管理和财务分析部分，说明我们有一个分工明确、经验丰富、能力互补的团队，有完善的运营计划和财务计划，可以在一定的时间内实现盈亏平衡，收回投资，实现投资分红等，让投资人和相关方看到创业者的激情和能力。最后是风险管理和退出机制两部分，创业一定有风险，要有防范意识，还要有合理的退出机制。

3. 数据真实、规划合理

创业计划本质上是创业者对创业项目未来发展的一种规划，是建立在预测的基础上的。创业过程是动态的，创业者面对的是不可完全预知、快速变化、充满不确定性的未来。尤其是市场分析、竞争分析、财务分析部分有大量的数据，有时效性，也会受到信息获取的限制。即使创业活动面临很大不确定性，创业者也应该努力确保商业计划信息的相对真实性。规划是建立在数据分析的基础上的，只有数据真实，规划才能更加合理。

数据真实是指市场预测必须建立在对创业环境的现有信息进行分析的基础上。规划合理是指要在数据真实的基础上，使用科学的方法进行数据分析，并合理规划项目的未来发展。具体来说，数据真实性表现在以下几方面：① 调研问卷的真实性；② 市场分析数据的真实性；③ 竞争者分析的真实性；④ 财务报表的真实性。规划合理则是体现在对以上真实数据分析的科学性和动态调整。

10.3.2　创业计划书撰写技巧

根据以上撰写原则，为了使创业计划书呈现出项目特色和优势，并最终获得投资人的青睐，创业者在写作创业计划书时还应掌握一些撰写小技巧，具体表现在以下方面。

1. 适用合理的结构体例

多年来，各类组织和投资机构对商业计划书的结构没有硬性规定，但是适用于不同用途的商业计划书的体例基本一致。一方面，在结构和体例上，大学生创业项目一般使用符合基本结构要求的创业计划书，做到结构完整、逻辑清晰、数据真实，论述有理有据。让评委和投资人从创业计划书的目录和执行摘要就可以判断创业团队有没有接受过规范化的创业教育和培训。另一方面，从内容上，要体现大学生创业团队的创业热情，并在创业的道路上不断完善团队管理、项目运营等，做到形式与内容并重。

创业计划的体例看似简单，但仍要努力做到更好。特别是拿给投资人看的创业计划书，是投资人对项目的第一印象，包装不必太精美，但是要规范，可以采用透明的封面和封底来包装计划书。不要过度使用文字处理工具，否则会使创业计划显得不够专业。而一些体例上的用心却可以显示你的细心。例如，设计精美的 LOGO 或者徽标，把它放在计划书封面页和每一页的眉题上，这会充分显示你的用心，给读者留下深刻印象。

按照上文提到的创业计划书的一般格式逐项检查，不能有任何遗漏和错误。封面页信息不全、表格的格式混乱、图表不排序、图片不清晰等，这些小疏漏会使投资人认为创业者准备不充分、不认真，不负责任，进而影响其投资决策。

2. 内容设计与过程组织

创业计划书的内容应建立在市场调研或其他间接来源的真实数据的基础上。在编写正文过程中，涉及市场分析、竞争分析和财务分析部分，可以先组织撰写市场分析、竞争分析这一部分，再结合总体的发展规划和各项运营目标，编写产品开发以及财务分析等信息。实践中，创业者经常对财务分析部分花费大部分时间，特别是大学生创业项目，团队中如果没有会计学类专业背景的成员，会花费大量时间却不能很好地描述详细的财务计划，反而因此忽略了市场调研，这是不可取的。财务分析应建立在市场预测和竞争分析的基础上，市场分析的内容真实可靠，具有说服力，即使财务分析欠缺一些，投资人和评委也会更青睐有真实数据支撑的项目。

创业计划书的撰写是一个不断完善的过程，随着撰写工作的深入，创业者能够获取的新市场、潜在顾客等相关信息越来越多，或是越来越具体，这时，创业计划书也要做出相应的调整。甚至随着掌握的相关信息越来越多，创业者的个人目标和追求都会随之改变，这些都会影响到企业所有权方式、销售预期、盈利预期以及融资方式等方面的决策。所以创业计划书的内容设计是动态的过程，随时都需要进行调整。因此，在这一过程中，需要以坦诚的态度、开放的心态，不断修改和完善。

相关信息的获取有很多方式，有直接的，也有间接的，如市场调研、行业数据、专家咨询等，其中，市场调研可以获取第一手数据，属于直接信息，要体现真实性；行业数据就属于间接信息，要说明来源和出处。另外，根据技术和市场的新颖性采用的具体方式也有所差异，花费的精力也不同，比如针对新材料、新技术，没有现成的行业信息，这时就需要花费较多的精力和时间进行市场调研。

最后，创业计划书的内容要尽量规避不该有的错误。无论创业计划书的其他部分有多好，都必须绝对避免这些使商业计划注定被拒绝的错误，哪怕只犯了其中一个错误。

10.3.3 创业计划书的展示技巧

1. 计划书的长度适宜

创业计划书是否吸引人不在于篇幅长短，关键在于你的创新点能否打动人心。篇幅太短的计划书不可能把项目的现在和未来阐述清楚。篇幅太长的计划书会让人产生阅读压力，不愿意读下去。很多参加创业大赛的创业计划书动辄上百页，其实没有必要，评委也没有时间看。一般计划书的篇幅长度以20~50页为宜。

2. 创业计划书展示的基本方法

一份好的计划书，在展示时需要注意以下几点。

（1）演讲的内容要精练，从听众角度去思考。20分钟的演讲要尽可能地突出项目的重点和要点，避免对一些次要方面有过多的赘述。特别要注意的是，重点和要点必须是从听众的角度去思考，而不是自己认为或自己感兴趣的内容，所传达的信息必须有助于评委或投资人进行决策。许多技术型的创业者在演讲时往往会不由自主地将演讲焦点停留在技术的先进性上，喜欢讲述技术的细节，而投资人可能更关心技术的适用性、可实现性，更关心市场需求量、投资回报率、竞争和风险等。演讲要讲清核心团队、盈利模式、技术门槛、市场渠道等，突出项目和团队的优势，讲清如何赚钱。此外，还可以进行"电梯演讲"（30s elevator pitch）的训练。要求演讲者在30秒内，用三句话简明地告诉读者创业计划的内容。第一句话，说明我们要做一件什么事，为什么要做这件事；第二句话，说明我们的顾客是谁，未来的市场潜力有多大；第三句话，说明申请资金的数量、用途和股权比例。通过训练提高精练表达的能力。

（2）语言要生动有趣，充满激情。路演时要充分表达自己对项目的信心，通过肯定的语言、激昂的语调、适当的肢体语言展现你的激情，去感染投资人。人在激情的支配下，常能调动身心的巨大潜力，完成看起来不可能完成的事情。很多投资家和基金公司都很看重创业者的激情，因此在你的字里行间、在PPT展示过程中，要充满发自内心的激情。一些自己的故事或用户的故事，可以更好地表达项目的意义、价值和创业者的决心，让听众更有带入感。表达时要真实、真诚，让人有脚踏实地的感觉；要能用通俗易懂的语言表达，不能用过多太生涩的技术术语，关键性难懂的技术术语需要解释，或打个比喻加以说明。

（3）产品或模型展示，更直观形象。以产品的形式展示，是最直观的。如果还没有开始生产产品，模型也能很好地呈现产品的特点，帮助更好地表达创业者的想法。如果不能制作成模型，但可以把生产过程、服务模式用动画来表示，也有助于别人理解项目的可行性。

（4）合理利用图表，图文并茂。俗话说："一表胜千言。"如果是一大堆的文字，别人很难一下子就找到你要表达的重点，而图表简洁明了，信息量大，能突出重点，方便比较分析，可以让投资人一目了然。例如，不同产品在细分市场的销量对比图、财务报表、杜邦分析表等。

（5）要注意仪表仪态，注意答辩技巧。演讲时，身体要适当，不能过度紧张。身体要自然挺立、放松，不能僵硬。演讲时，视线要积极地与听众交流，将自己的关注力相对集中于对自己项目有肯定意向的听众。表情要自信，回答问题时可略微笑，对任何问题都要泰然处之。麻省理工学院的一项调查结果表明，沟通涉及三个层面，视觉（身体语言）占 55%，声音（语音语调）占 38%，口头表达（用语用词）占 7%，可见身体语言的重要性。有时，为了调动听众的积极性，也可以设计一些简单的互动，吸引听众的注意力，调动听众的积极性，还可以通过自问自答的方式节省时间，同时避免冷场。对任何提问均需要以简单明了的语言来回答，特别是要尊重对方，不管对方以什么方式提问，回答问题不能情绪化，不能答非所问。

10.4　商　业　呈　现

10.4.1　创业计划书的反对意见

美国百森商学院的蒂蒙斯教授一直反对创业计划书，他认为："商业计划从打印机器出来的那一刻起就过时了，在互联网时代，商业计划在输入打印机以前就已经过时了。"在《Inc.》杂志 2004 年评出的美国成长速度最快的 500 家私人企业中，有近一半的公司成立时间不到 6 年，80%的公司成立时间不到 10 年。有些学者对这些高成长企业的创业者是否制订商业计划做了分析研究，结果发现有 41%根本没有商业计划，26%有一个粗略的计划，只有 28%有正式的商业计划；另一项研究则显示，只有 40%说曾经撰写了商业计划，这其中又有 65%承认后来的行动远远偏离了最初的计划，并且在发展的过程中不断修正计划。

有人认为商业计划是创业者向风险投资家融资的必需工具，有助于创业者获得投资。但事实也并非如此。美国《战略管理》杂志的一项研究显示，商业计划在融资中充其量扮演了微弱的象征性角色，不会对风险投资家的决策产生任何影响。对于风险投资从业者而言，他们并不会花费大量精力对商业计划进行系统的评估，不被花哨的商业计划影响投资决策是成功风险投资家的一项重要技能。戴维·冈普特更是指出：撰写商业计划纯粹是浪费时间，而且会产生不良后果。创业者应该转而关注更可能让风险投资家产生深刻印象的关键任务，比如准备有效的口头报告、清晰且给人印象深刻的提纲以及经得起敲打的财务方案，系统性的计划反而是次要的。

10.4.2　商业呈现的内涵

"pitch"这个词来源于棒球运动，是扔、投掷的意思，指的是投球手将球投掷到本垒以开始比赛的过程。这个词后来被用到了商业中，之所以会用这个词是因为投球手在投掷球的时候，球会飞向捕手的脸（捕手是蹲在本垒的），在商业中，你的 pitch 同样要给客户非常强烈的冲击感，所以用了 pitch 这个词，非常形象。在商业呈现中是指创业者抛出一个想法或需求，看看谁愿意来接（catch）这个想法，即对这个想法产生兴趣。例如，吸引投资人的投资、创业团队成员的加入、早期顾客等。快速引起利益相关方的注意是"pitch"成功的关键。

商业呈现是指在特定场所向利益相关方进行演说、演示产品、推介理念，或推介自己的公司、团队、产品、想法的一种活动。商业呈现有多种方式，其中，如何快速引起利益相关方的注意是商业呈现活动中很关键的一个环节。"pitch"就是一种最为经常使用的快速商业呈现方式，如"电梯演讲"、路演（road show）等。

麦肯锡"电梯演讲"

麦肯锡公司（McKinsey & Company）是全球知名的管理咨询公司，电梯演讲源于公司一次沉痛的教训。麦肯锡公司曾经为一家重要的大客户做咨询。咨询结束时，麦肯锡的项目负责人在电梯间里遇到了对方的董事长，该董事长问麦肯锡的项目负责人："你能不能说一下现在的结果呢？"由于该项目负责人没有准备，而且即使有准备，也无法在电梯从 30 层到 1 层的 30 秒钟内把结果说清楚。最终，麦肯锡失去了这一重要客户。从此，麦肯锡要求公司员工凡事都要在最短的时间内把结果表达清楚，要直奔主题、直奔结果。麦肯锡认为，一般情况下人们最多记得住一二三，记不住四五六，所以凡事要归纳在 3 条以内。这就是如今在商界流传甚广的"30 秒钟电梯理论"或称"电梯演讲"。

资料来源：时间管理. 麦肯锡 30 秒电梯理论[J]. 辽宁医药，2006，21（1）：4.

商业呈现不仅仅用于向投资人获取资金，更重要的是获得有价值的资源。同时，商业呈现也是一种重要资源获取方式、创业评估过程和市场测试方法。

1. 资源获取

商业呈现可以用于获取早期创业基金、吸引早期顾客、招募成员、与合作伙伴交流等重要资源。以"互联网+"大学生创新创业项目为例，很多团队是从校赛环节，一路晋升，到了国赛环节，每轮比赛的商业呈现环节，既是展示的过程，也是资源获取的过程。可以帮助创意类的项目招募到新的团队成员，增加与合作伙伴的交流，获取专家的意见，获得政府的支持等；可以帮助初创类的项目获取创业基金，吸引早期顾客，扩大市场范围。

2. 创业评估

创业者可以经常进行内部自我呈现，通过"5WHY""5W2H"等方法进行自我提问和团队提问，并获得反馈，从而不断修正自己的想法。有很多创业比赛的评委是著名的企业家、成功的创业者和经验丰富的投资人，他们的观点是对创业项目的最好评估。大学生的创业项目往往缺少资源、创业经验和管理经验，参加比赛可以获得外部的评估，帮助创业者更好地认识自己的项目。

3. 市场测试

市场测试是商业呈现的重要用途，可以分为产品测试和商业模式测试。产品测试的对象是用户，目的是测试解决方案是否满足用户需求；商业模式测试的对象既包括用户，也包括其他客户，目的是测试他们是否愿意为产品付费。

10.4.3 商业呈现的准备

在正式商业呈现之前，需要做一些提高呈现效率的准备，包括自我评估和了解投资人。

1. 自我评估

自我评估主要看项目的可行性，要做到四个匹配，包括问题与解决方案匹配、产品与市场匹配、商业模式与资源匹配、行业与竞争匹配。

2. 了解投资人

我们的商业呈现很多时候是面向投资人的，目的除了要获取资金外，还有可能是获得其他重要资源。因此，在寻找投资人时，至少需要考虑两个维度：投资领域和投资阶段。

不同投资人关注的领域是不同的，有些投资人关注现代农业，有些投资人关注教育、医疗和生物科技，有些投资人关注移动互联、智能硬件等。当创业项目所处的领域与投资人所关注的领域相匹配时，往往会提高融资效率，投资人还会介绍创业者认识该领域的专家，提供一些技术和管理的支持。

不同投资阶段，投资人所承担的风险不一样，投资规模和回报预期以及对项目的控制权也不一样。投资阶段往往对应着项目的发展阶段，项目的发展阶段可以分为种子期、萌芽期和成长期，ofo 共享单车从 2015 年种子期第一笔融资 900 万元人民币，到 2016 年 C 轮融资 1.3 亿美元，不同阶段的投资人是不一样的。创业者要结合项目所处阶段有针对性地选择投资人，因为投资人关注的投资阶段也不一样，例如，真格基金创始人徐小平就是著名的天使投资人，他往往选择种子期的项目。

10.4.4 商业呈现的技巧

商业呈现只有短短几分钟的时间，投资人一般会关注两个要素：团队和项目。对团队而言，投资人关注团队成员是否值得信任、敢于承担风险，团队自身是否能力互补，具有超强的行动能力和管理能力等；对项目而言，投资人关注它的产品和服务、核心竞争力、商业模式、市场潜力、退出机制等。

讲好创业故事也需要好的呈现方法，内容与方法一样重要。很多时候，我们过于关注内容，而忽略了呈现方法。一个好的商业呈现包括两个方面：① 呈现内容，包括问题描述、解决方案、商业模式、核心竞争力、行动计划等；② 表达方式，包括传递信息的语气、肢体语言、形象、目光接触等。

1. 设计好的开场

好的开始是成功的一半，开场是否具有吸引力会影响听众是否愿意听下去。好的开场能够激发听众的兴趣和好奇心，引起他们注意和探寻的动力。好的开场需要对呈现的内容有深度认识，还要掌握一些基本的技巧。"钩子"（hook）是吸引听众的方法与策略，在开场时尤为重要。

2. **开放坦诚的心态**

在呈现过程中，要保持开放的心态，能够接受别人的建议和不同的观点，不固执，实事求是；坦诚地承认不足，也会勇敢说"不"；用行动结果去证实，而不是停留在想法阶段。

3. **引人入胜的故事**

用吸引人的故事把听众带入一个熟悉的情境。创业者在这个场景通常有一个"人设"。让评委和投资人等听众，置身于场景中，按照人物、时间、地点和事件等要素线索，听创业者讲述自己的故事，这种方式会更加容易让人接受。

4. **清晰的逻辑**

在有限的时间内，要清楚地表达观点，逻辑结构尤为重要。采用"总→分→总"的讲述逻辑，在开始的时候，先表达自己的观点，然后再列举事实或数据证明观点，最后总结并强调通过商业呈现要达到的目标，是融资还是招募合伙人，或者其他诉求。

10.4.5 商业呈现的要素

商业呈现通常包括项目简介、创业团队、市场定位、问题界定、创意方案、商业模式、竞争优势、资源诉求和行动计划九个要素。

1. **项目简介**

用简洁的内容和清晰的逻辑来描述创业项目。以讲故事的方式，更容易打动评委和投资人。例如，在一个场景中发现了一个问题或者痛点，一群有热情的创业者，克服困难，研发设计了一套解决方案，可以为某一特定群体提供一种新的价值主张，即你在为谁创造价值及如何实现，目前做到了什么程度（产品原型、市场测试还是已经有了顾客），为了更多人受益需要怎样的支持（资源诉求）以及下一步的计划是什么。项目简介在某种程度上也是一个"钩子"，可以吸引投资人有兴趣和动力听后面的内容。

2. **创业团队**

一般来讲，创意类的项目或者大学生创业项目，投资人对人的关注会超过市场和创意。创业团队的详细信息在创业计划书中呈现；基本信息及人员组成在 PPT 中呈现；在路演中呈现的，应该侧重于能够支撑角色的关键信息（包括过去的经验、取得的成就、技能等）。

3. **市场定位**

无论多么好的产品和服务，都只能满足一部分人的需求，所以要说明你的解决方案是要解决哪类人的问题或为哪类人创造价值。在商业呈现时，要通过 PPT 和图表清晰地描述这类人的属性，预测市场规模及发展潜力，并在市场细分的基础上进行市场定位，从而聚焦于目标顾客，有针对性地制定营销策略。

4. **问题界定**

著名思想家杜威说："一个界定良好的问题，已经将问题解决了一半。"创业的起点往往也是从发现问题开始的，但是常犯的错误是创业者们都认为自己找到了问题，并能提供解决方案，而实际上很多创业者只看到了问题的表现，没有挖掘问题的本质，就如同打靶，靶子找准了，靶心突出了，命中靶心就有了基本的保证。弄清了"问题到底是什么"就等于找准了应该瞄准的"靶子"。否则，要么是劳而无功，要么是南辕北辙。界定问题要多问几个为什么，把问题的表述、问题的背景、问题的原因、解决问题的目的弄清楚，也就找到了"靶心"。

5. 创意方案

创业是从 0 到 1 的过程，创意方案的产生是一个发现问题、解决问题的过程，呈现出的可以是全新的产品，也可以是一种新的营销方式，还可以是一种新的商业模式。

6. 商业模式

商业模式要传递给大家的是一种价值创造、价值传递和价值增值的过程。通过商业模式画布的九个模块，可以清晰地让投资人或者评委看到项目的盈利模式，在技术上具有可实现性，在商业上具有永续性，既能给客户带来价值，又能给创业者和投资人带来商业价值。

7. 竞争优势

企业的竞争关键在于核心竞争力，创业项目同样强调竞争优势，这种优势是别人在短时间内无法复制和模仿的，可以从团队、技术、文化等角度创造特有的价值。品牌、文化、技术、产品、核心团队、渠道等都有可能成为竞争优势。例如，"互联网+"大学生创新创业大赛获奖项目中，景德镇陶瓷学院的"3D 陶瓷打印"项目就很好地结合了学校的办学特色和学科优势，在众多的 3D 打印项目中形成竞争优势，在比赛中脱颖而出。

8. 资源诉求

商业呈现应有明确的资源诉求。投资人对创业者的帮助不仅仅体现为资金，还包括帮助创业者寻找方向，在战略决策上减少失误；帮助创业者对接创业所需要的关键资源，包括渠道、重要合作伙伴、品牌、重大客户、核心技术等。

9. 行动计划

行动计划可以使用滚动计划法，遵循"近细远粗"的原则，特别是创意类的和尚未创办企业、注册公司的项目，有的项目制订 5 年的计划是没有意义的。当今环境变化迅速，无法预测未来 5 年的市场变化和消费者需求的变化，因此，大学生创业项目最多制订 3 年的行动计划，其中前 6～12 个月制订详细计划，后面阶段制订粗略的计划，等过一段时间，再根据企业的发展和环境的变化对计划进行滚动调整。但是无论是详细计划阶段，还是粗略计划阶段，都不要忽略对关键时间节点的控制，包括问题界定、产品解决方案、最小可行性产品（MVP）、市场测试等。

 延伸阅读

[1] 布鲁斯·R.巴林杰. 创业计划：从创意到执行方案[M]. 陈忠卫，等译. 北京：机械工业出版社，2009.

[2] 邓立治. 商业计划书：原理、演示与案例[M]. 2 版. 北京：机械工业出版社，2019.

复习思考题

1. 撰写创业计划书的目的是什么？
2. 创业计划书主要有哪些作用？
3. 创业计划书的基本结构是什么样子的？
4. 创业计划书的核心内容包括哪些？
5. 创业计划书撰写的技巧有哪些？
6. 如何更好地展示创业计划书？
7. 为什么有人反对创业计划书？
8. 如何进行商业呈现？

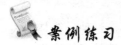 **案例练习**

被投资人拒绝的爱彼迎团队

爱彼迎（Airbnb）是全球最大的共享式度假房屋租赁服务企业，2017 年估值达 400 亿美元。即使是这样一家成功的企业，在其创办初期也曾遭遇投资人的冷遇。

在 2007 年刚建成网站时，爱彼迎是这样描述自己的：两个设计师创造了一种在 IDSA 大会上沟通的方式。谁听说过 IDSA 大会（美国工业设计师协会）吗？而且，这家公司只出租充气床垫！这不像是会得到外界认可的事。

2008 年 6 月，他们被介绍给了 7 位硅谷著名的投资人。当时的期望是募集 15 万美元，公司估值 150 万美元。7 位投资人全部拒绝了这个项目。创业团队已经将产品打磨得相当精致，在爱彼迎上下单只要三步，但投资人无法理解它的商业模式。爱彼迎的两位创始人是设计师而不是工程师，这也让他们在硅谷寻求资金增加了困难。

当时，爱彼迎的经营数据非常不理想，从 8 月到 9 月，用户数量、订房数量和收入差不多下降了一半，爱彼迎网站业务的收入不到 5 000 美元。在困难的时候，他们宁肯靠一些特殊的营销活动来维持也不放弃。在此期间，创始团队靠精神因素，而不是数据来坚持经营。

2008 年 8 月，爱彼迎接触到投资人佩吉，后者正在寻找与住宿接待有关的投资项目，想建立世界上最大的虚拟酒店，爱彼迎符合这一方向。佩吉知道爱彼迎拿不出像样的经营数据，所以对这方面的信息没有深究。佩吉认为团队更加重要，他受到了爱彼迎团队愿景、商业伦理和斗志的感染。

佩吉帮助创业团队分析了资金需求，认为原定 10 万美元不够，需要募集 25 万美元，这意味着企业估值大大高于创始团队的预期。但在公司估值方面佩吉与创业团队展开争执，给创业团队留下不好的印象。此时，爱彼迎之前接触的另一家机构 YC（Y Combinator）也决定向爱彼迎投资，条件是只能选择一家投资人。YC 是由著名投资人保罗创办的创业训练营兼天使投资。爱彼迎决定选择 YC，一个重要的原因是 YC 提供冬季创业训练营。只有很少的初创企业有机会通过保罗的面试，这是非常难得的机会。

2008 年 9 月，爱彼迎得到了 2 万美元种子融资，而 YC 获得了爱彼迎 6%的股份。创始人将这笔钱用于拜访顾客和雇用摄影师提升房屋照片质量，他们改建了网站，与用户沟通，制定目标并且衡量一切。2009 年 4 月，爱彼迎获得红杉资本 60 万美元的种子投资。

资料来源：吴何. 创业管理：创业者视角下的机会、能力与选择[M]. 北京：中国市场出版社，2017：157-158.

思考题：
1. 除了案例中所讲的理由，投资人还会因为什么而拒绝爱彼迎?
2. 到网上查一下爱彼迎的商业计划演示文稿，分析一下它的优缺点。

 **实践训练**

实践训练 10-1 进行"3 小时网络创业学习法"的练习

参照创业计划书的格式，找几个同学一起来模拟一下：假如你来开办一家公司，将如何运作？要求所有资料都从网络搜索得来，时间控制在 3 小时左右（团队成员可以分工协作，也可以独立完成）。在练习中掌握书写商业计划书的要素和写作方式。经过多次练习后，即可掌握创业计划书的写作流程和企业家的思维方式。

实践训练 10-2 30 秒电梯演讲

用 30 秒的时间陈述清楚你们的创业项目。

实践训练 10-3 1 分钟视频

制作 1 分钟的视频，把你的创业项目讲清楚。

 **复盘与反思**

回顾本章内容，请写出：
1. 学到了什么（三个最有启发的知识点）。
2. 有什么感悟（两个最深的感悟）。
3. 计划怎么去行动（一个行动计划）。

 课外练习

根据本章内容，以小组为单位完成创业项目的创业计划书，并确定项目路演方案。

第11章 创业、就业与人生

🔑 本章学习目标

▶ 了解 VUCA 时代对人才的要求；
▶ 了解职业生涯规划的内容；
▶ 了解个人价值画布的内容；
▶ 了解创业、就业与人生的关系。

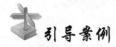 引导案例

创业与就业——一位学姐的经历

2015 年的一个早上，商学院的薛美玲同学和室友没有课，睡到中午 11 点才起床，午餐订了外卖，外卖到了之后，由于楼层较高且两位女同学还没有洗漱，谁也不愿意下去拿。于是室友抱怨说，订外卖也不送到宿舍，还要自己爬楼下去拿，一点也不方便。室友这句无心之话引发了薛美玲同学的思考。

越来越多的大学生因为时间的原因或者是天天吃食堂的饭菜吃腻了，在中午及晚上选择订购外卖。学生希望送餐速度快、安全，并且味道好吃。美团外卖、大众点评、饿了么等外卖平台在大学周边刚刚起步，大学周边专业的外卖配送还没有形成，各餐饮店的外卖配送基本都是自己送。同学们都是各自在平台上自主下单，零散的订单比较多。外卖市场不断在增加，但是相应的外卖配送服务质量却没有跟上。

当时大学周边的外卖现状是：送餐慢，且只送到楼下。大多数时候送餐时间从下单到接收要超过 1 个小时，收到的时候都冷了，影响口感和食欲。因为等餐时间太久，影响休息和上课。学生对外卖用餐体验满意度不高。

外卖配送是一个重复性、高频率、刚性的需求。大学每年在校人数约 30 000 人以上，人口集中、需求量大。能不能以此作为出发点，建立一个专业的外卖配送团队，解决配送速度慢、等待时间长，送货上门等问题呢？薛美玲同学进行了深入的调查，收集了同学们和商家的建议，结合自己在美团外卖实习的经历，开始了 Mini2（迷你兔）校园一千米专业配送服务的创业项目。

项目早期业务主要包含两个方面。一是以大学为中心的餐饮外卖配送服务。给大学周边餐饮商家提供第三方专业外卖配送服务，将他们接到的订单外卖，快速、安全、高效地送达到他们的指定地点，从而收取相应的配送服务费用。二是以学生为目

标群的快递上门收取或寄发服务。大学的学生，只要有任何的快递收取或寄发需要，都可以联系他们，他们会在第一时间接收订单，负责准时配送上门，收取相应的收取或寄发费用。

半年后，除外卖配送服务外，还承接快递、牛奶、超市物品、日化用品等产品的配送，同时寻找到了自己的货源，做自己的产品。月外卖配送十万余份，每月纯利润收入在 3 万元左右。

在创业的过程中碰到了各种各样的问题，薛美玲同学和小伙伴们一起克服困难、解决问题，个人综合能力得到大幅提高。转眼进入大四实习期，正是由于有这段创业的经历，上海的一家世界五百强企业给了薛美玲同学管理培训生的实习岗位，一年后转正成为公司管理人员。

资料来源：作者根据学生真实事例撰写.

创业看上去似乎和就业不相关，上面的例子告诉我们创业的机会就在我们身边，要善于发现和把握机会。创业可以锻炼我们的能力，从而提高我们的就业能力。大学生是社会最宝贵的财富，大学阶段是同学们为将来职场发展积蓄力量的关键时期。思路决定出路，规划决定未来。大学生要志存高远，立鸿鹄之志。看得高望得远，会胸有成竹，从容应对各种风险。不管是创业、就业还是深造，同学们要有自己人生的规划，珍惜在校的宝贵时间，做好人生规划，为未来的发展积蓄力量。

11.1　VUCA 时代对人才的要求

11.1.1　VUCA 时代

VUCA（volatility、uncertainty、complexity、ambiguity，即易变性、不确定性、复杂性、模糊性）的概念由美军在 20 世纪 90 年代最先提出，用来描述冷战结束后复杂多变的世界，后被商业领袖用来描述充满不确定和快速变化的商业环境。

托马斯·弗里德曼在《世界是平的》一书中指出，当今世界的发展日新月异，每一个颠覆性的技术革命都给世界带来了翻天覆地的变化。过去几年，许多成功的高科技公司遭受失败，它们的经历告诉我们：公司现在所处的环境发生了巨大的变化，面对无法回避甚至无法预测的挑战，这些公司缺乏适应挑战所必需的领导力、灵活性和想象力。不是因为公司相关人员没有意识到这些问题，也不是因为他们不够精明，而是因为环境变化太快，超过了他们的能力范围。

过去，人们生活在一个相对稳定、渐进发展的世界中，技术变革缓慢，完成同样事情的流程、方法、所需能力、经验都非常稳定、一致，因而一个人过去工作中形成的能力和经验能够很好地发挥重复解决问题、创造价值的效用。所以，越有经验就越重要、越有职场竞争力。但"年年岁岁花相似"的周而复始的情况正在远去，"三千年来未有之大变局"令越来越多的人感到焦虑和迷茫。如今，我们生活在复杂的世界中，外部环境充满了不确定性和模糊性。在商业、生活中会发现，重复 5 年前、2 年前或者 1 个月前所做的事都无法得到同一个结果。在这个非线性的 VUCA 世界里，难以预测、难以掌控。我们不得不直面这样一个再也无法做出准确的长期预测、再也无法胸有成竹地把握未来的现实。处理同样问题所需的流程、工具、方法不断发生变化，用过去的经验和技能来解决新的问题，很可能完全无效，或者是无法得出理想的答案。昨天我们还在说"失败是成功之母"，今天却变成了"成功是失败之母"，之前成功的经验已经不能适应这个快速变化的世界。

11.1.2　VUCA 时代人才应具备的技能

伴随着时代发展，职能和岗位正在不断地更迭和消失。人工智能、无人驾驶……这些科技名词不仅每天都在冲击着人们对世界的认知，也正在冲击着每个人的工作。由于机器人的发展进步，人力工作将逐步改由机器运作。越来越多依赖重复操作形成的技能、技巧正被人工智能所替代，无事可做的"无用人"时代正在来临。要在就业市场上矗立不倒，就要成为更像人的人。2016 年，世界经济论坛发布的报告《工作的未来》给出了 21 世纪人才应具备的十大技能的变化（见表 11-1）。报告中提到，鉴于新技术和趋势的浪潮扰乱了商业模式，以及工人和机器之间不断变化的劳动分工改变了当前的工作方式，技能的不稳定性不断增长。到 2022 年，大多数工作所需的技能都会发生重大变化，人类与机器的工时比例将由 71∶29 转变为 58∶42，劳动分工的转变将取代 7 500 万个工作职位，同时会出现约 1.33 亿个新的工作职位。

表 11-1　21 世纪人才应具备的十大技能

2015 年	2020 年
1. 解决复杂问题	1. 解决复杂问题
2. 与他人合作	2. 批判性思维
3. 人员管理	3. 创造力
4. 批判性思维	4. 人员管理
5. 谈判	5. 与他人合作
6. 品质管控	6. 情商
7. 服务导向	7. 判断与决策
8. 判断与决策	8. 服务导向
9. 积极倾听	9. 谈判
10. 创造力	10. 认知灵活性

资料来源：World Economic Forum. Future of Jobs Report[EB/OL]. (2016-01-23)[2019-10-18]. https://cn.weforum.org/events/world-economic-forum-annual-meeting-2016/sessions/a-world-without-work.

技能和经验在 VUCA 时代的价值正变得越来越小，固守过去的技能和经验，甚至会成为一个人发展的桎梏。那么，VUCA 时代影响一个人发展最重要的要素是什么？就是人潜在或隐藏的、可在将来发挥出来应对问题、实现目标的能力和素质。在高度不确定、不可预测、不可知及复杂的环境下，培养与提升独立的与他人合作并共同提供有效解决方案的能力，正成为新一代学生面临的选择。

11.1.3　做一名适应时代发展的 T 型人才

在网络结构的世界里，知识、信息和关系彼此交叉、融合，无处不在。单点的、固定的、线性的思维，将会使人们错失新的机会，忽略便捷高效的路径，在解决复杂问题时容易思维僵化。在 VUCA 时代，人才之间的竞争不再看掌握多少知识和技能。随着教育水平差异的日益缩小，接受过系统教育和专业训练的人的知识和技能的差距也越来越小。越来越多的智能机器人和管理系统被引入工作系统中，人们的工作正在被它们取代。面对新的威胁，如果想在未来的竞争中保持竞争优势，必须突破思维的局限，跳出专业领域，保持对新鲜事物的开放态度，拥抱变化和不确定性，勇于在行动中尝试各种可能性，通过不断地学习与反思，快速适应外部环境的变化。

T 型人才（T-shaped talent）中，字母 T 由一竖和一横组成（见图 11-1），我们可以分别从知识结构、做事心态以及思考方式的角度来分析它的内涵。

图 11-1　T 型人才

（1）一竖代表人才的专业素质，用来衡量在专业领域的深入程度，一横代表人才知识的宽度，对其他领域知识的掌握。既要在专业领域有深厚的知识和技能，同时又对其他领域和学科有浓厚的兴趣和求知欲，IDEO 发现具有多学科背景的团队更有利于多视角、创新性地解决各种复杂问题。

（2）一竖代表专注和参与，一横代表接纳和开放。既要专注于特定的问题，投入并参与其中进行深入的研究，又要对外部的其他领域以及不同的做法保持开放和接纳的心态。现在的市场竞争已经不仅仅是同行业之间的竞争，一个外部的行业有可能在很短的时间内改变行业竞争的态势。

（3）一竖代表根源思考，一横代表整合设计。既要从问题的根源开始思考，洞察问题的本源，又要能系统地思考，整合、设计解决方案。许多人在解决问题时，总是下意识地去想这个问题的解决方案，而不是先去思考问题背后的本质是什么。做根源性的思考要先思考这到底是件什么事，为什么要做这件事，它的出发点和最终想要达成的效果是什么，然后再从系统的角度去思考。

传统教育方式培养 I 型人才，他们往往专注于某个领域，习惯于在本学科的范畴和路径中解决问题，思维容易受到束缚。而 T 型人才不仅精通于自己的专业领域，更要成为拥有跨领域的格局和视野的通才。他们擅长协同运用左右脑，重视感性、理性、创意发散与归纳阐述的结合，以新鲜的眼光、灵活的视角，从用户体验出发，思考具体问题的解决方案。T 型人才可以与其他领域相结合，通过跨学科、多领域的合作，使不同背景成员的思想相碰撞，释放每个参与者的创新能量；他们愿意倾听他人意见，能站在对方角度理解问题，包容不同的思维方式；能基于团队进行创新工作，愿意跨出个人角度，从别人的角度、跨领域的角度考虑问题，珍视团队贡献，乐于合作创新。T 型人才有一颗好奇心，用儿童般的眼睛去观察世界，秉持乐观而积极的态度，习惯格子外思维，能够进入敢想、敢做的创新状态，乐于接受强调变化，能够以变应变，在变化中应对挑战，以开放的心态进入真实的生活。

在 VUCA 时代，学科交融与跨界创新已成为一种趋势，T 型人才意味着涵盖人文、科技、商业的跨跃性综合素质。T 型人才的推崇者从 IDEO、苹果、谷歌等科技企业拓展至商业、工业、金融、艺术设计等各个领域。作为新时代的大学生应该做一名适应时代发展的 T 型人才，具有跨领域素质、与他人合作的能力以及其他综合素质，不但具备一定深度的专业知识，更要具备一定宽度的创新精神和经营理念，团结其他学科的人才，更高效地工作，将设想付诸于实践。

11.2　职业生涯规划

11.2.1　职业与职业理想

在职业一词中职是责任、业是业务。西奥多·舒尔兹认为职业是一个人为了不断取得个人收入尤其是为了维持最低层次的生计而从事的、具有市场价值的连续特殊性活动，是为同时实现社会联系和自我价值而进行的持续活动的方式。职业（career）不同于工作（job），指的是一种事业。我们可以从两个方面来理解职业的含义：① 职业体现了专业的分工，职业化意味着专门从事某项事务；② 职业体现了一种精神追求，职业发展的过程也是一个不断实现个人价值的过程。

职业理想是人们在职业上依据社会要求和个人条件，希望达到的奋斗目标，即个人渴望达到的职业境界。它可以分为以下三个层次。

（1）初级层次，即为了维持自己和家庭的生存，具有普遍性。

（2）中级层次，即通过职业充分发挥个人的特长和才智。

（3）高级层次，即承担社会责任，通过个人的职业促进社会发展。

对于个体而言，其职业理想层次越高，就越能激发其主观能动性，迸发创造力。其创造的社会价值越大，对社会的贡献也就越大。虽然职业理想各个层次的内容和要求存在明显的差异，有时在一个人身上也可能同时存在。崇高的职业理想对个人的职业发展有非常重要的指导和促进作用。

梦想中的工作多半是创造出来的而不是寻找到的，这种工作很难通过普通方式实现。创造这种工作需要对自我有深刻的认识。自我认知是指认知主体的我对客体的我进行感觉和观察，从而形成一定的自我概念，并形成自我评价。自我认知包括对生理自我的认知（如性别、身高、外貌等），对心理自我的认知（如兴趣、气质、性格及能力等），以及对社会自我的认知（如自己的社会角色、自己的人际关系、自己在群体中的地位），以此形成"我是什么样的人"的概念。认识自我、合理定位，是大学生选择职业、实现自我价值的重要前提。个人的工作满足感主要源自于兴趣、能力和性格三个方面。求职者找不到自己适合的工作，原因不在于他们缺乏工作岗位招聘的信息，而在于对自己缺乏足够的了解。

兴趣能让人们心情愉悦地从事自己的工作，心甘情愿地去付出，即便碰到困难也愿意迎难而上，能创造性地开展工作，充分发挥个人的才能。它是保证职业稳定、职场成功的重要因素，也是职业生涯选择的重要依据。可以通过霍兰德的职业兴趣类型理论对个体进行测试，并将测试结果作为职业选择的参考。

性格对职业的选择有非常大的影响。虽然不是所有的职业都要求性格与职业严格对应，但有些职业对性格有特定的要求。大学生在进行职业生涯规划前，要了解自己的性格特征。不同的职业，对性格的要求也不尽相同。如果职业需要的性格类型和自己不匹配，甚至完全冲突，在工作时就会觉得工作是一种折磨。MBTI 是一种迫选型、自我报告式的性格评估工具，可以通过它来衡量和描述个体的心理活动规律和性格类型。

能力是职业选择的基础。每个人的能力是不同的，每个职业对能力的要求也不一样。不管从事哪一种职业都需要一定的能力基础。在选择职业时，必须充分考虑个人能力是否和职业要求的能力相匹配，不能单从兴趣爱好出发或脱离自身实际好高骛远，要根据自己的知识和能力水平选择。

自我认知能让个体认识到自己喜欢做什么、能做什么和适合做什么。兴趣让自己工作快乐，知识决定了专业背景，能力决定发展前景，性格影响职业成功。同学们在确定职业目标时，要明确自己的兴趣、知识、能力、性格等，知道自己能从事什么职业。

11.2.2　职业生涯

职业生涯是指一个人从进入退出职场所经历的职业或职位的总称，是其一生职业、职位的变迁，以及工作理想、人生价值的实现过程。职业生涯包含五个方面的含义。

（1）职业生涯是个体以职业为核心的行为经历，随主体的不同而变化，与组织和群体关系较小。

（2）职业生涯是一个动态过程，是与职业相关的活动或经历。

（3）职业生涯表示的是一生中职业上的经历，与成败和进步快慢无关。

（4）职业生涯受个人发展需求、职业生涯的规划、社会环境等多种因素的影响。

（5）职业生涯随着时间的延续而发生改变，是一个发展的过程。

影响职业生涯的因素主要如下。

1. 职业理想

职业理想是人生理想的重要组成部分。职业理想是职业生涯的起点，不同层次的职业理想确定了个体职业奋斗的目标与方向。更高层级的职业理想能使个人明确自己的奋斗方向，胸怀大志，能从容面对各种挫折和失败，不断奋勇前进，取得职业生涯的成功。

2. 自信心

自信心是一个人的信念，是一种对自己是否有能力完成任务的信任程度的心理特性。具有自信心的个体在工作和生活中乐观向上，积极进取。自信心赋予个体实现职业目标的动力。很多成功者都具有强大的自信心。自信心起到了正向强化的效果，让个体受到积极的自我暗示，产生自信的意识，从而圆满完成自己的职业目标。

3. 行动

古人云：行胜于言。心中有一千个计划不如一个行动。行动能将计划转化成行为，能让个体根据行动的结果及时调整行为，保证职业生涯目标的实现。行动是职业生涯规划的起始点和落脚点。用行动践行计划是职业生涯成功的关键。大学生要脚踏实地地去行动，在行动中反思与学习，通过行动加深对自我和实践的认知，实现自己的职业理想和职业目标。

职业生涯是否成功，主要还是看是否实现了自己设立的职业生涯目标，任何脱离达成目标的成功都是毫无意义的。在进行职业生涯成功评价时，要进行全面的评价，具体内容如表 11-2 所示。

表 11-2　职业生涯成功的评价

评价方式	评价者	评价内容	评价标准
自我评价	本人	自己的才能是否充分施展； 对自己在企业发展、社会进步中所做的贡献是否满意； 对自己的职称、职务、工资待遇等方面的变化是否满意； 对处理职业生涯发展与其他人生活动关系的结果是否满意	根据个人的价值观念及个人的知识、水平、能力
家庭评价	父母、配偶、子女等家庭成员	是否能够理解和肯定； 是否能够给予支持和帮助	根据家庭文化
企业评价	上级、平级、下级	是否有下级、平级同事的赞赏； 是否有上级的肯定和表彰； 是否有职称、职务的晋升或相同职务责、权、利范围的扩大； 是否有工资待遇的提高	根据企业文化及其总体经营结果
社会评价	社会舆论、社会组织	是否有社会舆论的支持和好评； 是否有社会组织的承认和奖励	根据社会文明程度、社会历史进程

资料来源：黄新华，余康发，郭瞻. 筑梦未来：大学生职业生涯规划（应用型本科）[M]. 上海：上海交通大学出版社，2019.

11.2.3　职业锚

职业锚指的是人们选择和发展自己的职业时所围绕的中心，是指一个人无论如何都不会放弃的职业中的至关重要的东西或价值观。职业锚已成为个体职业生涯规划的必选工具和公司人力资源管理的重要工具。

职业锚强调个人能力、动机和价值观的相互作用与整合。可以通过职业锚了解个人的职业兴趣爱好、技能和价值观，寻找自己最喜欢和适合的工作，激发个人工作的积极性。职业锚常见的类型如表 11-3 所示。

表 11-3　职业锚的类型

职业锚类型	价 值 观
技术/职能型职业锚	这类人追求在技术/职能领域的成长和技能的不断提高，以及应用这种技术/职能的机会。他们对自己的认可来自他们的专业水平，他们喜欢面对来自专业领域的挑战，一般不喜欢从事管理工作，因为这意味着他们将放弃在技术/职能领域的成就
管理能力型职业锚	这类人愿意担负管理责任，且责任越大越好。这些人具备三种能力：一是分析能力，即在信息不充分或情况不确定时，判断、分析、解决问题的能力；二是人际能力，即影响、监督、领导、应对与控制各级人员的能力；三是情绪控制力，即有能力在面对危急事件时，不沮丧、不气馁，并且能够承担沉重的责任，而不被其压垮
创造型职业锚	这类人希望通过自己的能力去创建属于自己的公司或创建完全属于自己的产品（或服务），而且愿意去冒风险、克服障碍
自主/独立型职业锚	这类人希望能随心所欲安排自己的工作方式、工作习惯和生活方式，追求能施展个人能力的工作环境，最大限度地摆脱组织的限制和制约。他们宁愿放弃提升或更好的工作机会，也不愿意放弃自由与独立
安全/稳定型职业锚	职业稳定和安全是这一类人的追求、驱动力和价值观
服务型职业锚	这类人追求的核心价值是追寻帮助他人的机会，改善人们的安全，通过新的产品解决问题
挑战型职业锚	这类人会选择新奇、多变和困难程度高的工作或职业，他们以战胜各种不可能的事情作为其终极目标。他们喜欢战胜强硬的对手，解决看上去无法解决的问题，克服无法克服的困难障碍等
生活型职业锚	这类人希望将工作和生活整合为一个整体，喜欢允许他们平衡并结合个人、家庭和职业需要的工作环境。因此，他们需要一个能够提供足够的弹性让他们实现这一目标的职业环境，甚至不惜牺牲职业的一些方面

资料来源：黄新华，余康发，郭瞻. 筑梦未来：大学生职业生涯规划（应用型本科）[M]. 上海：上海交通大学出版社，2019.

11.2.4　职业生涯规划的原则

职业生涯规划也叫职业生涯设计，是指在对个人职业生涯的主客观条件进行测定、分析、总结的基础上，对自己的兴趣、爱好、能力、特点进行综合分析与权衡，结合时代特点，根据自己的职业倾向，确定最佳的职业奋斗目标，并为实现这一目标做出行之有效的行动计划。职业生涯规划包括个人对自己进行的个体职业生涯规划和组织对员工进行的职业规划管理体系两类。大学生的职业生涯规划在高考报名时就已经开始了，报考的大学和选择的专业都已经初步体现出了职业意向。大学期间，同学们应该加深对自我的认知和对外部环境的认识，尽早做好自己的职业生涯规划，利用好四年的学习机会，学习知识、提高能力和综合素质，为将来的职业发展打下坚实的基础。

在进行职业生涯规划时，需要遵循以下原则。

1. 长远性原则

职业生涯规划一定要从个人发展的长远来考虑，给自己的人生设定一个明确的大方向，并集中各种力量向这个大方向努力。

2. 具体性原则

职业生涯规划是针对具体个体进行的具体的职业指导，规划必须是因人而异的，目标、措施一定要清晰而明确、具体而可行。

3. 挑战性原则

职业生涯规划既要符合个体的实际情况，切实可行，同时还要有挑战性。有一定挑战性的目标有利于激发个人的潜能。"跳一跳，摘桃子"的教育心理学原理可以激励个体向更高的目标迈进，有利于实现个人价值最大化。

4. 持续性原则

人生的发展要持续和连贯，职业生涯规划的各个具体规划要与人生总体规划一致，不能摇摆不定，要形成可持续发展。

5. 可评估原则

职业生涯规划在制定总的职业发展目标时，还应制定各个阶段的具体目标和措施，各个指标应该是明确且可评估的。通过评估，可以随时掌握规划各阶段执行的情况，有助于职业生涯总目标的及时调整。

6. 可调整性原则

在不断变化的外部环境下，今天做出的规划不一定适宜明天的环境，职业生涯规划应该具有可调整性。在制定职业生涯规划和采取具体实施措施时，要充分考虑到各种因素的变化与发展，及时对目标与实施措施进行反馈与修正。

7. 激励性原则

来自工作的激励能激励个体更好地完成工作。职业生涯规划的职业目标要符合自身的实际情况，使职业与个体的兴趣、能力和特质相匹配，匹配度越高对个体的激励作用越大。

11.2.5 职业生涯规划的内容

一份完整的职业生涯规划应该包含以下几个方面的内容。

（1）标题：包括姓名、基本情况介绍、年限和起止日期等。

（2）职业方向及总体目标：主要指就业方向、职业类别、职业岗位和长远目标。

（3）社会环境分析：包括对政治环境、经济环境等社会外部环境的分析。

（4）组织分析：包括对行业、组织制度、组织文化、组织运行机制等的分析。

（5）自我分析：包括家庭因素、自身条件、兴趣、性格和发展潜能等的分析。

（6）角色及其建议：记录对自己职业生涯影响最大的一些人的建议。

（7）目标的分解和组合：将规划中的长远目标分解为阶段性目标；将若干个阶段性目标组合成更有利的可操作性目标。

（8）成功标准：设定衡量此规划是否成功的标准。

（9）差距：自身现实状况与要实现的目标要求之间的差距，根据差距制订出相应的实施计划及具体方案。

（10）评估调整：实施过程中，按照标准进行评估，根据情况变化及时修正和调整目标。

11.2.6　职业生涯规划的步骤

1. 自我分析与评估

一份有效的职业生涯规划是从对自我分析开始的。对自己进行全面的分析和评估，有助于更好地认识和了解自己。在这个过程中，需要对个体的性格、兴趣、特长、学识、技能、思维方式、道德水准及社会中的自我等内容进行客观全面的分析和评价。为了对自我有更全面的分析，除了自我认识还需要邀请他人进行评价，将两者相结合。

2. 环境分析

个人的成长离不开外部环境的支持，只有更好地顺应外部环境的变化，才能将个人优势发挥到极致。在这个阶段，需要对社会经济环境、行业环境、职业环境、单位环境及个体成长环境等进行分析，长期规划更注重对社会大环境的分析，短期规划则注重对单位小环境的分析。通过环境分析可以帮助我们找出自己与环境的关系以及环境中对自己有利的条件和不利的因素，及时调整自己的目标，充分利用自身因素和外部因素，做到趋利避害，更好地确定职业目标与职业发展路线。

3. 制定目标

职业生涯规划的核心是制定目标，在这个阶段需要制定个人的人生目标、长期目标、中期目标与短期目标，它们分别与人生规划、长期规划、中期规划和短期规划相对应。首先要从自我认知出发结合社会发展趋势明确自己的人生目标和长期目标，然后将其细化成阶段性的短期目标，通过短期目标的实现来实现长期目标。个人职业生涯目标要具体明确、高低适度、留有余地。要根据自己的价值、理想和动机来确定自己的目标取向，根据性格、特长、经历、学历等客观条件，确定自己的能力取向，考虑自身所处的社会环境、政治与经济环境、组织环境等，确定自己的机会取向，从而确定个人的职业发展路线。

4. 制定实施方案

有了明确的目标和职业发展路径之后，在这个阶段需要制定行动方案和实施措施。这些方案和措施要明确、具体，可执行性强，同时具有可评估性，以便于定期检查落实的情况。这需要制订一套周密的实施方案和行动计划，建立考核措施，以确保目标的实现。落实目标的具体措施包括教育、培训、实践等方面的措施。

5. 实施、修正

在第一次做职业生涯规划时，个人缺乏经验，对自身和外部环境的了解不充分、不全面，确定的职业生涯规划目标不够清晰，甚至是错误的。个人在成长，外部环境也在变化，职业生涯规划的实施是一个动态调整的过程。个体需要在实施的过程中及时进行评估，发现存在的问题，深化对自我的认识，加深对环境的理解，能够及时对职业生涯规划进行调整。需要进行调整和修正的内容主要包括职业的重新选择、职业生涯目标的修正、职业生涯路线的选择、实施行动计划的变更等。实施过程中，应随时关注内外部环境的变化，及时进行评估和修正，让其变得更加务实、可行。

11.3 个人价值画布

11.3.1 个人价值与职业选择

创业始于对自我的认知，就业也是如此。自我认知的内容在第 3 章已经详细介绍过，此处不再赘述。这里再强调一下价值观的作用。价值观是指一个人对周围客观事物（包括人、事、物）的意义、重要性的总评价和总看法。人生价值是一种特殊的价值，是人的生活实践对于社会和个人所具有的作用和意义。价值观具有相对的稳定性和持久性。在不同时代、不同社会生活环境中形成的价值观是不同的。俗话说："人各有志。"这个"志"表现在职业选择上就是职业价值观。

创业从本质上讲是一个通过满足顾客的需求，给顾客创造和传递价值，最终实现创业者价值的过程。价值创造是主题和核心。这个价值可能是经济价值，也可能是社会价值。人存在的意义就在于通过创造价值来体现自己的人生价值。不管是创业还是就业，都是在追求个人价值的最大化。幸福体现在价值创造的过程中。所以，不管做什么事情或者从事什么工作，都需要先考虑其价值在哪里，然后再考虑如何实现这个价值。一个人的人生方向和职业选择本质上体现了你要为谁创造价值、创造什么价值。个人的价值观决定了职业选择的方向。个人在进行职业选择时，会从自己的价值观出发，选择自己认为最有价值的事情。

设计和改变职业是一个很棘手的问题，一般人不具备这种系统化的能力。如何选择合适的工作，通过创造更大价值，体现个人的价值？如何设计一种简单有效的方式，能够系统地考虑到外部环境和个人需求的匹配？用商业模式的方式能有效地描述、分析和更新职业选择，商业模式画布不仅能描述企业的商业模式，也能描述个人的职业选择。商业模式画布的提出者奥斯特瓦德将商业模式画布的思维应用到个人职业发展中，提出个人商业模式画布（见图 11-2），评估从事的工作是否有价值以及如何使价值最大化，并应用它来确定职业发展。由于这张画布主要强调如何实现个人价值，因此有学者（朱燕空，2016）将其翻译为个人价值画布，我们这里采纳这个译法。

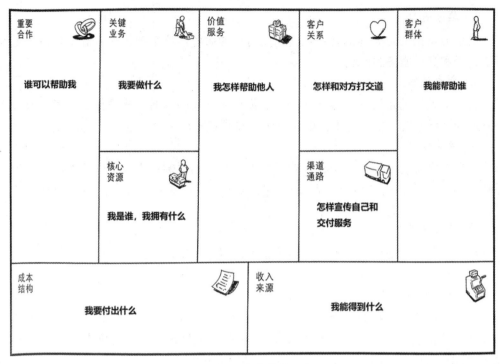

图 11-2 个人价值画布

资料来源：蒂莫西·克拉克，亚历山大·奥斯特瓦德，伊夫·皮尼厄. 商业模式新生代：一张画布重塑你的职业生涯（个人篇）[M]. 毕崇毅，译. 机械工业出版社，2012：41.

11.3.2 个人价值画布的内容

个人价值画布是商业模式画布的应用，也是九个模块，模块的名称基本没有变化，但描述的内容发生了一些变化。在清晰、准确地描绘九个模块的内容后，就可以草拟出一份个人商业模式计划，设计出一个职业框架设计蓝图。

1. 核心资源

个人的核心资源包括"我是谁""我知道什么""我认识谁"三个方面。这三者所包含的内容详见第 3 章的自我认知。

2. 关键业务

关键业务指的是我要做什么，指为客户实施的基本体力或脑力活动。

3. 客户群体

客户群体描述的是我能帮助谁，也就是你的客户。这个细分客户群体既包括付费客户，也包括免费但有其他人付费补贴的客户。

4. 价值服务

价值服务指的是我怎样帮助他人、我能给客户提供什么价值和服务。这对思考个人职业非常重要。你需要考虑：客户需要我提供什么样的工作？这项工作能给客户创造什么价值？

5. 渠道通路

渠道通路指的是怎样向客户宣传和交付你的服务。这个模块包含五个阶段，主要解决宣传和交付服务的问题。

6. 客户关系

客户关系指的是怎样和客户打交道。你和客户间的沟通方式是什么样子的？合作关系是什么样子的？你是追求拓展客户还是维持客户？

7. 重要合作

重要合作指的是谁可以帮我，即那些支持和帮助你顺利完成工作的人，包括为你提供动机、建议、成长机会的人和提供完成任务所需资源的人。他们可能是你的家人、朋友、同学、老师、同事等。

8. 收入来源

收入来源指的是我能得到什么。除了可以得到的工资、股票期权、其他现金收入等，还应包括满足感、成就感和社会贡献等"软"收益。

9. 成本结构

成本结构指的是我要付出什么，主要包括时间、精力、金钱，也包括无法返还的培训费、交通费、水电费等"硬"成本和实施关键业务等带来的压力感、失落感等"软"成本。

11.3.3 个人价值画布的绘制

个人价值画布从商业模式画布演变而来，你可以通过它去思考人生战略层面的事情，让自己看的更高、更远，更好的创造和实现自己的人生价值。个人价值画布的设计核心是围绕价值主张展开的。在绘制个人价值画布时，你需要考虑要为谁创造价值、如何创造和传递价值。个人价值画布不仅仅是职业规划和职业选择的工具，也可以作为职业诊断的工具，帮助你诊断当前的职业状态，重新确定你的人生规划。

个人价值画布是一种高度创新的可视化分析工具，它能有效地评估你的核心资源和关键业务，能帮助你把关注点从个人技能转移到价值服务，设计出充满满足感的人生。在绘制个人价值画布时，可以按照以下几个步骤进行。

1. 根据自我认知设计个人价值画布

在绘制或者修改个人价值画布时，需要先对自我有一个深入的认识，明确人生目标。明确了自己的目标之后，你就可以在画布中更清楚地回答"我是谁""怎样帮助他人""我能帮助谁"等问题。把个人价值画布打印出来，把九个模块的内容写在便签纸上，贴到相应的模块上。

2. 找出你的软肋

对照画布的九个模块，回想工作中的点点滴滴。想一想你在工作中不满意或者需要改进的地方。在画布上把感到不满意的模块圈出来。

3. 询问诊断性问题

针对不满意的模块，进行诊断，找出问题，寻找相应问题的应对措施。诊断性问题可以帮助我们找到解决问题的方案，或者发现潜在的机会。

4. 修改模块并评估效果

根据对诊断问题的回答，在相应模块中列出需要修改的内容。由于各个模块之间存在密切的相互联系，一个模块的变动必然会导致其他模块发生变化。

5. 重新绘制个人价值画布

根据前面四个步骤的结果，重新绘制个人价值画布。

先绘制一张个人价值画布，然后从头修改，这样做并不是胡乱折腾。个人价值画布提供了一种结构化的方式帮助我们设计自己的个人商业模式，通过画出不同的画布能让我们尝试不同的工作方式，并最终确定最适合的方式。当生活出现变化时，利用不同的模式进行实验是一种很有效的解决方法。设计多样化的选择可以帮助你快速转变到实用的、可引导你解决问题的工作模式中。

11.4　创业、就业与人生

11.4.1　创业已经成为大学生的一种职业选择

党的二十大报告明确指出："教育、科技、人才是全面建设社会主义现代化国家的基础性、战略性支撑。必须坚持科技是第一生产力、人才是第一资源、创新是第一动力，深入实施科教兴国战略、人才强国战略、创新驱动发展战略，开辟发展新领域新赛道，不断塑造发展新动能新优势。"大学生是宝贵的人力资源，如果职业选择得当，将能最大化地发挥个人的才能，取得事业的成功，为社会创造更大的价值；如果职业选择不当，会造成极大的人才浪费。此外，如果每个人都能正确择业，也有利于保证社会人力需求平衡。职业的选择对个人和社会都有重要的影响。创业不是天才的独创，普通人一样可以创业并取得成功。创业成为个人改变命运、追求卓越的一种途径，促进企业不断成长，帮助国家取得核心竞争力。在万众创新、大众创业的大潮中，越来越多的人选择了创业。创业既是一种生活方式，也成为了一种职业选择。如今，创业已经成为了大学生职业选择的一种，越来越多的大学生选择了创业。

创业的魅力就在于创造新的机会，走别人未走过的路，用自己的聪明才智独辟蹊径，获得创业的成功。创业是如此的有魅力，引得众多大学生参与其中，乐在其中。虽然在陌生的领域中摸索是辛苦的，但是创业的结果让人觉得物有所值。大学生要善于总结成功企业家的经验，像创业者一样思考和行动，善于观察和发现新的机遇、新的商机，用创新的思维来设计自己的创业思路，站在成功创业者的经验之上，确立自己的目标。

大学生充满了青春和活力，拥有创造力和高学历，已经成为创业领域的生力军。各级地方政府为大学生创业提供了各种政策和优惠，鼓励大学生创业。各个投资机构也深入高校之中发掘好的创业项目。各种创业孵化园也在为大学生创业提供各种优惠和优质的服务。在各个领域中，大学生创业者运用所学知识，创造性地解决用户需求，正在创造一个个的经济奇迹。2019年，"80后"的张一鸣和黄铮双双入选福布斯全球亿万富豪榜一百强。越来越多的大学生投入创业的目的已不再是追求经济利益，他们希望通过自己的努力为社会奉献更多的力量。

11.4.2　专创融合提高就业力

党的二十大报告明确指出："我国发展进入战略机遇和风险挑战并存、不确定难预料因素增多的时期，各种"黑天鹅"、"灰犀牛"事件随时可能发生。我们必须增强忧患意识，坚持底线思维，做到居安思危、未雨绸缪，准备经受风高浪急甚至惊涛骇浪的重大考验。"越来越多的高校重视创业教育，纷纷设立了创新创业学院，开设了各类创业课程，组织了各种创业活动。创业教育更加重视应对不确定性的创业思维和行为方式以及学习能力的训练，把创业教育纳入素质教育体系，加强大学生的创新创业意识和能力并增强社会责任感，把创业教育与职业发展规划结合起来，采取多种渠道探索提升创业能力的途径。

创业教育不是孤立地存在于大学教学之中，应该融入教育的全过程，融入专业教学之中，实现创业教育与专业教育的融合，贯穿大学教育的全过程，以创业教育促进专业教育，提高学生的创业能力和就业能力。专业教育和创业教育的结合，可以使学生做到以下三个方面。

（1）敢闯敢创：面对充满不确定的未来，学生要敢闯敢创。创业家们有着不同的思维方式，他们本能的倾向是把自己的思考转变为立刻的行动，按照行动—学习—构建（基于前面的学习），再次行动的步骤不断循环，直到创业成功。因此，要培养学生学习创业家们的思维和行动方式，从拥有的资源出发，敢闯敢创。

（2）敢闯会创：成功地进行创业，需要掌握创业的规律和秘诀。感召同伴形成团队，用同理心寻找问题背后的本质，发现客户的需求，形成有创意的解决方案，提供用户需要的产品或者服务，确定商业模式，创造和实现价值。

（3）敢闯能创：创业不是随随便便就能成功的。除了敢闯会创，创业者还要有自己独特的竞争优势。创业不仅要激活自己，更要给自己赋能。大学生要突出专业优势，运用专业知识去发现问题和解决问题，形成自己差异化的优势，获得更大的成功。

创业基础是教育部规定面向全体学生开设的通识必修课，目的并不是让每个学生都去开公司。创业基础教育的目的不在于教学生如何"开公司"，而在于开拓学生的思维，孕育学生成为创业型的学习者，要教会学生将来在工作岗位上，突破资源限制，发现或者创造机会，创造价值，体现个人价值，培养学生的创新意识、创业思维和能力，帮助他们适应未来的不确定性。

通过"创业基础"课程的学习，学生掌握创业思维，能根据创业思维的五大原则，在面对充满不确定的未来时，敢闯敢创但不蛮干，学习创业家们的思维和行动方式，从拥有的资源出发拥抱不确定性，把自己的思考转变为立刻的行动，在行动中快速迭代和提高。学生要掌握设计思维以及以人为本的创新思维，学会用同理心去发现问题和解决问题，从用户中来到用户中去，通过测试与迭代，提供用户需要的产品或者服务。通过运用商业模式画布等商业思维的工具去把产品转换成有价值的商品，从而做到敢闯会创。

　　学生通过在专业课程教学中反复的练习和使用本书中讲到的思维与方法，学会将创业教育与专业教育相融合，将理论学习与社会实践相结合，运用专业知识去发现问题和解决问题，提高对专业的热爱和职场竞争力。

　　通过专创融合，从事创业的大学生能将所学专业知识与创业项目结合，解决实际的问题，在激烈的创业竞争中获得自己独特的竞争优势，从而大大提高创业的成功率。对于从事就业的同学而言，他们可以像创业者一样思考和行动，能在普通的工作岗位上，运用专业知识去发现问题、创造机会和解决问题，以人为本，创造价值，提高自己的就业力，获得更大的职业发展空间。所以，对于创业同学而言，创业教育有助于提高创业成功概率；对于就业的同学而言，创业教育能够提高学生的就业力。

11.4.3　创业、就业与人生的关系

　　党的二十大报告明确指出："培养造就大批德才兼备的高素质人才，是国家和民族长远发展大计。""创业基础"课程的学习不仅使同学们掌握了创业的知识和一系列的方法、工具，提升了自己的创业能力，还培养了同学们行动胜于一切的创业思维、以人为本的创新思维（设计思维）、创造和传递价值的商业思维，使同学们在思想和观念上发生了改变。创业的核心本质是创造价值。通过学习，大家对自己有了更深刻的认识，形成了正确的创业观和价值观，对人生有了更深刻的认识，能正确看待创业、就业与人生的关系。创业、就业都是实现个人人生价值的一种方式，不管哪种方式，它们最核心的共同点是创造价值，通过创造价值体现个人的人生价值。

　　前几次创业浪潮中的前浪们抓住时代发展的机遇，通过自己的奋斗创造价值。今天，在这个充满创新与创业的时代，创业环境前所未有的好，创业门槛前所未有的低，创业机会前所未有的丰富，创业者拥有前所未有的活力，这是最好的创新创业的时代。经济转型、更深入的改革与开放赋予我们的经济更大的生机与活力，给我们带来更多的发展机会。创业者面临的创业机会越来越多，同样，充满活力的经济也给就业的同学提供了更多发展的机会。

　　党的二十大报告明确指出："青年强，则国家强。当代中国青年生逢其时，施展才干的舞台无比广阔，实现梦想的前景无比光明。"让我们再来重温一下百森商学院的海迪·内克对创业的描述："创业无处不在，每个人都有能力去创造性地思考和行动，把机会转化成现实，创造社会和经济价值。"人生能有几回搏，在民族复兴的伟大时代，此时不搏更待何时。年轻的大学生应该把握住时代发展的潮流，在波澜壮阔的创业大潮中寻找自己的定位，不管是就业还是创业，都要在各行各业中把握住时代发展的机会，顺势而为，创造性地思考和行动，把机会变成现实，实现自己的人生价值，创造美好的未来。

 延伸阅读

　　[1] 罗伯特·里尔登，珍妮特·伦兹，加里·彼得森. 职业生涯发展与规划[M]. 侯

志瑾，等译．4 版．北京：中国人民大学出版社，2018．

[2] 蒂莫西·克拉克，亚历山大·奥斯特瓦德，伊夫·皮尼厄．商业模式新生代（个人篇）：一张画布重塑你的职业生涯[M]．毕崇毅，译．北京：机械工业出版社，2012．

复习思考题

1. VUCA 时代的特点是什么？
2. 谈一下你对 T 型人才的理解。
3. 谈一下你对职业的理解。
4. 什么是职业生涯？
5. 如何进行职业生涯规划？
6. 个人价值画布包含哪些要素？
7. 如何完成一份个人价值画布？
8. 如何理解创业、就业和人生之间的关系？

苏锦山：行走在公益创业之路上

2006 年，还在湖南大学读大二的苏锦山被"瑞恩的井"的故事深深打动了。瑞恩是加拿大一个六岁的小男孩，他有一个梦想：让每一个非洲人喝上洁净水。在众人的帮助下，瑞恩成功创办了"瑞恩的井"基金会。一个 6 岁的孩子可以帮助那么多人，作为大学生，我们能为这个社会做些什么呢？苏锦山想通过自己的努力，去践行"公益"的理念，为社会做点实实在在的事情。在国内著名公益创业专家汪忠老师的指导下，苏锦山与一群志趣相投的朋友创办了"滴水恩"公益创业社团，踏上了公益创业之路。

为了让"滴水恩"具备造血功能，实现公益创业事业的可持续发展，2008 年 8 月，长沙滴水恩创业孵化有限公司正式成立。滴水恩创业孵化有限公司成立以来，为数百名湖南大学学生提供过创业咨询服务，现有在孵项目十余家，作为湖南高校公益创业典型，公司受到了新华社等媒体的报道。苏锦山团队的"滴水恩公益基金"获得了团中央等主办的首届 YESPLAN "诺基亚"青年创业创意计划大赛金奖、第三届湖南省"挑战杯"创业计划金奖、第六届中国"挑战杯"创业计划金奖等荣誉，"产学研一体化湖南大学公益创业教育项目"获得了 2008 年度"中华慈善奖"。"滴水恩"的良好发展也吸引了许多资金的注入。苏锦山也因为突出的学术科研能力被湖南大学免试录取为 2009 级硕士研究生。研究生毕业后，苏锦山怀抱着服务大众的理念考取了公务员。

以创业带动就业，在自我价值实现的过程中帮助他人，进而回馈社会是创建兼顾社会效益企业的根本目的和直接动力。在"滴水恩"的带动下，学生参与公益的热情不断高涨，"滴水恩"不仅成为了高校公益创业孵化器，也成为了湖南大学创业教育的实践基地，掀起了公益创业教育之风。

资料来源：曹建. 苏锦山：行走在公益创业之路上（湖南大学）[EB/OL].（2010-05-20）[2019-11-01]. http://stu.people.com.cn/GB/186922/11651685.html.

思考题：
1. 苏锦山的公益创业案例带给你什么启发？
2. 在校期间的创业活动给苏锦山带来了哪些收获？

实践训练

实践训练 11-1　你适合从事哪个职业

到相关网站进行职业测试，看一下你适合从事哪些职业，分析这些结果是否准确。

实践训练 11-2　完成个人价值画布

根据个人价值画布的内容，完成你的个人价值画布。

实践训练 11-3　创业与就业

向身边的同学或朋友讲解你对创业、就业与人生的理解。

复盘与反思

回顾本章内容，请写出：
1. 学到了什么（三个最有启发的知识点）。
2. 有什么感悟（两个最深的感悟）。
3. 计划怎么去行动（一个行动计划）。

课外练习

根据本章内容，尝试完成个人的职业生涯规划，并与自己的同学或朋友分享，听取他们的意见。

参 考 文 献

[1] 埃里克·莱斯. 精益创业：新创企业的成长思维[M]. 吴彤，译. 北京：中信出版社，2012.

[2] 彼得·德鲁克. 创新与企业家精神[M]. 蔡文燕，译. 北京：机械工业出版社，2007.

[3] 布鲁斯·巴林格，杜安·爱尔兰. 创业管理：成功创建新企业[M]. 杨俊，薛红志，等译. 3版. 北京：机械工业出版社，2016.

[4] 丹娜·格林伯格，凯特·麦科恩-斯威特，H.詹姆斯·威尔逊. 新型创业领导者：培养塑造社会和经济机会的领导者[M]. 吴文华，林晓松，曹明，译. 北京：北京大学出版社，2020.

[5] 戴夫·帕特奈克，彼得·莫特森. 谁说商业直觉是天生的[M]. 马慧，译. 北京：万卷出版公司，2010.

[6] 蒂莫西·克拉克，亚历山大·奥斯特瓦德，伊夫·皮尼厄. 商业模式新生代（个人篇）：一张画布重塑你的职业生涯[M]. 毕崇毅，译. 北京：机械工业出版社，2012.

[7] 海迪·内克，帕特里夏·格林，坎迪达·布拉什. 如何教创业：基于实践的百森教学法[M]. 薛红志，李华晶，张慧玉，等译. 北京：机械工业出版社，2015.

[8] 杰弗里·蒂蒙斯，小斯蒂芬·斯皮内利. 创业学[M]. 周伟民，吕长春，译. 北京：人民邮电出版社，2005.

[9] 加里·阿姆斯特朗，菲利普·科特勒. 市场营销学[M]. 吕一林，等译. 北京：中国人民大学出版社，2010.

[10] 伦纳德·A.施莱辛格，查尔斯·F.基弗，保罗·B.布朗. 创业：行动胜于一切[M]. 郭霖，译. 北京：北京大学出版社，2017.

[11] 罗伯特·里尔登，珍妮特·伦兹，加里·彼得森. 职业生涯发展与规划[M]. 侯志瑾，等译. 4版. 北京：中国人民大学出版社，2016.

[12] 迈克尔·乐威克，帕特里克·林克，拉里·利弗，等. 设计思维手册：斯坦福创新方法论[M]. 高馨颖，译. 北京：机械工业出版社，2020.

[13] 莫瑞雅. 精益创业实战[M]. 张玳，译. 2版. 北京：人民邮电出版社，2013.

[14] 斯科特·A.沙恩. 寻找创业沃土[M]. 奚玉芹，金永红，译. 北京：中国人民大学出版社，2005.

[15] 斯图尔特·瑞德，萨阿斯·萨阿斯瓦斯，尼克·德鲁，等. 卓有成效的创

业[M]．新华都商学院，译．北京：北京师范大学出版社，2015．

[16] 汤姆·凯利，戴维·凯利．创新自信力：斯坦福大学最受欢迎的创意课[M]．赖丽薇，译．北京：中信出版社，2014．

[17] 汤姆·凯利，乔纳森·利特曼．创新的艺术：世界顶级设计公司 IDEO 如何创新[M]．李煜萍，谢荣华，译．北京：中信出版社，2013．

[18] 蒂姆·布朗．IDEO，设计改变一切：设计思维如何变革组织和激发创新[M]．侯婷，等译．北京：万卷出版公司，2011．

[19] 蒂娜·齐莉格．真希望我 20 几岁就知道的事[M]．邢爽，裴卫芳，译．西安：陕西师范大学出版社，2010．

[20] 蒂娜·齐莉格．创意力：11 堂斯坦福创意课[M]．秦许可，译．长春：吉林出版集团股份有限公司，2016．

[21] 威廉·拜格雷福，安德鲁·查克阿拉基斯．创业学[M]．唐炎钊，刘雪峰，白云涛，等译．3 版．北京：北京大学出版社，2017．

[22] 肖恩·怀斯，布拉德·菲尔德．创业机会：认清那些关乎创业成败的核心要素[M]．凌鸿程，刘寅龙，译．2 版．北京：机械工业出版社，2018．

[23] 亚历山大·奥斯特瓦德，伊夫·皮尼厄．商业模式新生代[M]．王帅，等译．北京：机械工业出版社，2011．

[24] 赵勇．就业创业：从美国教改的迷失看世界教育的趋势[M]．周珊珊，王艺璇，译．北京：教育科学出版社，2014．

[25] 蔡剑，吴戈，王陈慧子．创业基础与创新实践[M]．北京：北京大学出版社，2015．

[26] 陈文华，陈占葵．大学生创业思维与能力训练教程[M]．北京：现代教育出版社，2018．

[27] 邓立治．商业计划书：原理、演示与案例[M]．2 版．北京：机械工业出版社，2018．

[28] 龚焱．精益创业方法论：新创企业的成长模式[M]．北京：机械工业出版社，2018．

[29] 黄菁娥，黄稚晏，李亭仪，等．斯坦福大学改变年轻人未来的一堂课[M]．北京：同心出版社，2013．

[30] 黄新华，余康发，郭瞻．筑梦未来：大学生职业生涯规划（应用型本科）[M]．上海：上海交通大学出版社，2019．

[31] 李俊．创业实践：做中学创业[M]．北京：北京师范大学出版社，2018．

[32] 李时椿．创业管理[M]．3 版．北京：清华大学出版社，2015．

[33] 刘志阳，李斌，任荣伟，桑大伟．创业管理[M]．上海：上海财经大学出版社，2016．

[34] 鲁百年．创新设计思维：创新落地实战工具和方法论[M]．2 版．北京：清华大学出版社，2018．

[35] 梅强．创业基础[M]．2 版．北京：清华大学出版社，2016．

[36] 蒙志明，黄金鑫，罗晓曙. 大学生创新创业基础[M]. 桂林：广西师范大学出版社，2018.

[37] 斯晓夫，吴晓波，陈凌，邬爱其. 创业管理：理论与实践[M]. 杭州：浙江大学出版社，2016.

[38] 孙洪义. 创新创业基础[M]. 北京：机械工业出版社，2016.

[39] 王可越，税琳琳，姜浩. 设计思维创新导引[M]. 北京：清华大学出版社，2017.

[40] 王维. 硅谷创业思维：创新创业的 22 个实战标杆[M]. 北京：人民邮电出版社，2016.

[41] 王艳茹. 创业基础如何教：原理方法与技巧[M]. 北京：清华大学出版社，2017.

[42] 吴何. 创业管理：创业者视角下的机会、能力与选择[M]. 北京：中国市场出版社，2017.

[43] 吴晶鑫，凌邦如. 大学生创新创业基础[M]. 北京：国家行政学院出版社，2018.

[44] 吴满琳，刘秋晗，李琴. 大学生创业基础：知行合一学创业[M]. 上海：复旦大学出版社，2018.

[45] 吴晓波. 激荡三十年：中国企业 1978—2008[M]. 北京：中信出版社，2017.

[46] 吴晓波. 激荡十年，水大鱼大：中国企业 2008—2018[M]. 北京：中信出版社，2017.

[47] 张凌燕. 设计思维：右脑时代必备创新思考力[M]. 北京：人民邮电出版社，2015.

[48] 张玉利，薛洪志，陈寒松，等. 创业管理[M]. 4 版. 北京：机械工业出版社，2017.

[49] 张玉利，杨俊，于晓宇，等. 创业研究经典文献述评[M]. 北京：机械工业出版社，2018.

[50] 朱恒源，余佳. 创业八讲[M]. 北京：机械工业出版社，2016.

[51] 朱燕空，祁明德，罗美娟. 创业如何教：基于体验的五步教学法[M]. 北京：机械工业出版社，2018.

[52] 朱燕空，祁明德，罗美娟. 创业学什么：人生方向设计、思维与方法论[M]. 2 版. 北京：国家行政学院出版社，2018.